Los Libros Históricos

Pablo Hoff

LOS LIBROS HISTÓRICOS
Edición en español
Copyright © 1980 por Editorial Vida

Cubierta diseñada por: Sarah Wenger

ISBN: 978-0-8297-1359-6

CATEGORÍA: COMENTARIO BÍBLICO / GENERAL

IMPRESO EN ESTADOS UNIDOS DE AMÉRICA
PRINTED IN THE UNITED STATES OF AMERICA

Índice

Contenido del libro de Ester
A. Asuero se divorcia de Vasti (1)
B. Elevación de Ester (2)
C. Intriga de Amán (3)
D. Intervención de Ester (4 — 7)
E. Salvación de los judíos (8 — 10)

A. Libros y obras publicados
B. Comentarios, compendios, diccionarios y enciclopedias bíblicas

Índice de mapas
e ilustraciones

PRÓLOGO

La historia de Israel encierra un importante mensaje para la Iglesia de hoy: el plan de Dios triunfa a pesar de las vicisitudes que sufra su pueblo, la oposición de sus enemigos y el fracaso humano. En el libro de Josué vemos a Israel "imponente como ejércitos en orden", tomando posesión de su heredad sin que nada pueda oponérsele. El libro de los Jueces nos muestra cómo Dios suscita libertadores, algunos muy indignos como Sansón, para librar a su pueblo en momentos de crisis. A pesar de la ignorancia espiritual, la inmoralidad y el caos social de aquella época de los jueces, existían la bondad y la piedad, como se ve en el libro de Rut.

En los libros de Samuel, Reyes y Crónicas, observamos no sólo el establecimiento de la monarquía en Israel y su florecimiento, sino también su decadencia hasta el punto de parecer que se apagara la lámpara del conocimiento del verdadero Dios. Elías se lamentó diciendo: "Sólo yo he quedado", no sabiendo que Dios había conservado un remanente de 7.000 que no se habían doblegado ante Baal, y que Dios siempre tiene su remanente fiel.

Aunque Dios disciplinó a su pueblo mediante el cautiverio babilónico, un remanente retornó a la Tierra Santa. Encarando la oposición externa y grandes problemas dentro de sus filas, el valiente pueblo repatriado reedificó las murallas de Jerusalén. Al igual que en el caso de la Jerusalén de la época de Nehemías, todavía quedan muchos escombros alrededor de los fundamentos de la actual Ciudad de Dios, y no faltan enemigos externos e internos que nos estorban. Pero "el pueblo que conoce a su Dios se esforzará y actuará" (Daniel 11:32). Edificará el muro a pesar de los "tiempos angustiosos". De los pozos de la historia de Israel, la Iglesia actual saca aguas de inspiración, para quedar fortalecida. Sabe que el plan de Dios ha triunfado y triunfará.

Exhorto al lector apresurado por falta de tiempo a que no ceda a la tentación de leer las partes de este libro sin estudiar primero el texto bíblico que corresponde a ellas. Aunque en este libro se incluyen algunos de los resultados de la investigación científica sobre el texto bíblico, ciertos descubrimientos de la arqueología a la luz de la historia secular, no deben considerarse como un sustituto para el estudio personal de las Sagradas Escrituras. Debemos tener presente que la Biblia es la mejor intérprete de sí misma, y que el creyente tiene la "unción" que le enseña todas las cosas (1 Juan 2:27). Dios habla hoy a través de su Palabra, pero debemos leerla, tener un corazón atento para oír la voz divina, y una voluntad dispuesta a obedecerla.

Siento una deuda de gratitud con los que me ayudaron a preparar este libro. Le agradezco a Floyd C. Woodworth, redactor de materiales educativos del Programa de Educación Cristiana en América Latina y las Antillas, que haya leído los originales, y me haya hecho valiosas sugerencias para mejorarlos. Los dibujos y mapas preparados por Jorge Besso Pianetto, pastor argentino, hacen más comprensible y real la historia hebrea. Hugo Miranda Díaz, de Santiago, Chile, corrigió el lenguaje de los originales, haciéndolos más fáciles de entender. También expreso mi gratitud a mi esposa Betty por su valiosa cooperación para dar término a este trabajo, como también por haberme alentado a seguir adelante en la tarea de escribir libros para ayudar a los obreros cristianos en formación.

Quisiera que los pensamientos expresados en este libro ayuden al lector a comprender y apreciar mejor la historia de Israel, pueblo que preparó el camino para Aquél que vendría a redimir toda la humanidad.

INTRODUCCIÓN GENERAL A
LOS LIBROS HISTÓRICOS

¿Alguna vez se ha imaginado usted una Biblia que no incluyera las historias de Josué, Sansón, David y Elías? Sería una Biblia inmensamente empobrecida, mucho menos interesante; una Biblia que carecería de los *libros históricos*.

¿A qué se refieren los *libros históricos*? Constituyen la segunda división del Antiguo Testamento, que comienza con *Josué* y termina con *Ester*. Se llaman históricos, porque en su contenido predomina la historia del pueblo del pacto. (El Pentateuco comienza la historia sagrada, pero en parte también trata sobre legislación y por eso no se incluye entre los libros históricos.) Estos libros narran la conquista de Canaán y el establecimiento de Israel en ese país, su posterior florecimiento, decadencia y caída. Relatan también el cautiverio babilónico y la restauración del pueblo a Palestina.

Abarca aproximadamente un período de ochocientos a mil años: desde la invasión efectuada por Josué en el siglo XV o posiblemente en el siglo XIII a.C., hasta Nehemías, a mediados del siglo V a.C.

1. *Importancia de la historia sagrada.* ¿Por qué estudiamos los libros históricos del Antiguo Testamento? En primer lugar, buena parte del resto de la Biblia quedaría incomprensible si no tuviéramos el relato histórico de Israel. Este complementa la historia contenida en el Pentateuco y hace comprensibles algunos Salmos y los libros proféticos. También ilumina verdades neotestamentarias. Por ejemplo, Jesús en Nazaret se comparó a sí mismo con los profetas Elías y Eliseo, los cuales ministraban a paganos, pues sus propios ciudadanos eran indignos. Así señala que un profeta es rechazado en su propio país (Lucas 4:24-27).

La historia sagrada enseña además grandes lecciones morales y espirituales. El escritor de la carta a los Hebreos menciona en el undécimo capítulo algunos de los héroes del Antiguo Testamento como ejemplos que inspiran fe en los lectores. A través de los siglos de la Iglesia cristiana, los creyentes han extraído lecciones de incalculable valor del estudio de la historia sagrada.

Tiene también gran importancia, porque Dios se ha revelado a través de su trato con el pueblo escogido. Dios no es una idea abstracta, sino un Ser personal que obra a favor de los hombres que confían en El. Su personalidad se pone de relieve en su relación con ellos a través de encuentros personales y sucesos históricos. El ha hablado por hechos de salvación y con palabras que iluminan. La Biblia es el único libro religioso que toma en serio la historia. Las escrituras de otras religiones, por regla general, presentan una serie de revelaciones dadas a un solo hombre o un sistema de preceptos, doctrinas abstractas y dogmas. En la Biblia, la doctrina se encierra en la historia, en la vida de los hombres y en la de una nación.

En la Biblia, se ve a Dios como el principal protagonista de la historia; solo El les da significado a los acontecimientos. A través de la historia de Israel — sus vicisitudes, sus guerras y sus resurgimientos espirituales — Dios se manifiesta llevando a cabo sus elevados propósitos, hasta echar mano de potencias paganas para castigar o liberar a su pueblo.

El Antiguo Testamento relata siete hechos transcendentales realizados por Dios:

1) Dios eligió a Abraham para formar un pueblo especial: le hizo grandes promesas y estableció un pacto con él.

2) Libró con notable poder sobrenatural a los hebreos de la esclavitud egipcia.

3) Estableció una relación íntima y única con los hebreos en el Sinaí, haciendo un pacto con ellos y entregándoles la Ley y el modelo del tabernáculo.

4) Les entregó Canaán como regalo a los hebreos, mediante la conquista dirigida por Josué.

5) Inauguró la monarquía hebrea y, en especial, estableció la dinastía davídica.

6) Disciplinó a los hebreos apóstatas entregándoselos a los caldeos, quienes los deportaron a Babilonia.

7) Restauró a los fieles a la tierra de Canaán mediante el decreto de Ciro, el gran rey persa.

Así Jehová se reveló en la historia israelita como un Dios personal y soberano. Actuó con justicia, juicio y gracia, motivado por su amor infinito, para volver al hombre extraviado a la Fuente de vida y restaurarlo a la comunión con su Creador. No es de extrañarse que se diga que el tema de la Biblia es la redención del hombre y que el Antiguo Testamento enseña cómo Dios, por medio de su pueblo, preparó el camino para la venida del Redentor.

2. *El punto de vista profético de los historiadores inspirados.* A los libros de Josué, Jueces, Samuel y Reyes, se les llama "Profetas anteriores" en la Biblia hebrea, en contraposición con los "Profetas posteriores": Isaías, Jeremías, Ezequiel y los Doce Profetas Menores. Los demás libros históricos: Crónicas, Esdras, Nehemías y Ester, se encuentran en el grupo llamado "Escritos" por los hebreos. En este grupo se halla también el libro de Daniel.

¿Por qué se llama "proféticos" a los libros que nosotros consideramos históricos? Hay dos razones posibles. En primer lugar, la tradición hebrea atribuye a "profetas" la composición de estos libros. En segundo lugar, el objeto principal de los escritores no es tanto enseñar la historia de Israel tal como fue, sino más bien, "la forma en que el mensaje de Dios se cumplió en la vida de la nación."[1] Es decir, los historiadores sagrados van siempre guiados por un fin doctrinal, inspirado en la ley y los profetas. Presentan la historia de Israel desde el punto de vista profético.

Los profetas no se limitaban a predecir el futuro, sino que les declaraban a sus contemporáneos lo que Dios exigía de su pueblo e interpretaban lo pasado, lo presente y lo porvenir a la luz de los propósitos divinos. Señalaban el significado religioso de los acontecimientos y las situaciones de su época. Al igual que los profetas, los escritores de los libros históricos se interesaban más en interpretar la historia que en registrarla. Su motivo era dar enseñanza y edificación a su lectores.

Los historiadores sagrados no intentaban narrar todos los hechos de Israel y los de las potencias que estaban alrededor. Soslayaron ciertos períodos o los trataron brevemente porque no tenían relación directa con su tema. Escogieron, seleccionaron y orientaron todos los acontecimientos históricos hacia su fin religioso, dándoles una significación profunda y sublime: la actuación de Dios en la historia. No tenían estos autores el propósito de glorificar a su pueblo y a sus grandes líderes, como sucedía con los escritores egipcios y babilónicos. Por eso se limitaron a describir en forma amplia y detallada sólo los acontecimientos y las personas que tenían señalada importancia moral y religiosa.

Por ejemplo, puede notarse cómo el escritor de los libros de los Reyes trata a dos personajes: Omri y Acab. Omri fue un rey muy célebre del siglo IX a.C., un poderoso general que extendió el territorio de Israel y fue el constructor de la ciudad-capital de Samaria. Los asirios admiraban tanto su capacidad militar, que durante ciento cincuenta años después de su reinado llamaron a Israel "la tierra de la casa de Omri". Sin embargo, el historiador inspirado dedica solamente ocho versículos a Omri, mientras dedica casi seis capítulos a su hijo Acab, un rey de poca importancia histórica. ¿Por qué? Las lecciones morales de la vida de Acab y su lucha con el espectacular profeta Elías tienen más significado para el escritor que todos los brillantes logros militares de Omri.

El concepto del pacto entre Jehová e Israel forma la base del mensaje profético. Israel fue ligado a Jehová mediante el pacto del Sinaí, y como era su pueblo, le debía absoluta lealtad. Por razón de la elección hecha por Dios, de su gobierno, de su omnipotencia, gracia y celo consumidor, los israelitas habían de obedecerle con total sumisión. Dios les había dado la tierra de Canaán, pero no como un regalo incondicional. La gran profecía de Deuteronomio 28 enseña que si los israelitas no le servían fielmente, Jehová les quitaría Canaán. Por lo tanto, los profetas y luego los historiadores inspirados, insistían en un tema principal: LA FIDELIDAD A JEHOVÁ ES PORTADORA DE BENDI-CIÓN, MIENTRAS QUE LA INFIDELIDAD PRODUCE CONSECUENCIAS FUNESTAS. Los libros históricos señalan cómo se cumplió al pie de la letra el mensaje profético. Los repetidos fracasos de Israel narrados en estos libros demuestran claramente cuán imposible era que la Ley por sí sola efectuara la verdadera salvación. Se necesitaba un Redentor divino.

3. *La tierra de Palestina.* ¿Por qué Palestina es tan importante? Allí no se ha desarrollado ninguna civilización brillante; tampoco ha tenido poderío militar. Su importancia estriba principalmente en el hecho de que fue el escenario de la revelación de Dios. Desde el llamamiento de Abraham en adelante, la historia bíblica se desarrolla en su mayor parte en la tierra de Palestina. Allí vivieron la mayoría de los escritores inspirados que escribieron la Biblia; allí, la monarquía hebrea vino a ser el modelo del reino futuro y las muchas caídas de la nación y sus subsecuentes castigos muestran la santidad y la justicia de Dios; allí las intervenciones divinas en las crisis espantosas de Israel señalan la fidelidad de Jehová y su incansable empeño en preparar a su pueblo para que reciba a su Hijo; y allí el Verbo eterno nació, ministró, fue crucificado y resucitó de entre los muertos. Por lo tanto, Palestina es un territorio incomparablemente sagrado e importante.

El nombre *Palestina* proviene del griego y significa Filistea, "la tierra de los filisteos". Se llama también *Canaán*, porque su pueblo original era descendiente de Canaán, nieto de Noé. Situada entre la antigua civilización de Egipto y las grandes civilizaciones de Mesopotamia, Palestina forma un puente natural entre el Asia, Africa y Europa; un puente con el desierto por un lado y el mar Mediterráneo por el otro. Por lo tanto, ha sido la vía del comercio y la ruta de los invasores que entraban por sus extremos norte o sur. Quedaba sujeta, por regla general, a la potencia más fuerte. Sin embargo, se pone de relieve el designio divino de colocar al pueblo hebreo en un centro geográfico donde pudiera ejercer la mayor influencia religiosa posible en el mundo antiguo.

Palestina es un país muy pequeño. Se extiende solamente por unos 240 kilómetros desde Dan hasta Beerseba, los puntos extremos norte y sur respectivamente. A lo ancho, desde Gaza hasta el mar muerto, mide unos 90 kilómetros y se angosta hasta unos 45 kilómetros a la altura del mar de Galilea. Su área es de unos 26.000 kilómetros cuadrados, la mitad del tamaño de Costa Rica.

Palestina se puede dividir topográficamente en cuatro secciones, las cuales se extienden como fajas paralelas trazadas de norte a sur: la llanura marítima, la cordillera central, el valle del Jordán y la altiplanicie oriental.

a. La llanura marítima: Es el territorio que se extiende a lo largo de la costa mediterránea. Tiene el aspecto de una faja estrecha en el norte que va ensanchándose hacia el sur. Puesto que al sur de Fenicia no existen puertos naturales, los barcos de comercio se dirigían a Tiro y a Sidón, en el norte. Los hebreos se dedicaban a la agricultura más bien que al comercio marítimo; consideraban el mar como símbolo de intranquilidad y violencia (Isaías 17:12, 13). La llanura marítima, en su generalidad, es tierra ondulante y muy productiva. Al sur de la llanura de Fenicia, se encuentra la llanura de Acre o Aco. Se extiende desde la Escalera de Tiro, promontorio situado al sur de Tiro, hasta las faldas de las colinas del monte Carmelo. El ancho valle de Esdraelón (Jezreel) penetra ese sector al norte de las colinas del monte Carmelo. Luego, al sur del monte, está la llanura de Sarón. Esta llanura se extiende unos 80 kilómetros hacia el sur y alcanza una anchura máxima de 18 kilómetros. Por ser pantanosa y de espesos bosques, formaba una barrera protectora entre Filistea y Fenicia.

La llanura de Filistea comienza 8 kilómetros al norte de Jope y se alarga 113 kilómetros al sur. Era una tierra densamente poblada por los filisteos, enemigos acérrimos de los israelitas. Se le da el nombre de "La Sefela" a la comarca formada por colinas bajas entre la llanura marítima y la cordillera central. Se encontraban allí ciudades fortificadas como Laquis, Debir, Libná y Bet-semes. Era el histórico sector en disputa entre filisteos y hebreos, hasta que el rey David venció decisivamente a aquéllos.

b. La cordillera central: Constituye la columna vertebral de Palestina y se sitúa entre la llanura marítima y el valle del Jordán. Es la continuación del Líbano y se extiende hacia el sur hasta el desierto del Neguev. La cordillera central es el sector más importante de Palestina. Dice el escritor evangélico C. O. Gillis:

> Entre estas montañas la vida del pueblo israelita se desarrolló a través de los siglos. . . Una vida sana por lo saludable del clima y lo arduo del trabajo. Estas montañas daban amparo al pueblo, en épocas de peligro, de los enemigos que con tanta frecuencia pasaban por el país.[2]

Las tres zonas más importantes de la cordillera central son: Galilea, Samaria y Judea. Tienen una elevación que varía desde 610 hasta 2.200 metros sobre el nivel del mar. Existen vistas panorámicas de las cadenas montañosas de Palestina, raramente igualadas por su magnificencia.

El fértil valle de Jezreel o Esdraelón sirve de separación entre las colinas de Galilea y las de Samaria. Forma una llanura que se extiende por 64 kilómetros hacia el Jordán y se divide en dos valles que llegan al río. Al lado occidental del valle de Jezreel se encuentra la famosa

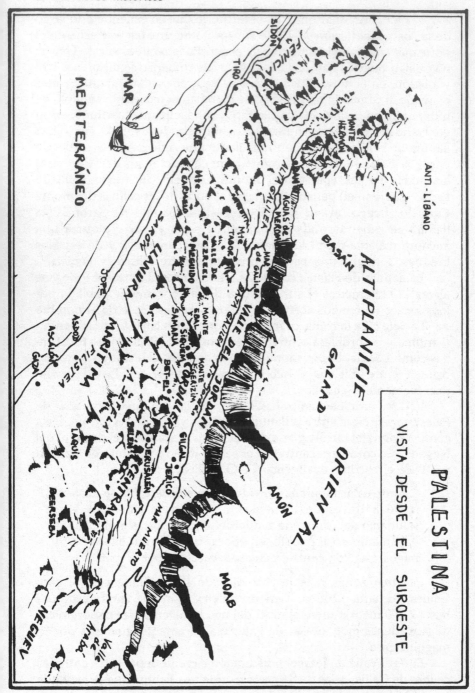

colina de Meguido, que domina el paso que conduce a la llanura de Sarón. Tenía gran importancia estratégica para los invasores, y fue el escenario de más de veinte batallas decisivas, como por ejemplo, aquella en que Barac derrotó a Sísara o aquella en que fue muerto Josías. Allí tendrá lugar también la última batalla de la historia, la del Armagedón (Apocalipsis 16:16).

La zona de Samaria se ubica en el centro geográfico de Palestina. La región que se extiende hacia el sureste hasta Betel, está llena de quebradas, colinas y valles. Las laderas son ideales para la agricultura y el pastoreo. Es famosa por sus uvas, aceites e higos. El terreno quebrado permitía también que cada aldea fuera una fortaleza, dado que había abundante piedra para la construcción de sus defensas amuralladas.[3]

La tercera región de la cordillera central es la extensión meridional de Judea. Se extiende desde Betel hasta Beerseba, y luego las colinas se transforman en las llanuras ondulantes del desierto de Neguev. Las montañas forman una barrera para las lluvias, extrayendo la humedad de las brisas mediterráneas. Como consecuencia de esto, las colinas del lado oriental llegan a ser muy áridas y casi desprovistas de vegetación. En las quebradas escabrosas de aquella región desértica, el proscrito David encontró refugio cuando lo perseguía Saúl.

c. El valle del Jordán: Es la gran falla geológica que se extiende desde las cordilleras del Líbano y Antilíbano, hasta el desierto de Arabá. Técnicamente hablando, el valle del Jordán es sólo aquella parte de la falla que se encuentra entre el mar de Galilea y el mar Salado o mar Muerto. Se ha hundido la superficie de este valle hasta formar la depresión más profunda del mundo. En esa región hace un calor intenso y la vegetación depende principalmente de la humedad del río.

El valle del Jordán tiene una anchura de 6 kilómetros a la altura del mar de Galilea y se ensancha hasta los 11 kilómetros a la altura de Betsán, y hasta casi los 23 kilómetros a la altura de Jericó. Su suelo "se interrumpe por riscos de greda gris e innumerables moles de formas fantásticas, que le imprimen a aquel lugar un aire un tanto triste y desolador".[4]

El nombre del río Jordán es muy apropiado. Significa "el que desciende". Sus tres fuentes se hallan en las cercanías del monte Hermón, cuyo pico más alto alcanza la altura de 2.760 metros; forma primeramente una ciénaga, "aguas de Merom"; luego desemboca en el mar de Galilea (lago de Genesaret) a 208 metros bajo el nivel del mar; sigue hacia el sur con innumerables vueltas por un profundo valle flanqueado de cerros abruptos, entre márgenes cubiertas por espesos matorrales y arboledas. Observa el escritor evangélico

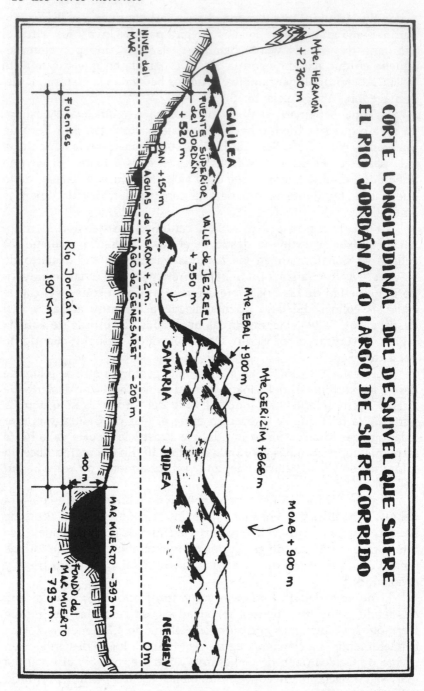

CORTE LONGITUDINAL DEL DESNIVEL QUE SUFRE
EL RIO JORDÁN A LO LARGO DE SU RECORRIDO

Mte. HERMÓN + 2760 m

NIVEL del MAR

Fuentes

FUENTE SUPERIOR del JORDÁN + 520 m

GALILEA

DAN + 154 m

AGUAS de MEROM + 2 m.

Río Jordán

190 Km

VALLE de JEZREEL + 350 m

LAGO de GENESARET - 208 m

Mte. EBAL + 900 m

Mte. GERIZIM + 868 m

SAMARIA

JUDEA

MOAB + 900 m

400 m

MAR MUERTO - 393 m

fondo del MAR MUERTO - 793 m.

NEGUEV

0 m

Samuel Schultz: "El valle del Jordán representa una de las más fascinantes zonas del mundo."[5]

El Jordán desemboca en el mar Muerto, a 393 metros bajo el nivel del mar. La profundidad de este mar alcanza los 400 metros. Tiene una longitud de 76 kilómetros y su mayor anchura no excede los 16 kilómetros. No tiene salida, y sus aguas contienen un 26 por ciento de minerales, en contraste con el Atlántico, que sólo tiene el 6 por ciento; consecuentemente, no existe vida en aquel mar. Las aguas de la parte sur del mar cubren la zona donde estaban las destruidas ciudades de Sodoma y Gomorra.

d. La altiplanicie oriental o Transjordania: Es una extensión del Antilíbano, pero en su conjunto las montañas de Transjordania son más uniformes, con más pendientes y con mayor elevación que las de Palestina occidental. La frontera oriental carece de defensas naturales, por lo que los israelitas que ocuparon la zona sufrían a menudo las incursiones de tribus nómadas del desierto. Aunque el suelo no es ideal para la agricultura, se presenta admirablemente favorable para la ganadería, tanto bovina como lanar.

Basán se encuentra en la zona norte, donde estaba el reino de Og de Basán (Deuteronomio 3:4). Al sur de Basán está la zona de Galaad, la más grande de la meseta oriental. En Galaad se encontraban el arroyo Querit donde se escondió el profeta Elías, y el río Jaboc, donde Jacob luchó con el ángel de Jehová. Los bosques de Galaad producían bálsamo y gomas aromáticas (Jeremías 8:22). Viajando desde el norte hacia el sur y desde el occidente hacia el oriente, el terreno se va tornando progresivamente árido.

El antiguo territorio de Amón se encuentra en la región ubicada entre el nordeste del mar Muerto y el punto donde el río Jaboc alcanza su máxima profundidad. En Amón está el monte Nebo, desde donde Moisés pudo ver la tierra prometida antes de morir. Al sur de Amón está Moab, una sinuosa meseta de piedra caliza comprendida entre los ríos Amón y Zared. Los llanos de Moab que se encuentran entre los estrechos pasos que atraviesan el país, solían ser altamente productivos, pero hoy en día han quedado casi desolados.

No obstante el pequeño tamaño de Palestina, el clima presenta mucha variedad en las distintas partes del país. Esto se debe en gran parte a la accidentada geografía y a las diferencias de altura. Por regla general, el clima es subtropical, benigno y saludable, excepto en ciertas zonas como el valle del Jordán, donde hace un calor sofocante, o la sierra septentrional donde se encuentra el monte Hermón, cuya cima está cubierta por una capa de nieves eternas. El mes más caluroso es agosto y el más frío es enero.[6]

Los hebreos dividían el año en dos estaciones: la de lluvia y la seca. La época de lluvias comienza alrededor de principios de noviembre y dura hasta mediados de abril. La precipitación fuerte de uno o varios días que inaugura el año agrícola y prepara el suelo para la labranza, recibe el nombre de "lluvia temprana". Las lluvias intermitentes que caen a fines de marzo y en las primeras semanas de abril, se denominan "lluvia tardía". Son propicias para madurar el grano (ver Joel 2:23). Durante el verano, o estación seca, prácticamente no llueve. Es la época de las cosechas y se caracteriza por los días cálidos y las noches de abundante rocío. En la región del mar Muerto llueve muy poco, pero hay una intensa evaporación marítima como consecuencia del calor. De noche cae un copioso rocío que conserva la vegetación. A veces, en la primavera, sopla el "siroco", un temible viento caluroso y destructivo que proviene de los desiertos situados al sureste de Palestina (Jeremías 4:11). Este viento perjudica la vegetación y ocasiona un estado de languidez entre hombres y animales.

Preguntas
Introducción general

1. a) ¿Cuánto tiempo abarcan los libros históricos?
   b) Comienzan con _____ (un acontecimiento) y terminan con _____ (otro acontecimiento).
2. Indique la principal razón por la cual los libros históricos tienen importancia.
3. a) ¿Quién es el principal protagonista de los libros históricos?
   b) Mencione las grandes obras de este protagonista que son descritas en estos libros.
4. a) ¿Por qué les dieron los hebreos el nombre de "profetas anteriores" a varios de los libros históricos? (Dé dos razones.)
   b) ¿Cuál fue la base del mensaje profético?
   c) Haga una comparación entre la base de la relación de los israelitas con Jehová y la base de la relación del creyente actual con El. (Ver 1 Corintios 6:19, 20.)
5. a) ¿Cuál es el tema de los libros históricos?
   b) ¿En qué libro y capítulo de la Biblia se presenta detalladamente el tema?
   c) ¿Cuál es la lección de los repetidos fracasos de Israel?
   d) ¿Qué aplicación práctica para la vida diaria extrae usted de esta lección? (ver Juan 15:5; Filipenses 4:13).
6. a) Canaán es importante porque fue el escenario de _____. Originalmente se llamaba Palestina porque era la tierra de los _____.
   b) Observe la ubicación de Palestina entre las grandes civilizaciones. ¿Qué lección práctica ve usted en su situación, y qué tiene que ver la lección con el creyente? (ver Mateo 5:14-16; 1 Tesalonicenses 1:8).

7. a) Mencione las cuatro regiones importantes de Palestina y ubíquelas en el mapa.

   b) ¿Cuál fue la región más importante en la historia de Israel?

Citas de la Introducción general

1. John Taylor, "Los libros históricos, Introducción" en *Manual bíblico ilustrado*, David Alexander y Pat Alexander (redactores), 1976, p. 204.
2. C. O. Gillis, *Historia y literatura de la Biblia*, tomo 2, 1956, pp. 19, 20.
3. James Houston, "La Biblia en su medio ambiente" en *Manual bíblico ilustrado, op. cit.*, p. 18.
4. Netta Kemp de Money, *La geografía histórica del mundo bíblico*, 1968, p. 36.
5. Samuel J. Schultz, *Habla el Antiguo Testamento*, 1976, p. 28.
6. Money, *op. cit.*, pp. 45, 46.

LA CONQUISTA DE CANAÁN

∿ JOSUE ∿

Introducción al libro de Josué

1. *Título y protagonista.* El libro de Josué recibe su nombre del gran general Josué, no porque él sea considerado el autor de todo el libro, sino porque figura como el personaje principal. Su nombre significa "Jehová es salvación" o "Jehová salva" y su forma griega es "Jesús". En el Pentateuco se nos presenta como el ayudante de Moisés (Exodo 33:11), y su lugarteniente en la guerra en Refidim contra Amalec (Exodo 17:9). Allí demostró su destreza como comandante militar derrotando a aquella tribu aguerrida de salteadores.

Era un hombre de gran fe, firme de carácter y valiente, pues junto con Caleb dio un buen informe de Canaán sobre la base de lo que había visto como espía. Frente a la oposición de los otros diez espías, afirmó que mediante la ayuda de Dios los israelitas serían capaces de conquistar la tierra (Números 14:6-9). Fue unido a Moisés en el liderato de su pueblo. No es de extrañarse que haya sido elegido para suceder a Moisés como caudillo de los hebreos (Números 27:15-23). Aunque fue un hombre de grandes cualidades naturales, por preparación y por experiencia, su suprema cualidad consistió en ser "varón en el cual hay espíritu" (Números 27:18), o sea, un hombre investido del Espíritu Santo.

Por ser uno de los dos sobrevivientes del éxodo de Egipto, Josué era ya un hombre anciano cuando invadió Canaán. Había presenciado las plagas de Egipto, el cruce del mar Rojo, los grandes milagros de Dios y los fallos de Israel en el desierto. Conocía tanto el poder divino como la debilidad humana.

Como Moisés, él gozaba también de comunión con Dios (Josué 1:1-9; 5:13-15). Sin embargo, no se puede comparar con el gran libertador. Más que un pensador, era un hombre de acción. Su tarea no fue legislar, recibir revelaciones sublimes ni desarrollar conceptos morales y teológicos. Era más bien un hombre práctico, un soldado fiel que tenía un solo trabajo: el de conquistar Canaán y repartir la tierra a las tribus. Observa C. O. Gillis: "No se puede imaginar una conquista de Canaán sin Josué. Ningún otro pudo haberla realizado."[1]

2. *Autor y fecha.* Los eruditos liberales consideran que el libro de Josué es una prolongación del Pentateuco; así se formaría el "Hexateuco", o sea, una unidad literaria formada por seis libros. Se ha buscado la continuación de los supuestos cuatro "documentos" o "fuentes" del Pentateuco, en el libro de Josué.* Según las ideas de la alta crítica, Josué sería una recopilación de las tradiciones tribales, redactada probablemente durante el cautiverio babilónico (598-538 a.C.). Hacia fines del siglo V lo habría revisado un redactor y le habría agregado la introducción y la conclusión (capítulos 1, 23 y 24).

Los eruditos conservadores no ven ninguna razón para asignar una fecha tardía a la obra, y señalan que la magnífica unidad del libro hace que no sea digna de crédito la teoría de que es una recopilación de documentos antiguos. Hasta una autoridad liberal, E. M. Good, admite: "Los eruditos que presuponen la existencia de documentos pentateucales en Josué encuentran difícil explicar la ausencia de estos."[2] Los escritores de las notas de la Biblia de Jerusalén comentan: "Esta 'teoría documental', sospechosa ya para el Pentateuco, parece inaplicable a los libros que siguen" ("Introducción a los libros de Josué, Jueces, Rut, Samuel y Reyes").

La tradición judaica asigna a Josué la paternidad literaria de la mayor parte del libro. Pero en su forma actual, el libro no puede haber sido escrito totalmente por Josué, ya que registra su muerte y otros acontecimientos que no se realizaron sino hasta después de su deceso. Entre estos está la conquista de Hebrón por Caleb, de Debir por Otoniel y de Lesem (Lais) por los danitas (ver Josué 15:13 y Jueces 1:10, 20; Josué 15:15-19 y Jueces 1:11-15; Josué 19:47 y Jueces 17, 18). En cambio, es evidente que el autor la escribió antes de la conquista de Jerusalén por David (Josué 15:63) y de Gezer por el faraón suegro de Salomón (Josué 16:10; 1 Reyes 9:16, 17).

---

*La alta crítica es la ciencia que intenta descubrir la fecha de los libros de la Biblia, su autor, su propósito y las características del estilo y el lenguaje. Trata de determinar las fuentes originarias de los documentos bíblicos. Se pregunta: ¿Son dignas de confianza? ¿Cuál es el fondo histórico de cada libro?

Los críticos alemanes del siglo XIX estudiaron la Biblia a base de ciertos presupuestos tales como que la Biblia no es un libro inspirado sino un libro como cualquiera, y que la religión de los hebreos había ido evolucionando. Rechazan llanamente todo elemento sobrenatural.

Los eruditos de la alta crítica afirman que el Pentateuco no puede ser obra de Moisés. Han propuesto una teoría para explicar la variedad de rasgos estilísticos y datos teológicos e históricos del Pentateuco. Según ellos, es una recopilación de cuatro documentos principales con fechas posteriores a Moisés: J (Jehovista, ca. 850 a.C.), E (Elohísta, ca. 750 a.C.), D (Deuteronomista, ca. 621 a.C.), y P (Sacerdotal, ca. 500-450 a.C.).

Los documentos, con la excepción del "D", correrían paralelamente a través de los primeros cuatro libros del Pentateuco. La obra final habría sido redactada en el siglo V. a.C., probablemente por Esdras. Esta teoría se llama "teoría documentaria J.E.D.P." Niega la veracidad de muchas partes del Pentateuco y no deja lugar para la inspiración divina de la Biblia. (Cf. Pablo Hoff, "La alta crítica" en *El Pentateuco*, 1978, pp. 263-266.)

Existen evidencias de que el autor era contemporáneo de los acontecimientos descritos, porque algunas partes del libro parecen ser obra de un testigo presencial. Según algunos manuscritos hebreos, habla en primera persona del plural, "nosotros" (5:1). También da detalles muy específicos, tales como los del paso del Jordán y los de las descripciones de los capítulos 7 y 8. En 15:4 el pronombre "os" sugiere un escrito autobiográfico. También el uso frecuente de la expresión "hasta hoy" y el contexto en el cual ocurre, insinúa que fue escrito muy cerca de la época de Josué. Además, parece que Rahab todavía vivía (6:25). En más de una ocasión, Josué escribió en el libro de Dios (18:9; 24:26). Una autoridad bíblica comenta: "Aun cuando el autor no fuera Josué mismo, él contribuyó sin duda en gran manera al contenido total."[3] Es posible que Josué escribiera ciertos relatos del libro y que otra persona, como Finees el sacerdote (24:33), agregara detalles y le diera su presentación final.

A pesar de las evidencias internas de que el libro de Josué se remonta al período del mismo conquistador, o un poco después, ciertos eruditos de la alta crítica ponen en tela de juicio la historia del libro. Sostienen que la narración del libro de los Jueces indica que la conquista de Canaán no fue tan rápida como la describe el libro de Josué, sino que fue una ocupación paulatina. Sin embargo, la arqueología comprueba la autenticidad del relato de Josué: las excavaciones hechas en Bet-el, Laquis, Debir y Hazor han dado evidencias de violentas conflagraciones fechadas un poco después de mediados del siglo XIII a.C., la época considerada por muchos estudiosos como la de la conquista hebrea. "Las gruesas capas de cenizas hablan de una devastación total, y la localización de las ciudades excavadas en el centro, en el sur y en el norte del país, confirman el relato bíblico de las campañas de Josué, que fueron particularmente feroces en esas zonas."[4]

3. *Fondo histórico.* El pueblo de Palestina no estaba organizado en fuertes naciones. En la época de Josué, era un conglomerado de pequeñas ciudades-estados (pequeños reinos alrededor de sus ciudades fortificadas), que a menudo peleaban entre sí. Cuando los ejércitos de los grandes imperios marchaban sobre Palestina, estas ciudades-estados con frecuencia evitaban la guerra pagando tributo a los invasores. El faraón de Egipto era señor de Canaán, del Líbano y de Damasco. Sin embargo, el Faraón Amenofis III (1410-1372 a.C.) perdió interés en sus tributarios en Asia y la mayoría de los reyezuelos de Palestina y Siria dejaron de pagar tributo. La influencia de Egipto sobre Canaán había menguado.

Las ciudades-estados de Canaán fueron azotadas por las invasiones de los *habiru*, término que a veces designaba tropas mercenarias provenientes de Siria. Las famosas cartas del Tel-el-Amarna (ciudad de los faraones Amenofis IV y Akh-en-aton) arrojan luz sobre la situación. Fueron escritas por los señores vasallos de Canaán, quienes pedían urgentemente que Egipto enviara tropas para protegerlos de la invasión de los *habiru* (1400-1360 a.C.). Pero Egipto prestó poca atención a sus ruegos. Abandonados por Egipto, debilitados por continuas guerras internas y azotados por invasores, los estados cananeos estaban en condiciones ideales para ser conquistados por los hebreos.

Hay diferencias de opinión entre los estudiosos en cuanto a la fecha de la invasión de los hebreos. En 1 Reyes 6:1 se parece establecer que el año cuatro del reinado de Salomón (960 a.C.) coincidió con el año 480 después de que los hijos de Israel salieran de Egipto. Esto fija las fechas hacia 1440 a.C. para el éxodo y hacia 1400 a.C. para la conquista.

Los arqueólogos, sin embargo, fechan en la segunda mitad del siglo XIII la destrucción por fuego de las ciudades cananeas de Laquis, Debir, Bet-el y Hazor. Señalan también que las conocidas ciudades de almacenaje, Pitón y Ramesés, que fueron edificadas gracias al trabajo forzado de los esclavos israelitas (Exodo 1:11), datan de fechas posteriores al siglo XV antes de Cristo. La ciudad de Ramesés fue reconstruida por Seti I (hacia 1302-1290 a.C.) y Ramsés II (hacia 1290-1224 a.C.). Una de estas dos ciudades, Ramesés, tomó su nombre de este faraón.

¿Cómo se pueden conciliar estas evidencias aparentemente contradictorias? Algunos estudiosos han sugerido que en alguna etapa se escribió "480 años" para indicar "doce generaciones", pues 40 años eran la duración convencional de una generación.* Por ejemplo, Israel estuvo 40 años en el desierto hasta que la generación que salió de Egipto murió. Parece también que se habla de 40 años para indicar que las magistraturas de los jueces Otoniel, Barac y Gedeón duraron una generación. Sin embargo, cuando el historiador suma varias generaciones, una parte de cada generación se fusiona con la siguiente, resultando entonces que una generación representa sólo alrededor de 25 años (desde el nacimiento del padre al nacimiento del hijo). Si es así, las doce generaciones de 1 Reyes 6:1 darían un período de 300 años para el lapso comprendido entre la conquista de Canaán y el reinado de Salomón, y la conquista habría tenido lugar en el siglo XIII a.C.[5]

---

*Los eruditos de la alta crítica reprochan a los historiadores inspirados de haber narrado los detalles con poca exactitud en casos en que sólo se trata de los modos de decir y escribir propios de los antiguos, que empleaban en las relaciones entre los hombres de aquel entonces. Si conociéramos todos los modos de expresarse de los antiguos, podríamos resolver muchas dificultades de las Sagradas Escrituras.

Aunque la arqueología no es inspirada ni infalible, no podemos pasarla por alto. Sea cual sea la fecha de la invasión de Canaán, sabemos que los israelitas ya estaban en Canaán hacia fines del siglo XIII, porque un monumento de victoria erigido por el faraón Mernepath I en aquella fecha menciona una batalla entre los egipcios y los hebreos en Canaán.

4. *Religión de los cananeos*. Los cananeos eran politeístas. Le rendían culto a "El", creador y principal deidad, que se llamaba también "el padre toro", y a Asera (Astarté), su esposa. Entre sus muchos hijos, Baal (Señor) era el más importante. Se decía que reinaba en la tierra y en el cielo. Era el dios de las tormentas y las lluvias, y les daba fertilidad a la tierra y vida a la vegetación. Cada pueblo tenía su propio baal y los altares se construían, por lo general, sobre lugares altos.

El culto consistía en ritos llenos de lascivia, pues los cananeos creían que la fertilidad de la tierra y de los animales, las lluvias y el crecimiento de la vegetación dependía de las relaciones sexuales de los dioses. Así que los adoradores practicaban indiscriminadamente el sexo en sus cultos para asegurar la fertilidad y la productividad de la tierra. También practicaban la adivinación, adoraban serpientes y sacrificaban niños. Los pecados contra naturaleza eran tan comunes (cf. Levítico 18; Deuteronomio 12:31), que Jehová dijo que "la tierra vomitó sus habitantes" (Levítico 18:25).

5. *El problema del aniquilamiento de los cananeos*. Jehová mandó que se destruyera completamente a los cananeos (Números 33:51-56; Deuteronomio 7:1-5, 16). Muchas personas preguntan: ¿Cómo un Dios de amor puede ser tan cruel? ¿Cómo se puede defender esta orden de Dios? Hay que considerar tres aspectos causantes de la orden.

a. Fue el castigo divino sobre los cananeos. Habían llegado al colmo de su impiedad, maldad e inmoralidad (Génesis 15:16; Levítico 18; Deuteronomio 9:4). Dios empleó a los israelitas como instrumento de juicio contra su burda inmoralidad. Pudo haber utilizado otros métodos para destruirlos, tales como terremotos, inundaciones o plagas, pero eligió a Israel para realizar su castigo.

b. Dios ordenó la exterminación de los cananeos para proteger al pueblo escogido de la contaminación de una religión depravada (Deuteronomio 7:4; 20:16-18). La historia subsiguiente de Israel demuestra cuán propensos eran los hebreos a caer en la idolatría sensual de los cananeos. La redención del mundo dependía de la preservación y la perseverancia de la fe pura. Era necesario extirpar el cáncer para salvar el cuerpo. Todo vestigio que quedó de los cananeos en Palestina, contaminó terriblemente a los israelitas que ocuparon la tierra.

El célebre arqueólogo William F. Albright afirma:

Fue afortunado para el futuro del monoteísmo, que los israelitas fueran gente feroz, investida de energía primitiva. . . El que fueran diezmados los cananeos impidió la completa fusión de pueblos, algo que hubiera rebajado inevitablemente los valores yahvistas al punto donde sería imposible restaurarlos.[6]

c. Tenía también el propósito de grabar en la mente israelita las consecuencias funestas de la impureza (Levítico 18:27-30). Si Jehová destruía a los cananeos por su maldad, también castigaría a los israelitas cuando a su vez cayesen en semejante iniquidad. La historia posterior de los hebreos confirma que no fue una advertencia vana.

6. *Los propósitos.* Son tres los propósitos por los cuales se escribió el libro.

a. Relatar la conquista de Canaán y el establecimiento de las tribus en ella.

b. Demostrar la fidelidad de Dios en cumplir las promesas que había hecho a los patriarcas de que llevaría a Israel a la tierra prometida y la entregaría en sus manos (21:43-45; Génesis 15:7, 18-21; 26:2-5; 28:13, 14).

c. Mostrar la Santidad de Dios en su juicio sobre los depravados cananeos y en la exigencia divina de que los israelitas se despojaran de toda cosa prohibida a fin de ganar la guerra santa.

7. *Tema.* LA CONQUISTA DE CANAÁN Y EL ESTABLECIMIENTO DE ISRAEL EN ELLA.

8. *Bosquejo:*
    I. La conquista de la tierra prometida (1 — 12)
        A. Preparativos (1 — 5)
        B. Campañas (6 — 12)
    II. Reparto de Canaán (13 — 21)
    III. Fin de la jefatura de Josué (22 — 24)

9. *Alegoría espiritual.* El Exodo presenta la salvación como una liberación de la esclavitud; el libro de Josué la presenta como mucho más: señala victoria, posesión y reposo (1:13; 21:43, 44). El reposo provisto por Dios en Canaán llega a ser un símbolo profético del reposo del creyente en Cristo (Hebreos 4:1, 8, 9).

La piedad cristiana considera que el libro de Josué es la epístola a los Efesios del Antiguo Testamento. Dice una nota de la Biblia anotada por Scofield: "Los lugares celestiales de Efesios son para el cristiano lo que Canaán era para los israelitas: un lugar de conflicto — y por lo tanto no un tipo del cielo — pero, al mismo tiempo, un lugar de victoria y bendición por medio del poder divino (Josué 21:43-45; Efesios 1:3)."

Se ha visto en Josué un símbolo de Cristo, no solamente por su nombre sino también por lo que realizó. Así como Moisés no pudo introducir a los israelitas en la Tierra Prometida, tampoco la Ley puede conducir al creyente al reposo de Dios. Sólo Jesús, nuestro gran Josué, nos lleva a esa Tierra y nos reparte la heredad. Se pueden aplicar espiritualmente a Jesús las promesas hechas a Josué: "Nadie te podrá hacer frente. . . Tú repartirás a este pueblo por heredad la tierra" (1:5, 6). Como toda la tierra de Canaán fue puesta en las manos de Josué para que la repartiera a las tribus, así todas las bendiciones están en las manos de Cristo para que las reparta a los suyos.

Pero había un río turbulento que cruzar, cuyas aguas simbolizan juicio, condenación y muerte. Como Josué, Jesús partió las aguas para conducirnos a la otra ribera por una senda seca. Con Cristo estamos muertos, sepultados y resucitados espiritualmente (Romanos 6:3, 4). Como las huestes del enemigo se oponían a la toma de la Tierra Prometida, así el creyente lucha "contra huestes espirituales de maldad en las regiones celestes" (Efesios 6:12). Pero la victoria es segura, pues el enemigo ya está derrotado, y lo que nos queda por hacer es entrar y tomar posesión de la Tierra.

Preguntas
Introducción al libro de Josué

1. Conteste poniendo "verdadero" o "falso":
    _____ a) Se llama "Josué" el primero de los libros históricos porque Josué lo escribió.
    _____ b) Josué tenía grandes talentos además de su capacidad militar.
    _____ c) Las cartas de Tel-el-Amarna indican que los israelitas estaban en Palestina en el siglo XV a.C.
    _____ d) Los estudiosos piadosos ven la entrada en Canaán como un símbolo de la entrada en el cielo.
2. a) A su parecer, ¿qué características de Josué lo hicieron el hombre ideal para ser el general de Israel en la invasión?
    b) ¿Qué rasgo es más importante hoy en un líder espiritual?
3. Indique algunas evidencias de que el libro de Josué fue escrito poco tiempo después de la época de Josué.
4. Mencione tres factores providenciales que debilitaron a los cananeos en el período inmediatamente anterior a la invasión israelita.
5. Según los descubrimientos de la arqueología, parece que _____ _____ era el faraón del éxodo y la invasión de Canaán ocurrió en el siglo _____.
6. a) ¿Por qué Dios mandó que los cananeos fuesen exterminados?
    b) En su opinión, ¿es justificable realizar acciones militares hoy en día para extirpar herejías? (ver Mateo 13:24-30; 36-43).

7. Aprenda de memoria el tema de Josué y los propósitos por los cuales fue escrito este libro.

8. Según la alegoría que algunos estudiosos ven en el libro de Josué, éste se asemeja a la epístola a los _____ y Canaán a _____.

I. La conquista de la Tierra Prometida (Capítulos 1 — 12)

A. Preparativos (Josué 1 — 5)

1. *Josué es comisionado* (Josué 1:1-9). La muerte de Moisés marcó el fin de la época de formación en la vida nacional de Israel. Como profeta de Dios y caudillo de los hebreos, Moisés había tenido la responsabilidad de dirigir el éxodo, de establecer las instituciones religiosas y de guiar a su pueblo en los largos años de prueba en el desierto. Murió antes de que Israel entrara en la Tierra Prometida. Pero los planes de Dios no fracasaron, pues ningún hombre es indispensable. Dios comisionó a Josué para proseguir con la nueva fase de su plan, la conquista y ocupación de Canaán.

Aunque los israelitas tendrían que pelear para ocupar Palestina, el territorio fue un regalo de Dios, una heredad dada a su pueblo. Comprendía la región que va desde el desierto en el sur hasta la cordillera del Líbano en el norte y desde el río Eufrates hasta el mar Mediterráneo. Es decir, incluía el norte de Siria. Los límites asignados al territorio que se había de conquistar sobrepasan en mucho los del que se repartiría en los capítulos 13 — 19. ¿Fracasó la promesa de Dios? No, porque su cumplimiento dependía de que Israel actuara por fe. Jehová le entregaría "todo lugar que pisare la planta de vuestro pie". Al igual que los israelitas, muchas veces no nos apropiamos completamente de las bendiciones espirituales de Cristo, por falta de fe o falta de voluntad.

A Josué se le aseguró el éxito de su misión, siempre que tuviera el cuidado de seguir las instrucciones del libro de la Ley que se les había dado por medio de Moisés, y fuera esforzado y valiente. Las generaciones siguientes habrían de aprender lo necesario que era meditar diariamente en la Torah (la Ley) y de hacer caso a sus mandamientos, para prosperar espiritual y materialmente. Habría días difíciles en el futuro de Israel, pero Dios lo acompañaría en las pruebas si era fiel.

2. *Preparativos para entrar en Canaán* (Josué 1:10 — 3:13). Al ser comisionado, Josué tomó medidas para invadir la tierra prometida.

a. Llamó inmediatamente al pueblo a prepararse para cruzar el Jordán (1:10-18). El ejército hebreo ya estaba bien organizado y disciplinado; era una fuerza combatiente mucho más eficaz que la tímida turba de esclavos sin personalidad que había salido de Egipto hacía 40 años. Dios había levantado una nueva generación de israelitas, instruidos en las leyes divinas, acostumbrados a la dureza de la vida desértica, y experimentados en la guerra.

Los rubenitas, los gaditas y la media tribu de Manasés, que se habían radicado al oriente del Jordán, respondieron con presteza cuando Josué les recordó que debían combatir junto con sus hermanos contra los cananeos. La unidad del ejército y su sometimiento voluntario a la jefatura de Josué pone de relieve su buen ánimo y la expectación de que su capitán fuera investido del Espíritu de Jehová (1:17; ver 1 Samuel 10:6; 11:6).

Josué era un general muy hábil; se le ha comparado con Napoleón como gran estratega militar[7] No invadió la tierra por el sur como era de esperarse, pues en el sur había ciudades bien fortificadas; entró por la parte céntrica y capturó Jericó. Esa ciudad tenía gran importancia estratégica, pues se ubicaba a la entrada de los pasos que llevaban al interior de Canaán. Su captura metió una cuña en el centro del país dividiéndolo en dos partes. Luego, Josué conquistó las otras dos regiones, la meridional y la septentrional separadamente, con campañas arrolladoras.

b. Envió espías a Jericó (2). Hacía 38 años, Moisés había enviado espías a Canaán, en parte porque parece que los israelitas no estaban seguros de que Palestina fuera un país de abundancia como había dicho Jehová, ni de ser capaces de conquistarla (Deuteronomio 1:22, 23). Ahora, Josué enviaba otros, no porque le faltara fe, sino porque quería conocer tanto las defensas de la ciudad como el estado de ánimo de sus habitantes.

Los dos espías fueron a la casa de Rahab, una ramera, porque según la tradición era mesonera y su casa era un lugar donde un extraño podía entrar sin despertar sospechas, y escuchar chismes de la gente. Esta casa también tenía la ventaja de estar adosada a la superficie del muro, proporcionando así un medio de escape. Sobre todo, probablemente Dios guiara los pasos de los espías porque ya había comenzado a obrar en el corazón de Rahab.

Se elogia a Rahab en el Nuevo Testamento (Hebreos 11:31; Santiago 2:25). ¿Aprueba la Biblia las mentiras dichas para proteger a los siervos de Dios? Lo que aprueba es la fe de Rahab y no su mentira. Además, no tenía la luz que tenían los israelitas, pues vivía en la densa oscuridad de un pueblo idólatra e inmoral. Sin embargo, tenía un rayo de luz. Comprendía que Jehová era el Dios verdadero, el "Dios arriba en los cielos y abajo en la tierra" (2:11). Los otros habitantes de Jericó habían oído también las noticias de las victorias de Israel pero sus temores solamente los llenaron de consternación. En contraste, Rahab estaba dispuesta a confiar en Jehová, y resolvió,

VISTA PARCIAL DE LA CIUDAD CANANEA DE LAQUIS

aun a costa de su vida, que su parte sería con Israel, y su Dios. Pidió misericordia y demostró su fe protegiendo a los espías. A pesar de su raza y su pasado inmoral, fue salva. Más adelante Rahab se casó con un hebreo llamado Salmón (Mateo 1:5), convirtiéndose así en antepasada del gran rey David y del Mesías mismo. Figura en el Nuevo Testamento como una mujer que actuaba por fe (Hebreos 11:31; Santiago 2:25). ¡Qué maravilla de gracia!

Aunque el cordón de grana no es un auténtico símbolo profético,* muchas personas devotas a través de los siglos han visto un paralelo entre ello y la sangre protectora de Jesús. Es semejante a la señal puesta en los dinteles de las casas israelitas. Dios vio la sangre, pasó de largo y todos los que estaban dentro fueron salvos. Se compara también la fe de Rahab con la del carcelero de Filipos: "Cree en el Señor Jesucristo, y serás salvo, tú y tu casa" (Hechos 16:31).

El informe de los espías demostró a Josué que los habitantes de Jericó estaban aterrorizados y que Jehová ya estaba entregándolos en su mano.

3. *El paso del Jordán* (Josué 3 y 4). ¿Por qué abrió Dios el Jordán de una manera sobrenatural? Era primavera y el río había crecido con el deshielo de las nieves del monte Hermón; era un obstáculo formidable ante los hebreos. Los israelitas no tenían embarcaciones, ni medio alguno de cruzar las turbulentas aguas. Sin embargo, el autor inspirado nos da otras tres importantes razones para que Dios obrara un milagro.

a. Para engrandecer a Josué ante los ojos de los israelitas, con el fin de confirmar su confianza y lealtad al nuevo líder (3:7). Considerando la magnitud de la tarea de Josué y los grandes peligros en el camino del ejército hebreo, el adalid necesitaba prestigio para ejercer autoridad sobre sus tropas. Dios informó a Josué antes de producirse el milagro, y el cumplimiento del mismo era la evidencia de que Josué era el instrumento escogido por Dios. Se nota que Josué no se exaltó a sí mismo; fue Jehová quien lo hizo.

b. Para desarrollar la fe de los hebreos y demostrarles que Dios echaría a los cananeos de la tierra de promisión (3:10).

c. Para sembrar terror en sus enemigos y dar un testimonio a todos los pueblos del poder y la fidelidad de Jehová (5:1; 4:23, 24).

Los israelitas tenían que dar dos pasos para que se realizara el milagro. Primero, debían santificarse (3:5). Aunque se santificaban externamente, esto era un símbolo de la purificación interior. Es la mejor preparación para obrar milagros.

---

*Un acto, persona, o institución tiene que ser mencionado en el Nuevo Testamento para ser considerado como un símbolo profético.

En segundo lugar, en el cruce del Jordán los israelitas fueron guiados por el arca, la cual fue llevada por los sacerdotes. El arca representaba la presencia de Jehová, y el hecho de que este mueble del tabernáculo los haya guiado al cruzar el río, simboliza que Dios mismo pasaba delante de ellos como el gran Capitán de la guerra santa. Hasta esta altura, Israel había sido guiado por la nube y la columna de fuego. Ahora Jehová cambia de método. El pueblo debía marchar casi un kilómetro detrás del arca para tenerla a la vista y seguirla. Los sacerdotes que transportaban el arca tenían que tomar un paso de fe. Era preciso que sus pies pisaran realmente el agua antes de que el milagro se produjera.

El agua se amontonó cerca de Adam, a unos 25 kilómetros de distancia (3:16), formando probablemente un lago enorme al norte de Adam y dejando seco un trecho de unos 70 kilómetros, hasta el mar Muerto. Los sacerdotes y el arca permanecieron en el lecho del río hasta que el último israelita había pasado.

¿Cómo efectuó Dios la división de las aguas? Pudo haberlo hecho sin emplear ningún medio natural. Sin embargo, Dios a menudo echa mano de las fuerzas naturales para realizar sus propósitos. Muchos estudiosos de la Biblia piensan que Dios empleó un embalse entre los acantilados cerca de Adam para detener el agua.[8] Tal vez fuera causado por un movimiento sísmico, pues el salmista al hablar acerca de este suceso dice poéticamente: "Oh montes, ¿por qué saltasteis como carneros, y vosotros, collados, como corderitos?" (Salmo 114:6).

En 1927, el Jordán dejó de correr por más de 21 horas porque un temblor produjo el desprendimiento de las altas márgenes de arcilla en el mismo lugar (Adam-Damieh) y el valle quedó taponado. Si fue así en la época de Josué, el elemento milagroso se encuentra principalmente en el hecho de que el agua se detuvo en el momento exacto en que los sacerdotes entraron al río.

Se levantaron dos monumentos de doce piedras respectivamente: uno en el lecho del río, donde el arca había estado, y otro al lado oeste, en Gilgal (4:20). Servirían como testigos del portentoso milagro y de que Jehová había sido fiel en cumplir su promesa de traer a su pueblo a la tierra de promisión.

4. *Campamento en Gilgal* (Josué 5). De ahí en adelante, Gilgal sirvió como base de operaciones para el ejército hebreo. Los israelitas salieron de Gilgal para tomar las fortalezas de Jericó y de Hai. Los gabaonitas fueron a Gilgal para efectuar una alianza (9:6) y de ahí marchó Josué para enfrentarse con la coalición del norte (10:43 — 11:7). Mientras el ejército combatía, sus familias vivían allí. La palabra Gilgal significa "círculo" o "rueda", pues probablemente hubiera un círculo de piedras que servía para propósitos religiosos. No muy lejos se hallaba la ciudad de Jericó, rodeada de palmeras, bálsamos,

sicómoros y olorosa vegetación de toda clase. Debe haberles parecido casi un paraíso a estos israelitas que habían pasado tanto tiempo en el desierto.

Dos acontecimientos ocurrieron poco después de que Israel acampó en Gilgal.

a. Se circuncidaron todos los varones de Israel (5:2-9) y se celebró la pascua (5:10). La circuncisión era la señal de que eran el pueblo del pacto (Génesis 17:7-14) y espiritualmente significaba la renovación del corazón (Romanos 2:29; Colosenses 2:11). La segunda generación, nacida toda ella en el desierto, no había sido circuncidada ni tampoco había celebrado la Pascua, pues estaban bajo disciplina divina porque el pueblo se había negado a entrar en la tierra prometida hacía 38 años (Números 14:20-35). Ahora el milagro del Jordán demostró que ya no estaban bajo el juicio de Dios sino que estaba en marcha nuevamente el cumplimiento del pacto. Por lo tanto los israelitas observaron los dos ritos.

Josué empleó un juego de palabras entre Gilgal y Galal (quitar o arrollar) para expresar que "el oprobio de Egipto" había sido quitado al renovar la señal del pacto. ¿Qué significa la expresión "el oprobio de Egipto"? Algunos estudiosos creen que consiste en el hecho de ser "incircuncisos" como los egipcios, o quizá en la práctica de los pecados de Egipto. Sin embargo, es probable que se refiere más bien a la mofa de los egipcios, que habrían dicho: "Sí, Jehová los libró de Egipto, pero suspendió su pacto con ellos y no les dio la Tierra Prometida" (ver Exodo 32:12).

La Pascua conmemoraba la liberación de Egipto y proveía una oportunidad de tener comunión con Dios. Así como estos dos ritos prepararon a los israelitas para la guerra santa, el creyente se prepara para la lucha espiritual despojándose de las obras de la carne y teniendo comunión con Dios.

El maná cesó, pues ya no era necesario sostener a Israel milagrosamente. Estaban en una tierra donde abundaba el alimento natural.

b. El guerrero divino se aparece a Josué (5:13-15). Josué sentía sobre sus hombros la pesada carga de su liderazgo. Mientras estudiaba la situación en las proximidades de Jericó, un guerrero se le apareció. Josué le preguntó si estaba de parte de Israel o del enemigo. La respuesta indicaba que no había venido como aliado sino como comandante, y Josué sería su subalterno. La espada desenvainada indicaba probablemente que el juicio divino caería en breve sobre los viles cananeos. La guerra no era de Josué sino de Jehová. No cabe duda alguna de que el Comandante divino le reveló los planes para tomar Jericó. El éxito de la campaña dependía de la obediencia de Josué.

Preguntas
Preparativos (Josué 1 — 5)

A. Conteste empleando sólo su Biblia:
1. a) ¿Cuáles eran las condiciones para que Josué triunfara?
   b) ¿Qué lecciones ve usted para su propia vida en las instrucciones de Dios a Josué en 1:1-9?
2. a) Qué condición le pusieron sus tropas a Josué para colaborar?
   b) ¿Qué lección práctica ve usted para el pastor, considerando tal condición?
3. ¿De qué manera había obrado Dios para ablandar la resistencia de los cananeos ante los israelitas? (Examine las palabras de Rahab.)
4. ¿Qué efecto produjo en Josué el informe de los espías?
5. a) ¿Ve usted algún paralelo entre el paso del Jordán y una experiencia espiritual de su vida?
   b) ¿Qué principio espiritual ve usted en el hecho de que el arca se quedó en el lecho del río hasta que hubiera cruzado el último israelita? (ver Romanos 11:25, 26.)
6. a) ¿Por qué levantaron los israelitas los dos montones de piedras?
   b) ¿Cuáles son los ritos en el culto cristiano que tienen un significado algo similar?
7. ¿Por qué ya no era necesario que Dios sostuviera a Israel con el maná diario?

B. Conteste usando el libro:
1. Los israelitas debían considerar a Canaán como _____ de Dios, pero tenían que _____ para ocuparlo.
2. ¿Cuál fue la estrategia de Josué tocante a la conquista de Canaán?
3. a) ¿Por qué elogia a Rahab el Nuevo Testamento?
   b) ¿Qué significado tiene el hecho de que Rahab fuera incorporada a la línea mesiánica?
4. a) ¿Cuál fue el preparativo imprescindible para cruzar el Jordán?
   b) Dé dos razones por las cuales Dios obró un milagro. (Debe mencionar otras razones además de la necesidad de que Israel pasara por el crecido río.)
   c) ¿Cuál es el significado de que el arca fuera llevada a la cabeza de las huestes de Israel en el cruce del Jordán?
5. ¿Qué significado tenían los ritos de Gilgal?
6. a) ¿Por qué se le apareció el guerrero a Josué ante Jericó?
   b) ¿Quién era el guerrero?

B. Campañas (Josué 6 — 12)

Josué y los israelitas conquistaron Canaán en tres campañas, las cuales parecen haber abarcado un período de aproximadamente siete años. El testimonio de Caleb indica que éste tenía 40 años cuando actuó como espía en Canaán. Ahora, al terminar la conquista, tenía 85 (14:6-12). Si Israel pasó 38 años de peregrinaje en el desierto después de su fracaso en Cades-barnea, esto dejaría siete años para la guerra en Canaán. Treinta y un reyes y siete naciones fueron sometidos. Sus nombres se registran en el capítulo 12.

1. *Toma de Jericó* (6). En la Biblia se llama a Jericó "la ciudad de las palmeras" (Deuteronomio 34:3; Jueces 3:13), porque tenía palmeras en su alrededor, algo insólito en Canaán. Estaba situada en un verde oasis en el valle del Jordán, y una fuente regaba la zona.

a. El elemento milagroso: ¿Por qué fue Jericó entregada a los hebreos de una manera sobrenatural?

(1) Para evitar un sitio prolongado en que los israelitas pudieran desanimarse y las otras ciudades-estados de Canaán pudieran recobrar ánimo, unirse y atacar a Israel. Una ciudad amurallada situada en la cumbre de una colina podía resistir a una fuerza enemiga durante un período casi indefinido, mientras tuviera agua y alimentos.

(2) Para enseñar a Israel que la tierra de Canaán era un regalo de Dios recibido por fe, más bien que por la victoria de sus armas.

(3) Para aumentar la fe de los israelitas a fin de que ganaran las batallas futuras. Los soldados de Dios debían saber que la fe y la obediencia les darían la victoria y que nada podría obstaculizar su conquista, fueran ciudades, carros de hierro o formidables ejércitos.

b. La guerra santa y el anatema: La conquista fue realizada por un *jerem*, o sea, una guerra santa decretada por Dios mismo y dirigida por El. Como quien ejecuta una sentencia divina, el ejército iba acompañado por los sacerdotes y las trompetas. Jericó y todo lo que en ella había era "anatema" ("consagrado," "dedicado a Dios"). El anatema era el botín, lo sustraído de todo uso humano y maldito o dedicado a la destrucción. La ciudad debía ser destruida completamente; debían matar tanto a hombres como animales; y los objetos preciosos, tales como oro y plata, habían de ser entregados al santuario. Jericó sería ofrecida a Jehová como las primicias de la conquista. De allí en adelante, se permitiría a los israelitas tomar el botín de las otras ciudades cananeas (8:27).

c. Lecciones prácticas: "Por la fe cayeron los muros de Jericó después de rodearlos siete días" (Hebreos 11:30). La ciudad fue tomada con una estrategia muy extraña. Alguien preguntó: "¿Quién ha oído jamás de una marcha de triunfo antes de obtener una victoria. . .? ¿Un grito de victoria antes de confirmarse el éxito?"[9] Se desprenden algunas lecciones relacionadas con la obra de la fe.

(1) La obediencia de la fe. Dios había prometido entregar la ciudad en las manos de Josué, pero todos los israelitas tenían que cumplir al pie de la letra los mandatos divinos. Tener fe es más que creer intelectualmente; es también obedecer por más extraño que sea el mandato.

(2) Las armas de la fe. Los israelitas no debían emplear arietes ni catapultas para romper los muros. "Las armas de nuestra milicia no son carnales." Siete sacerdotes tocando siete bocinas hechas con cuernos de carneros iban delante del arca. Las bocinas no eran instrumentos de guerra como lo eran las trompetas de plata; eran instrumentos religiosos. Las bocinas, los sacerdotes vestidos de blanco, el silencio reverencial, todo indica que la guerra era más bien religiosa que militar. Se suele comparar a los sacerdotes con los cristianos: "Ha resonado la Palabra del Señor" al mundo incrédulo (1 Tesalonicenses 1:8, BJ). El arca ocupaba el lugar de honor y simbolizaba que Dios mismo rodeaba la ciudad.

(3) La victoria de la fe. "A su tiempo segaremos." Nótese con cuánta frecuencia reaparece el sagrado número siete, el cual significa totalidad, o perfección. Después de trabajar seis días viene el séptimo de victoria. Hay ciertas semejanzas entre algunos detalles de la caída de Jericó y de la venida del Señor: La "voz de mando", la "trompeta de Dios", y el grito de triunfo: "Ha caído, ha caído la gran Babilonia" (1 Tesalonicenses 4:16; Apocalipsis 18:2). La Iglesia ha estado "rodeando" al mundo diecinueve siglos y todavía los muros no se han derrumbado. Pero algún día caerán y se dirá: "Los reinos del mundo han venido a ser de nuestro Señor y de su Cristo; y él reinará por los siglos de los siglos" (Apocalipsis 11:15).

d. La arqueología. La antigua Jericó es ahora una colina formada de ruinas y tierra, y es designada con el nombre de "Tel-es-Sultán".

Se encuentran estas colinas o montículos artificiales en muchas partes del Medio Oriente, donde reciben el nombre de "teles". Estos se formaban así: Cuando un pueblo era destruido por invasores o fenómenos naturales como un terremoto, las moradas quedaban en ruinas. Al volver los pobladores, con el objeto de reconstruir, simplemente se limitaban a nivelar y aplanar los escombros acumulados y construían un nuevo pueblo sobre las ruinas. En esta forma se iban creando capas de ocupación, y el nivel de una ciudad se levantaba cada vez más sobre los montones de ruinas de las anteriores. Los arqueólogos realizan excavaciones en esos montículos artificiales y logran obtener muchos datos en cuanto a las sucesivas culturas que los han ocupado.

Las casas más primitivas de la antigua Jericó tienen 7.000 años y su torre de 8.000 a 9.000 años. La renombrada arqueóloga Kathleen Kenyon dice: "Jericó puede vanagloriarse de ser la ciudad más

ESTRATIFICACIÓN DE UN TEL
(mostrando los distintos niveles de ocupación)

Nivel	Período	Fechas
JESUCRISTO	PERÍODO ROMANO	63 A.C. a 70 D.C.
RESTAURACIÓN	PERÍODO HELÉNICO	165 A.C. a 63 A.C.
EXILIO	ÚLTIMO PERÍODO ISRAELITA	580 A.C. a 330 A.C.
MONARQUÍA	PERÍODO MEDIO ISRAELITA II	840 A.C. a 580 A.C.
MONARQUÍA	PERÍODO MEDIO ISRAELITA I	970 A.C. a 840 A.C.
CONQUISTA Y JUECES	PRIMER PERÍODO ISRAELITA	1300 A.C. a 970 A.C.
CANANEOS	ÚLTIMO PERÍODO CANANEO	1550 A.C. a 1400 A.C.
PATRIARCAS	PERÍODO MEDIO CANANEO	1900 A.C. a 1550 A.C.
CANANEOS	PRIMER PERÍODO CANANEO	3200 A.C. a 2900 A.C.

Nivel actual · Excavación escalpmada · Excavación vertical · Nivel del Terreno antigua del mundo." Se calcula que la ciudad ocupó aproximadamente trece hectáreas; tendría unos 500 metros de largo por 250 de ancho. La población sería de entre 1.500 y 3.000 personas. Los arqueólogos no han encontrado las ruinas de Jericó en la época de Josué.* Estas habrían desaparecido durante el largo abandono del lugar desde el tiempo de Josué hasta el de Acab (unos 400 a 600 años). La fuerte erosión de las ruinas de ladrillo y adobe ha dejado pocas huellas de la existencia de aquella ciudad.

2. *La toma de Hai* (Josué 7:1 — 8:29).

a. La derrota ante Hai y el pecado de Acán (7). El nombre Hai significa "la ruina". G. Ernest Wright identificó el montículo Et-Tel, situado a unos 2.5 kilómetros al sureste de Betel como el lugar de su ubicación. La arqueología ha demostrado que Hai fue destruida en 2.200 a.C., y quedó en ruinas hasta el año 1.000 a.C. Sin embargo, podía servir como atrincheramiento para las gentes de la región de Bet-el. Allí, Israel sufrió su única derrota en los siete años de guerra. La cantidad de bajas fue poca. ¿Por qué fueron los israelitas sobrecogidos de pánico? Porque era evidente que algo había desagradado a Jehová y que El les había retirado aquella ayuda con la cual ellos habían contado.

La oración de Josué parece echar la culpa de la derrota a Dios. Pero es probable que Josué luchara para restablecer su fe. No entendía por qué Dios permitía que sucediera semejante cosa; la derrota dañaría la reputación de Josué. Temía que los israelitas no le escucharan más. Así los cananeos cobrarían ánimo y destruirían a Israel. Esto dañaría a su vez la reputación de Jehová. La respuesta de Dios indica que el pecado en el campamento de Israel había provocado la derrota.

¿Cuál fue el pecado de Acán? Tomó el anatema, es decir, algo que le pertenecía solamente a Jehová, y trató de apropiárselo para su uso personal. Observe el curso que toma la tentación: "Vi. . . codicié y tomé" (7:21). Todo Israel sufrió, pues ya era una nación, y el pecado del individuo se convertía en el pecado de todos si la nación no lo repudiaba y expiaba dicho pecado.[10] Toda la familia de Acán fue apedreada, probablemente porque participó en el sacrilegio. (La ley mosaica prohibía que los hijos murieran por la culpa de los padres: (Deuteronomio 24:16).

---

*El doctor John Garstang, hizo excavaciones en Tel-es-Sultán (1930-1935). Encontró evidencias de un muro que se derrumbó, y sacó a la luz dos círculos amurallados concéntricos. El interior, alrededor de la cumbre del tel, es una obra maestra de fortificación, construida con ladrillos secados al sol, compuesta de muros paralelos distantes 3 y 4 metros entre sí, desde 2 hasta 10 metros de altura. La muralla interna tiene tres metros y medio de espesor. El doctor Garstang pensaba que había descubierto la ciudad tomada por Josué, pero otros arqueólogos demostraron que la ciudad excavada por Garstang fue destruida alrededor de 1600 a.C., probablemente por los egipcios.

b. Aplicación práctica. El relato nos enseña varias lecciones: (1) Dios exige que sus soldados sean puros; si no, perderán las batallas. La santidad es una condición indispensable para triunfar. (2) No hay nada tan insignificante, que no pueda derrotar al pueblo de Dios cuando no tiene su ayuda. Hai era un lugar muy pequeño. (3) El pecado del individuo puede traer tristes consecuencias a todos. "Ninguno de nosotros vive para sí" (Romanos 14:7). Treinta y seis hombres murieron y toda la comunidad quedó manchada y vencida por el pecado de una familia. (4) La oración no anula el castigo cuando hay pecado en el campamento. Nada hace a la oración más ineficaz que el pecado oculto. (5) La desaparición del pecado abre la puerta para la renovación y la bendición divina. El sitio de la muerte de Acán fue llamado "valle de Acor" (turbación). Siglos después Dios prometió: "Le daré. . . el valle de Acor por puerta de esperanza" (Oseas 2:15). El lugar donde el pecado fue juzgado y destruido, llegó a ser una puerta de esperanza para el pueblo de Dios. De igual manera si "nos examinásemos a nosotros mismos, no seríamos juzgados" (1 Corintios 11:31).

c. La destrucción de Hai (8:1-29). Jehová comunicó a Josué una estrategia hábil para tomar Hai. Israel se valió de una emboscada llevada a cabo de noche. Al día siguiente, las fuerzas de Hai fueron atraídas hacia campo abierto, de tal forma que los hebreos estacionados al occidente del pueblo, estuvieron en condiciones de atacar Hai desde atrás y prenderle fuego. Los defensores, al ver la destrucción de Hai, se sintieron llenos de consternación y fueron fácilmente aniquilados. Es probable que Josué dividiera su ejército de treinta mil en dos fuerzas, una para ocuparse de la toma de Hai, y la otra para impedir una posible amenaza desde Bet-el.

3. *Lectura de la Ley en el monte Ebal* (Josué 8:30-35). Después de destruir a Hai, todos los israelitas marcharon a un lugar situado al oeste de Siquem, dominado al norte por el monte Ebal, y al sur por el Gerizim. Allí dieron cumplimiento a la orden de Moisés de que repitieran su voto de consagración y oyeran nuevamente la lectura de las condiciones puestas por El para heredar la tierra de Canaán y seguir recibiendo la bendición divina (Deuteronomio 11:29, 30; 27:1-26).

Los hebreos ofrecieron holocaustos, que significaban la consagración, y sacrificaron ofrendas de paz que simbolizaban la comunión con Dios. Se escribió la Ley sobre piedras pintadas con cal. Las tribus descendientes de las esposas legítimas de Jacob, Lea y Raquel, se colocaron en las faldas de Ebal, y las que descendían de las siervas-esposas, en Gerizim. Los sacerdotes y líderes se pusieron en el valle entre los dos cerros. En este anfiteatro natural que tiene una acústica extraordinaria, se dio lectura a la Ley de Moisés. A la lectura de las maldiciones por desobediencia, las tribus de Ebal respondieron con un recio "Amén", y a las bendiciones, las que estaban en Gerizim respondieron de igual manera. Así la nación se comprometió a obedecer a Dios y cumplir las instrucciones de no participar en los pecados de los cananeos. Afirma un expositor: "La historia proporciona pocas escenas tan impresionantes como la de una nación aceptando solemnemente la Ley de Dios como regla de vida y condición para su prosperidad."

Preguntas
Las Campañas (Josué 6 — 8)

1. ¿Por qué Dios destruyó milagrosamente los muros de Jericó?
2. a) Dé el orden que siguieron los israelitas en su marcha alrededor de Jericó.
   b) ¿Qué significado tiene el hecho de que el arca ocupara el lugar de honor?
   c) ¿Por qué fue necesario que todo Israel rodeara la ciudad? ¿Cómo se puede aplicar esto a la Iglesia actual?
   d) ¿Cuáles eran los dos requisitos generales que tenían que cumplir los israelitas a fin de obtener victoria?
3. a) ¿Qué significa la palabra "anatema"?
   b) ¿Por qué sólo Jericó fue declarada anatema?
4. Dé dos características de la guerra santa.
5. a) ¿Por qué pronunció Josué una maldición sobre quien reedificara Jericó?
   b) ¿Cómo se cumplió la maldición de Josué? (1 Reyes 16:34).
6. a) Se llaman _____ los montículos compuestos por ciudades edificadas una sobre las ruinas de la otra.
   b) ¿Qué queda de la ciudad destruida por Josué?
7. a) ¿Qué gran lección enseña la derrota de Israel ante los defensores de Hai?
   b) El relato de _____ en el Nuevo Testamento señala la misma lección que la de Acán y su familia (ver Hechos 5:1-11).
   c) A su parecer, ¿por qué era necesario que los líderes en ambos casos actuaran tan severamente? (¿Qué paralelo ve usted en cuanto al momento del castigo en los dos casos?)
8. a) ¿Por qué era necesario oír la Ley al comenzar la conquista?
   b) ¿Qué paralelo espiritual ve usted en la vida del creyente?

4. *La alianza con los gabaonitas* (9). Las noticias de la destrucción de Jericó y de Hai produjeron dos reacciones: por un lado, la oposición se endureció y se organizó para resistir la invasión; por el otro,

algunos de los habitantes, viendo perdida la causa de Canaán, buscaron someterse a los israelitas. Pero Jehová había prohibido que los israelitas hicieran alianza con los cananeos (Exodo 23:32; 34:12; Deuteronomio 7:2). ¿Por qué fueron engañados los israelitas por los gabaonitas? "No consultaron a Jehová" (9:14). Habían desviado los ojos de Dios y prestado atención a las apariencias externas. "Amados, no creáis a todo espíritu, sino probad los espíritus si son de Dios" (1 Juan 4:1). Es una advertencia también para que no transijamos con el mundo.

No obstante el engaño gabaonita, los israelitas cumplieron con su parte de la alianza porque habían "jurado por Jehová" (9:19). Siglos después, la familia de Saúl fue castigada por mandato de Dios, porque Saúl había matado a algunos de los gabaonitas (2 Samuel 21:1-14). Esto demuestra cuán sagrado era el juramento en aquel entonces.

La maldición de Josué contra los gabaonitas se les convirtió en una bendición, pues fueron condenados a servir perpetuamente como esclavos en la casa de Dios y el altar "en el lugar donde Jehová eligiese" (9:27). Pudieron experimentar el gozo expresado por el salmista David: "Bienaventurados los que habitan en su casa" (Salmo 84:4), pues el tabernáculo fue colocado en Gabaón (2 Crónicas 1:3). Muchos siglos después, cuando los sacerdotes y los levitas fueron infieles, Dios los reemplazó con los gabaonitas (Esdras 2:43; 8:20).

La rendición de las cuatro ciudades (Gabaón, Cafira, Beerot y Quiriat-jearim) abrió una brecha en el centro de Canaán y facilitó la división de la tierra en dos partes.

5. *Conquista del sur de Canaán* (10).

a. La derrota de la coalición de los reyes del sur (Josué 10:1-27). Cinco de los reyes situados al sur de Gabaón atacaron inmediatamente a los gabaonitas. Querían castigarlos por haberlos traicionado y para evitar que las cuatro ciudades gabaonitas se entregaran a Josué. Querían hacer de los gabaonitas un ejemplo para que otras ciudades-estados no se pasasen a Israel.

Tan pronto como Josué recibió la petición de auxilio enviada por los gabaonitas, se trasladó a marchas forzadas a Gabaón. ¿Fue justo que Josué ayudara a los gabaonitas cuando le habían engañado de tal manera? Las mentiras de los gabaonitas no justificaban que Israel no fuera fiel. La forma como otros nos tratan no debe afectar nuestro propio honor e integridad.

Parece que Josué buscó la dirección de Dios esta vez, pues recibió la promesa de una victoria aplastante (10:8). Procedió según ella y lanzó un ataque por sorpresa contra la coalición. Jehová intervino multiplicando los elementos que destruyeron al enemigo. Primero, el pánico que los puso en fuga; luego, la espantosa granizada; y por si esto fuera poco, el día se prolongó para que los israelitas pudieran

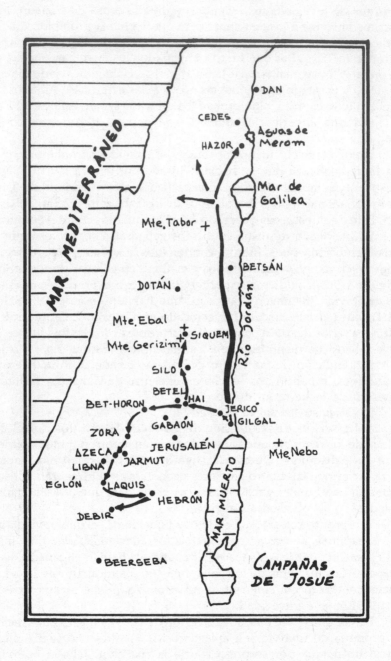

CAMPAÑAS DE JOSUÉ

completar su victoria. Así Dios le demostró a Israel, y a sus mismos enemigos, que El peleaba por los suyos.

El milagro en que se detuvo el sol siempre ha intrigado a los lectores de la Biblia. ¿Mandó Josué al sol que se detuviera porque estaba cansado y tuvo una inspiración repentina? ¿Le hizo una petición arbitraria a Dios? Josué habló primero con el Señor, probablemente consultándole sobre qué hacer. Luego se puso ante el pueblo y habló al sol y a la luna. Habló con autoridad porque ya se había puesto en contacto con el Señor. Algunas personas han hecho daño mediante unas palabras presuntuosas que no están respaldadas por la voz de Dios.

Muchos han procurado explicar este milagro y otros desvirtuarlo con explicaciones. Consideremos algunas de estas explicaciones:

(1) El pasaje es una cita de Jaser, un antiquísimo libro de canciones y alabanzas a los héroes. Es decir, que el libro es poesía y no debe ser interpretado literalmente. Un ejemplo de referencia poética a la ayuda de los cuerpos celestes, se encuentra en Jueces 5:20: "Desde los cielos pelearon las estrellas; desde sus órbitas pelearon contra Sísara."

(2) El sol solamente pareció detenerse. Pudo haber sido el efecto de un espejismo sobrenatural o de la refracción de la luz solar en el ocaso. Todo el mundo ha observado el fenómeno de la refracción de la luz al ponerse el sol, y parece que éste retardara su caída, pero en realidad es la refracción de su luz en las capas atmosféricas.

(3) Lo que pidió Josué no fue que se detuviera el sol, sino que dejara de brillar fuertemente; una petición de alivio, para que disminuyera el calor del sol. Josué ordenó que el sol permaneciera "silencioso", según una interpretación posible del hebreo. Dios contestó su oración enviando una tormenta de granizo que alivió a los israelitas y a la vez destruyó a sus enemigos.[11]

Parece que el autor inspirado entendiera que Josué pidió una mayor duración del día, es decir, que Jehová detuvo literalmente el movimiento del globo terráqueo (10:13, 14). No hay razón alguna para dudar de que el Dios de milagros pueda hacerlo. Según ciertos autores, se han encontrado leyendas egipcias, chinas e hindúes que hacen mención de un día de larga duración.[12] Lo extraordinario no es que Dios detuviera el movimiento de la tierra, sino que hiciera caso a la voz de un hombre (10:14). La oración puede mover montes, pero en este caso parece detener el transcurso del tiempo. Probablemente Dios desacelerara la velocidad de la tierra, prolongando así el día.

Como resultado de la intervención divina, la batalla terminó en forma decisiva y victoriosa. En Maceda, los cinco reyes de la alianza amorrea fueron atrapados en una cueva y después ejecutados por los israelitas. Josué frustró el escape de los soldados amorreos, destruyéndolos antes de que pudieran alcanzar sus ciudades fortificadas. Le fue más fácil tomar las ciudades después de esta batalla porque el grueso de sus ejércitos ya no existía. El poder de los amorreos fue aplastado y la región meridional quedó a merced de los israelitas.

La arqueología testifica la veracidad del relato bíblico tocante a la destrucción de las ciudades de Laquis y Debir. La expedición arqueológica Wellcome de 1931, excavó Laquis (la moderna Tel-el-Duweir), y encontró una gran capa de cenizas, que se remontan al siglo XIII a.c. Unas excavaciones en Debir (Tel-Beit Mirsión) trajeron a luz evidencias de un gran incendio en el mismo período. Toda la alfarería que estaba bajo la capa de cenizas era de los cananeos, y la que había encima de ella, israelita.

b. La conquista de las ciudades-estados meridionales (Josué 10:28-43). Las ciudades cayeron una tras otra en una serie de rápidos y devastadores ataques de los hebreos. Aunque algunas ciudades-estados como Gezer y Jerusalén no fueron tomadas, toda la región meridional, desde Gabaón hasta Cades-barnea, quedó bajo el dominio de Josué. Sin embargo, esto no significa que Israel ocupara toda la región. Las campañas de Josué fueron "guerras de destrucción y exterminio, y no de ocupación y asentamiento inmediato".[13]

6. *Campañas en el norte* (11, 12). Los reyes cananeos del norte estaban alarmados por las noticias de la conquista del sur. Jabín, rey de Hazor, formó una poderosa coalición de las ciudades-estados del norte. Contaba con un ejército enorme y con muchísimos y temibles carros. Estas fuerzas acamparon junto a las aguas de Merom.

Dios animó a Josué prometiéndole que entregaría al enemigo en sus manos. En un ataque relámpago, Josué sorprendió al enemigo en el valle de Merom, lugar escabroso donde los carros del ejército no podían maniobrar bien. La liga del norte fue derrotada decisivamente; fue una victoria notable. Si Josué no hubiera podido destruir las fuerzas de un solo golpe, habría tenido que someter las ciudades una tras otra, tarea muy prolongada. Pero con la derrota desastrosa de la coalición, la resistencia organizada en Canaán se desmoronó. Sin embargo, siguió durante mucho tiempo una lucha esporádica con los reyes cananeos (11:18, 19).

Josué desjarretó los caballos de los cananeos y quemó sus carros (11:9). El ejército de Israel sólo se componía de infantería; los carros de los cananeos infundían temor (cf. 17:16; Jueces 1:19; 4:3). Lo que hizo Josué fue destruir las armas más temibles del enemigo.

La ciudad de Hazor fue quemada y destruida completamente, pero la Biblia no hace mención de la destrucción de otras ciudades en el norte. Los arqueólogos han identificado el sitio de Hazor como Tel-elquedah, el cual se encuentra aproximadamente 24 kilómetros al norte del mar de Galilea, a unos 8 kilómetros al occidente del Jordán. Fue excavada por John Garstang (1926-1928), y Yigael Yadin (1955-1958). La ciudad ocupaba casi 80 hectáreas y la habitaban más o menos 40.000 personas. Yadin halló evidencias concluyentes de que Hazor fue violentamente destruida en el siglo XIII a.C. En los registros de Egipto y Babilonia, a menudo se hace mención de la ciudad, indicando así su importancia. Blair explica por qué los israelitas destruyeron solamente Hazor en la región septentrional. "Es posible que ahora que los israelitas ya estaban establecidos en el territorio, esas ciudades no representaran peligro, sino más bien una ventaja para los colonizadores."[14]

El autor hizo mención especial de la derrota de los anaceos o gigantes (11:21), probablemente porque eran ellos los que habían aterrorizado a los espías de Israel 38 años antes de la invasión (Números 13:33). Se nota nuevamente que el secreto del éxito de Josué estribaba en su obediencia a los mandamientos divinos dados por Moisés (11:15).

Preguntas
Campañas (continuación) (Josué 9 — 12)

1. a) ¿Por qué fueron engañados los israelitas por la artimaña de los gabaonitas?
   b) ¿De qué manera se enfrentaron a la situación los príncipes cuando comprendieron que habían sido engañados? (Ver 9:16-21; 10:5-7.)
   c) ¿Qué principio moral extrae usted de la reacción de los dirigentes?
   d) ¿Qué bendición resultó para los gabaonitas del hecho de que fueran destinados a ser esclavos? (Ver Josué 10:2; 11:19; 2 Samuel 21:1-9; 2 Crónicas 1:1-13; Esdras 2:43; 8:20.)
2. a) ¿Cuáles fueron las tres maneras en que Jehová peleó a favor de los hebreos en su campaña contra los reyes del sur?
   b) ¿Qué versículo del capítulo 10 parece indicar que la detención del sol fue un gran milagro y no meramente un fenómeno natural? ¿Qué lección espiritual ve usted en este suceso?
   c) ¿Qué gran ventaja consiguió Josué al enfrentar a todos los ejércitos en una sola batalla, en vez de tomar las ciudades una tras otra?
3. a) ¿Qué brillante estrategia empleó Josué para derrotar a la liga del norte?
   b) ¿Qué nos enseña acerca de la debilidad de Canaán el hecho de que hubiera tantos reyes en aquel lugar? (En el capítulo 12 se mencionan 31 reyes derrotados).

c) ¿Cómo confirma la arqueología la veracidad del relato de la conquista que aparece en el libro de Josué?

II. Reparto de Canaán
(Josué 13 — 21)

Si la primera gran obra de Josué fue la conquista de Canaán, la segunda fue la repartición de la tierra entre las tribus. Ya tenía alrededor de 90 años y no podía guerrear más. Como advirtiera que quedaba "aún mucha tierra por poseer", estimuló a las tribus para que completaran la conquista de sus regiones respectivas.

Las campañas no limpiaron a Canaán de todos sus habitantes, ni tomaron todas las ciudades. El territorio que los paganos todavía ocupaban, estaba en su mayor parte al sur y al norte. En la Sefela, faltaba dominar a los filisteos. La ciudad de los jebuseos, Jerusalén, no fue tomada permanentemente hasta la época de David (2 Samuel 5:6-10). Josué tampoco conquistó ciertas ciudades fuertes tales como Gezer y Meguido, probablemente porque no quiso ponerles un prolongado sitio. No obstante, quedaron aisladas por las campañas. La tierra descansó de la guerra (11:23) en el sentido de que no era necesario hacer campañas mayores. Ahora, a cada tribu le quedaba la tarea de someter paulatinamente al resto de los cananeos en el territorio que le había correspondido en el reparto.

Existe un paralelo con la experiencia cristiana. Al igual que Josué, Jesús ganó la victoria sobre el enemigo principal, Satanás, en la cruz, y ha quitado los obstáculos mayores del camino. El pudo decir: "He vencido al mundo" (Juan 16:33); sin embargo, quedan en el creyente muchas tendencias pecaminosas. Al igual que las tribus tenían que desalojar a los cananeos, así el creyente tiene que dominar sus deseos carnales con la ayuda del Espíritu Santo (Romanos 8:13). También "queda aún mucha tierra por poseer", en el sentido de recibir las bendiciones y el poder divino, de evangelizar nuestros alrededores y hasta naciones enteras, y de ejercer una influencia a favor de la justicia en el mundo.

Josué y el sumo sacerdote Eleazar emplearon el sorteo para determinar la región que tocaría a cada tribu (14:1; 19:51). Así se permitiría que Jehová los guiara en la distribución de Canaán. Aparentemente los jefes de familia establecieron los límites del territorio de cada tribu. Consideraremos el repartimiento de Palestina, pero no haremos la señalización geográfica en detalle, pues es más fácil conocerla estudiando el mapa.

1. *Confirmación del territorio de las tribus de la Transjordania* (Josué 13:8 — 14:5). Cuando los israelitas bajo el mando de Moisés conquistaron la región situada al este del Jordán, los rubenitas, junto con Gad

y la media tribu de Manasés, pidieron este territorio para establecerse. Estas tribus poseían grandes rebaños, y les convenía la extensa altiplanicie de esta fértil región, por tener abundante pasto. Su petición fue concedida por Moisés a condición de que participasen en la conquista del resto de Canaán. Ahora Josué confirma la promesa de Moisés y marca los límites de sus herencias.

Puesto que Transjordania carecía en el oriente de una barrera natural, como el río Jordán, que protegía a las tribus en Canaán propiamente dicho, las dos tribus y media estaban continuamente expuestas a las incursiones de las tribus beduinas del desierto. Por esto desarrollaron un carácter guerrero y feroz. También tendían a la disolución religiosa, pues en cierta medida estaban separadas de las otras tribus por el río Jordán y el mar Muerto. Finalmente, fueron llevadas a la cautividad por los asirios alrededor del año 734 a.C. Dejaron de existir como pueblo de Dios, porque probablemente fueran asimiladas por otras gentes.

2. *La heredad de Caleb* (Josué 14:6-15; 15:13-19). Hacía 45 años, Caleb se había destacado como un hombre de fe entre los exploradores de Canaán. En premio a su fidelidad pidió la región de Hebrón, a pesar de que era una de las partes más difíciles de conquistar (ver Números 14:24-30; Deuteronomio 1:36). El valiente soldado de 86 años echó de allí a los tres hijos de Anac (gigantes) y ofreció dar su hija Acsa al que tomara Debir. Otoniel, su sobrino, recibió la recompensa. Más adelante Hebrón fue entregada a los levitas y llegó a ser un lugar de mucha importancia en la historia de Israel.

Caleb ilustra los buenos resultados que produce obedecer con constancia a Dios.

a. Fue un hombre cuya visión y fe para lograr grandes cosas iban siempre en aumento: "Dame, pues, ahora este monte." A pesar de sus 86 años, emprendió una tarea sumamente grande y difícil.

b. Fue un hombre cuyas fuerzas iban siempre renovándose. "Todavía estoy tan fuerte como el día que Moisés me envió." "Los que esperan a Jehová tendrán nuevas fuerzas. . .".

c. Fue un hombre que transmitía sus bendiciones a otros. Animó a Otoniel para que tomara Quiriat-sefer (Debir) y luego lo recompensó dándole su hija Acsa y un terreno con dos fuentes de agua. No cabe duda alguna de que su ejemplo de valentía y fe fue factor importante para hacer de Otoniel el primer juez de Israel.

3. *La herencia de Judá* (15). A la gran tribu de Judá le fue dado el territorio del sur, la tierra de los cinco reyes. Se extendía desde el mar Muerto hasta el Mediterráneo y representaba aproximadamente una tercera parte de Canaán mismo. Sin embargo, la mitad de la tierra de Judá era desértica y una gran parte era montañosa, dos características que contribuían tanto a la pobreza del país como a su seguridad

contra invasores. Originalmente su heredad incluía a las de Dan y Simeón, pero el territorio les fue concedido después a cada una respectivamente.

Judá obtuvo la supremacía en el sur, así como Efraín la tuvo en el norte. Desde tiempos antiguos existió rivalidad entre estas dos poderosas tribus, pues cada una creía que había recibido la primogenitura (cf. Génesis 48:19, 20; 49:8-10). Esta rivalidad fue uno de los factores que precipitaron la división del reino en la época de Roboam. La tribu de Judá era la tribu real y mesiánica. Permaneció fiel a Jehová después de que las otras tribus lo abandonaran. Solamente Judá sobrevivió a las deportaciones asirias; fue la única en volver del cautiverio babilónico. Las otras tribus desaparecieron de la historia, probablemente absorbidas por otros pueblos paganos. Por lo tanto, se dio el nombre de "judío" al remanente de la raza israelita.

4. *La heredad de Efraín y Manasés* (16, 17). Las dos tribus de la casa de José recibieron el territorio más rico de Canaán: la parte central entre el mar Muerto y el de Galilea. Pero era una región difícil de conquistar por la cadena de fortalezas que formaban Bet-seán Ibleam, Taanac y Meguido (17:11). Los representantes de las dos tribus se quejaron a Josué de que su heredad era inadecuada, puesto que contenía zonas boscosas,* y los cananeos eran fuertes. El anciano caudillo los desafió a talar los bosques y arrojar al cananeo "aunque tenga carros herrados". Sin embargo, los cananeos seguían siendo fuertes, y gracias a su poderío militar y a la debilidad de Manasés, quedaron en poder de lo mejor del territorio, para servir como tropezadero a los hijos de Israel (Jueces 1:27).

La tribu de Efraín era la más importante después de Judá y siempre fue su gran rival. Después de la muerte de Saúl, Efraín y otras tribus del norte tardaron siete años en aceptar a David, procedente de Judá, como rey de Israel. Agobiados bajo el reinado opresivo de Salomón, aprovecharon la oportunidad para separarse de Judá cuando Salomón falleció. Desde luego, la historia de las tribus meridionales se relacionaba con Judá. "El nombre de Judá llegó a emplearse como sinónimo del reino del sur, así como el de Efraín por el norte. Los nombres *Efraín* e *Israel* llegaron a ser sinónimos referentes al reino septentrional de Israel."[15]

5. *El tabernáculo puesto en Silo* (Josué 18:1-10). Silo fue hecho la capital religiosa de Israel y la congregación se reunía allí tres veces al año para observar las grandes festividades de la Pascua, las semanas

*La región central en el presente está casi desprovista de árboles, pero tenía bosques en aquel entonces (2 Reyes 2:24). Es probable que poca gente viviera en los bosques y que los cananeos habitaran en los valles, un factor que explica por qué Josué no había guerreado mucho en esa región.

(Pentecostés) y los Tabernáculos. A falta de unidad política, la unidad religiosa de las tribus era de gran importancia. Desde allí, se distribuyó la tierra restante a las otras siete tribus.

6. *Territorios de las otras siete tribus* (Josué 18:11 — 19:51). Se nombraron tres hombres de cada una de las tribus restantes, y los comisionaron para reconocer la tierra y recoger datos sobre los cuales se podía repartir por suertes el territorio.

a. La heredad de Benjamín (Josué 18:11-28). Esta tribu se colocó entre la poderosa Judá y las tribus de la casa de José. No ocupó mucho territorio, pero lo que le tocó era fértil y hermoso; también su herencia incluía las importantes ciudades de Jerusalén y Bet-el. Benjamín era una tribu pequeña, pero fuerte. Echó fuera a los cananeos y se defendió durante un largo período. Dio a la nación el primer rey, Saúl; al dividirse el reino, se unió a Judá.

b. La herencia de Simeón (Josué 19:1-9). Le tocó su parte en el sur de Judá, desde el mar Muerto hasta el Mediterráneo. La tribu de Simeón era la menos númerosa de Israel y su territorio no era propicio para el desarrollo de un gran pueblo, siendo árido y desértico en su mayor parte, y expuesto a los ataques de los beduinos del desierto.[16] No podía defenderse contra sus enemigos y siempre tuvo que recurrir a Judá en busca de ayuda. Se debilitó, se fusionó con Judá y dejó de existir como tribu. Así se cumplió la profecía de Jacob de que sería esparcida en Israel (Génesis 49:5-7). Moisés no mencionó a Simeón en su profecía de Deuteronomio 33, probablemente porque ya era débil y había perdido más de la mitad de sus hombres durante el peregrinaje en el desierto.

c. El territorio de Zabulón (Josué 19:10-16). A Zabulón le tocó una región muy fértil y hermosa. Su territorio se extendía desde el río Cisón hasta el lindero de Isacar, y comprendía la comarca de Nazaret.

d. La heredad de Isacar (Josué 19:17-23). Al igual que Zabulón, la tribu de Isacar recibió un territorio muy pequeño, pero la mayor parte era fértil, e incluía los fértiles llanos del valle de Esdraelón. Sin embargo, los cananeos se pusieron muy fuertes en los territorios de Isacar y Zabulón, y las dos tribus no tuvieron mucho éxito en desalojarlos.

e. La herencia de Aser (Josué 19:24-31). La tribu de Aser se estableció en el extremo norte de Canaán a lo largo de la costa del mar Mediterráneo. Tuvo dificultad en dominar a los cananeos allí, pues le faltó ánimo para hacerlo. Esto, junto con sus estrechas relaciones con los fenicios, contribuyó a su tibieza espiritual.

f. La heredad de Neftalí (Josué 19:32-39). Le tocó su parte en el norte. El sector interior de Galilea septentrional con sus altos cerros, bosques y valles fértiles. Esa región ofrece variedad de clima y de topografía y produce muchas clases de frutas, legumbres y cereales.

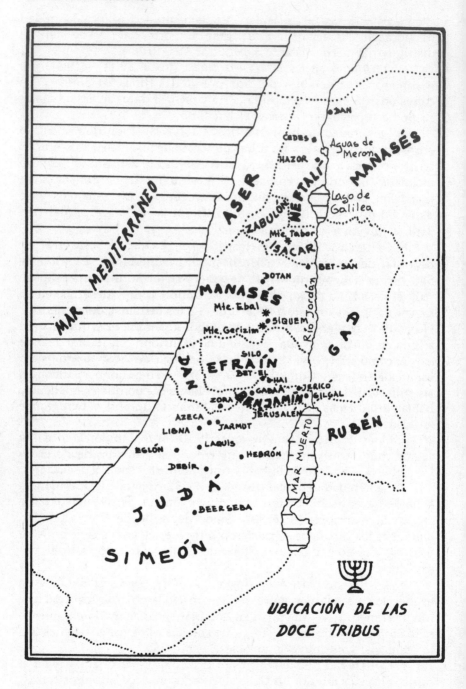

UBICACIÓN DE LAS
DOCE TRIBUS

Se necesitaba mucho valor para retener su terreno, codiciado por otros pueblos, y Neftalí siempre se mostró valiente.

g. El territorio de Dan (Josué 19:40-48). Dan recibió una pequeña herencia comprimida en el angosto espacio entre la cordillera noroccidental de Judá y el mar Mediterráneo. Pero en realidad, la presión de los amorreos, y sobre todo la de los filisteos, le obligó a abandonar la región marítima. La mayoría de los danitas emigraron hacia el norte, a las fuentes del Jordán. Se apoderaron de una ciudad fenicia, Lais, y le pusieron por nombre Dan (Jueces 18). "Desde Dan hasta Beerseba" llegó a ser una expresión que indicaba los extremos norte y sur de Canaán, así como su totalidad.

Dan tuvo un personaje famoso, el juez Sansón.

7. *La herencia de los levitas y las ciudades de refugio* (20, 21). Puesto que la tribu de Leví había sido apartada para ministrar en las cosas religiosas, no recibió territorio, sino que estaba sostenida por los diezmos y ofrendas de las otras tribus. También era necesario que los levitas fuesen esparcidos en toda la nación para ministrar espiritualmente y enseñar la religión. Pero necesitaban dónde residir, y para eso se les entregaron 48 ciudades con sus alrededores, tomadas de las otras tribus y distribuidas por suerte entre las diversas familias de Leví.

De esas 48 ciudades, seis fueron designadas "ciudades de refugio"; tres en la Transjordania y tres en Canaán. Estas ciudades de asilo eran salvaguardia contra la venganza injusta y las resultantes luchas sangrientas, pues a ellas podían huir los que habían causado muertes por accidente. No había policía en aquel entonces, y le tocaba al pariente más cercano servir como vengador de sangre. La persona que había matado a otra podía contar con un proceso justo y un refugio, si no era reo de homicidio deliberado.

El autor sagrado termina esta sección con un testimonio en cuanto a la fidelidad de Jehová: "No faltó palabra de todas las buenas promesas que Jehová había hecho a la casa de Israel; todo se cumplió" (21:45).

Preguntas
Reparto de Canaán (Josué 13 — 21)

1. a) ¿Qué habían logrado las campañas de Josué?
   b) ¿Qué tarea tenían los israelitas por delante?
2. a) ¿Qué método empleó Josué para repartir Canaán a las tribus?
   b) ¿Cómo determinan los creyentes la voluntad de Dios desde el día de Pentecostés? (Consulte el libro de Hechos.)
3. a) ¿Por qué pidieron Rubén, Gad y la media tribu de Manasés el territorio situado al oriente del Jordán?

b) Mencione las dos desventajas que las tribus de Transjordania encontraron en su herencia.

c) ¿Qué lección práctica extrae usted de la experiencia de estas tribus?

4. a) Haga un contraste entre el espíritu de la petición de Caleb y el de la petición de las tribus que se establecieron en Transjordania.

b) ¿Qué luz arroja sobre la personalidad de Caleb su manera de responder a la petición de Acsa? (15:19).

5. a) ¿Cuáles fueron las dos tribus más fuertes de Israel?

b) ¿Por qué existía rivalidad entre ellas?

6. ¿Cuál fue la importancia de Silo en la época posterior a la conquista?

7. a) ¿Por qué no recibió Leví un territorio propio que ocupar?

b) ¿Qué lección para los pastores evangélicos ve usted en tal disposición y en la provisión para el sostén de los levitas?

8. ¿Qué mal fue evitado por medio de las ciudades de refugio?

III. Fin de la jefatura de Josué
(Josué 22 — 24)

1. *Despedida de las tribus de Transjordania* (Josué 22:1-8). Al terminar la guerra, Josué despidió a las tropas de las tribus de Rubén, Gad y la mitad de Manasés. Habían cumplido fielmente su promesa a Moisés durante siete años, combatiendo valientemente al lado de las otras tribus en la conquista. Ahora Josué les elogió calurosamente y les exhortó con encarecimiento a que fuesen fieles a Jehová. Los soldados, cargados de botín, cruzaron el Jordán para volver a sus casas y asumir de nuevo su trabajo de pastores y agricultores.

2. *El altar junto al Jordán* (Josué 22:9-34). Faltó poco para que se entablara una trágica guerra, cuando las tribus de la Transjordania edificaron un gran altar en la margen oriental del Jordán. Su intención era buena: se dieron cuenta de la barrera que significaba el Jordán y quisieron expresar su solidaridad con el resto de Israel, levantando un memorial al único Dios. Blair comenta: "Resulta significativo que las dos tribus y media erigieron un altar como símbolo de su unidad con las otras tribus de Israel, reconociendo así que las bases de su unidad estaban asentadas sobre su culto y su fe comunes."[17] Al llegar las noticias del asunto a Silo, las autoridades pensaron que las tribus de la Transjordania se habían apartado política y religiosamente. Temían que todo Israel fuera castigado por su rebeldía como en el caso del culto a Baal-peor. Según la ley de Moisés, nadie debía ofrecer sacrificios fuera del tabernáculo (Deuteronomio 12:1-14).

Se formó un ejército para castigar a los supuestos transgresores.

Felizmente, una comisión encabezada por el sacerdote Finees fue enviada primero. Las explicaciones de las dos tribus y media calmaron las inquietudes de las otras tribus y el problema fue solucionado pacíficamente.

3. *Josué aconseja a los líderes* (23). Al aproximarse el fin de su vida terrenal, Josué convocó primero a los dirigentes de Israel y luego a todo Israel. El primer discurso de despedida fue dado probablemente en su casa situada en Timnat-sera, en el monte de Efraín (19:50), y el segundo en Siquem (24:1). El anciano general actuó motivado por el profundo deseo de que su pueblo prosperara en el futuro. El tema de ambos discursos fue el poder y la fidelidad de Jehová; Josué no tomó nada de la gloria para sí mismo. Sus discursos contienen fervientes exhortaciones para que los israelitas fuesen fieles a Dios, y se pone de relieve la fuerza moral del hombre que había mantenido una íntima relación con Dios y con su Palabra.

Exhortó a los hebreos respecto a cuatro cosas: obedecer la ley de Moisés, no rendir culto a los ídolos, no mezclarse con los cananeos y amar a Jehová. Les recordó cómo Dios les dio la victoria sobre los cananeos y les entregó la tierra. Dios no había fallado a ninguna de sus promesas, pero no faltaría además una palabra de advertencia divina si Israel era infiel. En tal caso, Jehová no arrojaría a los cananeos de la tierra y les serían tropiezo, lazo y azote. Josué animó a los israelitas a arrojar a sus enemigos, recordándoles la promesa de que "un varón de vosotros perseguirá a mil; porque Jehová vuestro Dios es quien pelea por vosotros" (23:10; Levítico 26:8; Deuteronomio 3:22).

4. *El gobierno de Israel.* Al principio de los capítulos 23 y 24, se mencionan los rangos de liderazgo tribal de Israel: ancianos, príncipes, jueces y oficiales. En Israel no existía gobierno central; no había rey ni centro de administración. Las tribus formaban una confederación sin cohesión política; estaban unidas solamente por su fe común en Jehová, su adhesión al pacto y la participación de todas las tribus en el culto del santuario. Esta forma de gobierno se llama "teocracia" o "gobierno de Dios". Sin embargo, en asuntos que afectaban a todo Israel, se convocaba a un concilio de ancianos, que representaban a las diversas tribus.

Había una sencilla forma de gobierno a nivel tribal. Cada tribu tenía su propio concilio formado por ancianos nombrados por la tribu misma, una institución que se remontaba a la estadía en Egipto (Exodo 3:16-18). El concilio tomaba decisiones sobre los asuntos tribales. Los ancianos actuaban en sus localidades como jueces en cuestiones de asesinatos (Deuteronomio 19:12), hacían pesquisas (Deuteronomio 21:2), escuchaban problemas familiares (Deuteronomio 21:18, 19), y juzgaban disputas matrimoniales (Deuteronomio 22:15; 25:7).

Existían tribunales locales que presidían a la puerta de la ciudad (Deuteronomio 16:18; Rut 4:2). Los casos difíciles eran mandados al tribunal del santuario (Deuteronomio 17:8-13). Este se componía de sacerdotes, levitas y un juez. El juez era el dignatario más anciano en el mando del santuario; y los "oficiales" los que obligaban a las personas juzgadas a cumplir las decisiones del tribunal. Parece que los "príncipes" eran los jefes de las tribus y clanes, y en especial los capitanes militares (Números 11:16; 3:24).

5. *Ultimo discurso de Josué* (Josué 24:1-28). El último acto público de Josué fue convocar a todo Israel a Siquem, recordarle su historia y llevarlos a la solemne renovación del pacto. Siquem era una ciudad venerada por la memoria de los patriarcas (Génesis 12:6; 35:4; 37:12), también un lugar donde una gran hueste se podía congregar cómodamente en el valle situado entre el monte Ebal y el monte Gerizim. Allí, en esa clara atmósfera, la voz del hombre podía oírse fácilmente desde las faldas de los cerros.

En su repaso histórico, comenzando con el llamamiento de Abraham, Josué hizo hincapié en el importante hecho de que todo lo grande de la historia de Israel se debía a Jehová.* Exhortó a Israel a servir a Dios sin reservas y a quitar los dioses ajenos. Le lanzó un reto personal: "Escogeos hoy a quién sirváis... pero yo y mi casa serviremos a Jehová" (24:15).

Les indicó cuán difícil es servir a Dios, porque se daba cuenta de que es necesario servirlo con todo el corazón. Jesús también insistió deliberadamente en el sacrificio necesario para seguir sus pisadas; así eliminó de sus filas a los débiles y tibios, y fortaleció a los que estaban dispuestos a pagar el precio de ser discípulos (Mateo 8:19-22; Lucas 14:25-33). Habló de la personalidad divina: Dios es santo y por lo tanto exige que sus adoradores también sean santos; Jehová es celoso. Como el marido que ama a su esposa no soporta que ella tenga amantes, así Dios exige todo el amor de su pueblo. Tiene que quitar sus ídolos. Los israelitas afirmaron haber escogido ya a Jehová y renovaron el pacto con Dios.

6. *Muerte de Josué* (Josué 24:29-33). Josué murió a la avanzada edad de 110 años. El autor inspirado le rindió el mejor elogio que la vida de un siervo de Dios pueda recibir: "Y sirvió Israel a Jehová todo el tiempo de Josué" (24:31).[18] La sepultura del cuerpo embalsamado de José vincula el Génesis con el libro de Josué. Impulsado por la fe,

---

*Dios ayudó a Israel a derrotar a sus enemigos hasta el punto de enviar "tábanos" (24:12; Deuteronomio 7:20-23). Es posible que Jehová enviara nubes de esos insectos, pero es más probable que la expresión tenga otro significado. Algunos estudiosos piensan que se refiere a enfermedades aflictivas o guerras internas. Otros creen que Dios sembró confusión y pánico en los corazones de las naciones, como los provocaría una nube de tábanos o de avispas.

José había dicho en Egipto antes de morir: "Dios ciertamente os visitará y haréis llevar de aquí mis huesos" (Génesis 50:25). Dios no lo defraudó.

Preguntas
Fin de la jefatura de Josué (Josué 22 — 24)

1. a) ¿Qué acto por parte de las tribus de Transjordania estuvo a punto de causar una guerra civil en Israel?
   b ¿Qué intención motivó el acto?
   c) ¿Qué lección práctica extrae usted de la manera en que el problema fue arreglado?
2. a) ¿Por qué llamó Josué a los líderes a su casa?
   b) ¿Cuál fue el tema de su discurso?
   c) ¿Por qué era necesario exhortar a los líderes a que fuesen fieles a Jehová? (¿Qué factor en Canaán ponía en peligro la pureza de su religión?)
3. a) ¿Qué forma de gobierno tuvo Israel en la época posterior a Josué?
   b) ¿Cuál fue el factor que unificó a la nación?
   c) Haga un paralelo en cuanto a la Iglesia.
   d) Idealmente, ¿quién gobernaba en Israel?
4. a) ¿Cuál fue el propósito de convocar a todo Israel a Siquem?
   b) ¿Por qué insistió Josué en su discurso en la grandeza y la fidelidad de Dios?
   c) ¿Por qué hizo hincapié en lo difícil que es seguir a Jehová?
   d) ¿Cómo sirvió Josué de ejemplo ante Israel?

Referencias y citas sobre Josué

1. Gillis, op. cit., p. 14.
2. E. M. Good, "Joshua, Book of": en The interpreter's dictionary of the Bible, vol. 2, (George A. Butterick, editor) 1962, pp. 988-995.
3. Víctor Rodríguez, "Josué, libro de", en Diccionario ilustrado de la Biblia, (Wilton M. Nelson, editor) 1978, p. 346.
4. Hugh J. Blair, "Josué", en Nuevo comentario bíblico, (D. Guthrie y J. A. Motyer, editores) 1977, p. 183.
5. Ibíd., p. 184.
6. William F. Albright, From the stone age to Christianity, 1957, p. 281.
7. Guillermo Ross, Estudios en las Sagradas Escrituras, tomo 2, Los libros históricos, 1955, pp. 7, 8.
8. Werner Keller, Y la Biblia tenía razón, 1956, p. 164, y Joseph P. Free, Archaeology and Bible history, 1950, p. 129.
9. Stanley Horton, El Maestro, abril, mayo y junio, 1962, p. 27.
10. Blair, op. cit., p. 190.

11. D. Maunder, "The battle of Beth-Horon", *The international Bible encyclopedia*, tomo 1, pp. 446-449.
12. Mencionado por Bernard Ram, *The Christian view of science and Scripture*, 1971, p. 109.
13. Yehezkel Kaufmann, *Biblical account of the conquest of Palestine*, 1953, p. 86, citado en Blair, *op. cit.*, p. 192.
14. Blair, *op. cit.*, p. 193.
15. Gillis, *op. cit.*, p. 39.
16. *Ibíd.*, p. 43.
17. Blair, *op. cit.*, p. 196.
18. *Ibíd.*, p. 197.

Período turbulento de transición

∾ JUECES ∾

Introducción al libro de los Jueces

1. *Nombre y protagonistas.* El libro recibe su título de los personajes sobresalientes llamados "jueces" (hebreo *safetim*), los cuales fueron suscitados por Dios en momentos difíciles para librar a su pueblo de sus opresores. Obtenida la victoria, y con el prestigio que esto les daba, gobernaban al pueblo. No administraban justicia entre particulares y por lo tanto fueron más libertadores y gobernadores que jueces civiles (3:9). No eran como los reyes, pues no se permitía que sus hijos heredaran su puesto. Tampoco actuaban, por regla general, en beneficio de más de una tribu; excepcionalmente, de un grupo de tribus, como en los casos de Débora, Barac y Gedeón. Parece que a veces dos jueces ejercieron simultáneamente su autoridad, cada uno sobre su propio territorio.

Los jueces procedían de distintos estratos de la sociedad, y hasta hubo entre ellos una mujer. Tuvieron, sin embargo, dos rasgos en común: fueron especialmente elegidos por Dios para librar a su pueblo y fueron investidos por el Espíritu para llevar a cabo su misión. Por regla general no tenían milagros como credenciales: solamente obtenían victorias. Tenían muchos defectos morales, pero también tenían valentía; algunos, como Jefté y Sansón, son contados entre los héroes de la fe en Hebreos 11. Su obra era brutal y despiadada, pero era una lucha por su vida y por la defensa de la existencia misma de su pueblo.[1] No debemos juzgarlos a la luz de la revelación más avanzada del Nuevo Testamento. Vivían en una época obscura, confusa y violenta.

De estos jueces, seis se consideran más importantes por el hecho de ser tratados en detalle: Otoniel, Aod, Barac, Gedeón, Jefté y Sansón. Los otros seis jueces, cuyas actividades se narran brevemente, son llamados jueces menores. Hubo otros dos jueces cuyos períodos se describen en 1 Samuel: Elí y Samuel; parece que ellos gobernaron toda la nación hebrea en el período inmediatamente anterior a la inauguración de la monarquía.

2. *Autor y fecha en que fue escrito.* Según la tradición judía, Samuel fue el autor, pero nadie lo sabe a ciencia cierta. Fue escrito después de la coronación de Saúl, pues se encuentra cuatro veces la expresión "en aquellos días no había rey en Israel" (17:6; 18:1; 19:1; 21:25); data de antes de la toma de Jerusalén por David (2 Samuel 5:6), porque los jebuseos estaban todavía en aquella ciudad (1:21; 19:10-13). Parece haber sido escrito en el reinado de Saúl o en los primeros días de David. Es probable que el autor empleara fuentes tanto escritas como orales.

3. *El período de los jueces.* Josué es un libro de victoria, en tanto que Jueces es un libro de derrota. Mientras que el libro de Josué habla de la conquista de siete naciones en siete años, Jueces describe siete apostasías, siete opresiones y siete liberaciones. Después de la muerte de Josué, hubo decadencia en Israel. Ya no había gobierno central y la cooperación entre las tribus dependía mayormente de su religión común. La lealtad a Jehová les había traído unidad y victoria; ahora la apostasía los llevaba a la debilidad y al sometimiento a sus adversarios.

Sin autoridad central, "cada uno hacía lo que bien le parecía". Las tribus hacían la guerra aisladamente y así se debilitaron delante de sus enemigos. No desalojaron a los antiguos habitantes de Canaán ni se unieron ante las invasiones; por lo tanto no pudieron resistirlas. Había señales de anarquía, violencia, y hasta de cismas tribales. El estado espiritual y moral también era lamentable. Los hebreos se casaban con cananeas y adoptaban muchas de sus costumbres. A menudo eran arrastrados a participar en los ritos obscenos de los paganos; prevalecía una mezcla del paganismo y la religión de Jehová. La existencia misma de la fe monoteísta estaba amenazada.

La situación social era igualmente pésima. En muchos lugares los israelitas no disfrutaban de una vida de paz y seguridad, pues a menudo se veían obligados a compartir la tierra con los antiguos habitantes de Canaán. Ross observa que las excavaciones revelan que había mucha pobreza en aquel entonces y era tremenda la lucha que Israel tenía que sostener con las tribus hostiles en su derredor. Estas siempre estaban prestas a invadir su tierra y despojarlo en cuanto manifestara la más mínima señal de debilidad. "Eran tiempos muy críticos en la historia del pueblo hebreo; y más de una vez debe haberles parecido que de ninguna manera podrían escaparse de la aniquilación."[2]

4. *Cronología.* La cronología de Jueces resulta obscura, ya que la suma de los años de gobierno de los libertadores y los de las invasiones es 410, una cifra excesiva que no se ajustaría a la realidad histórica. Se puede reducir suponiendo la coexistencia de varios de los jueces. Jueces 10:7 indica, por ejemplo, que la opresión amonita en

el oriente y la de los filisteos en el occidente fueron simultáneas; se insinúa, pues, que había contemporaneidad entre la actividad de Jefté en el oriente y la de Sansón en el occidente de Canaán.

Otra particularidad de la cronología es la naturaleza de las cifras: la repetición de la cifra 40 (duración de una generación), o de su múltiplo 80, o de sus submúltiplos 20, 10, etc. Puesto que la naturaleza no procede con esta regularidad, es probable que el autor no tuviera acceso a las cifras exactas y que sólo diera aproximadas.

A. E. Cundall sugiere la siguiente cronología:

1.200 Otoniel
1.170 Aod
1.150 Samgar
1.125 Débora y Barac
1.100 Gedeón
1.070 Jefté
1.070 Sansón [3]

5. *Propósito.* Son varias las razones por las cuales fue escrito el libro:

a. Relatar la historia del pueblo escogido en el período comprendido entre la muerte de Josué y la inauguración de la monarquía. Sin embargo, al autor no le interesan tanto los aspectos históricos en sí mismos; más bien insiste en las lecciones espirituales. No describe tampoco la historia de toda la época, sino los acontecimientos que le servían para lograr su propósito.

b. Demostrar la personalidad de Jehová. El es santo y castiga a su pueblo por sus pecados, pero es misericordioso también para salvarlo cuando da muestras de arrepentimiento. El libro enseña que la opresión es un castigo por la infidelidad y la liberación es el resultado del retorno a Jehová.

c. Señalar la gran necesidad de establecer la monarquía, es decir, un gobierno central y fuerte. Sin la autoridad de un rey, "cada uno hacía lo que bien le parecía" (17:6; 21:25). Los dos apéndices (capítulos 17 — 21) describen gráficamente la anarquía cultural y moral de la época en que "no había rey en Israel". Muchas veces reinó el caos y hasta hubo guerra entre las mismas tribus.

La historia de este período demuestra también que era preciso que las tribus se unificaran mediante la monarquía para poder hacer frente a las naciones invasoras. Fueron los filisteos los que finalmente les hicieron darse cuenta de la necesidad de tener un rey, pues los derrotaron en dos ocasiones, capturaron el arca y ocuparon gran parte de Canaán (ver 1 Samuel 9:15).

6. *Tema.* El tema se encuentra en el pasaje 2:11-23, donde el autor explica la causa y el remedio de las calamidades que azotaban a Israel.

Presenta las experiencias del pueblo escogido como un ciclo que se va repitiendo. Tiene cuatro fases:

a. Israel deja a Jehová para seguir a otros dioses.

b. Dios lo entrega en manos de los opresores.

c. En su aflicción, Israel implora a Jehová.

d. El le proporciona un libertador que rompe el yugo de los invasores. Mientras gobierna el libertador, los israelitas permanecen fieles, pero cuando muere, vuelven a apostatar y la serie se repite.

Por lo tanto, el tema es: EL CICLO CONSTANTE DE APOSTASÍA, CASTIGO, ARREPENTIMIENTO Y LIBERACIÓN.

7. *Contenido y estructura del libro.* Es la continuación del libro de Josué. Comienza con la muerte del gran caudillo y llega hasta el período de Samuel. Comprende tres partes desiguales: una introducción que presenta la situación político-religiosa de las doce tribus en Canaán (1:1 — 3:6); el cuerpo del libro, que describe el ciclo continuo de pecado, opresión, oración y liberación del pueblo (3:7 — 16:31); y dos apéndices históricos que relatan la migración de los danitas, con la fundación del santuario de Dan (17, 18), y la guerra contra Benjamín en el castigo del crimen de Gabaa (19 — 21).

El bosquejo sería como sigue:

I. Introducción: Epoca posterior a la muerte de Josué 1:1 — 3:6
   A. Campañas independientes de las tribus (1)
   B. Mensaje del ángel de Jehová (2:1-5)
   C. Ciclos religioso-políticos (2:6 — 3:6)
II. Historia de las opresiones y los libertadores (3:7 — 16:31)
   A. Mesopotamia: Otoniel (3:7-11)
   B. Moab: Aod (3:12-30)
   C. Filistea: Samgar (3:31)
   D. Canaán (Hazor): Débora y Barac (4:1 — 5:31)
   E. Madián: Gedeón (6:1 — 8:35)
   F. Abimelec, Tola y Jair (9:1 — 10:5)
   G. Amón: Jefté (10:6 — 12:7)
   H. Ibzán, Elón y Abdón (12:8-15)
   I. Filistea: Sansón (13:1 — 16:31)
III. Situación social en la época de los jueces (17 — 21)
   A. Micaía y su idolatría (17, 18)
   B. Atrocidad de Gabaa y guerra civil (19 — 21)

I. Introducción: Epoca posterior a la muerte de Josué (Jueces 1:1 — 3:6)

A. *Campañas independientes de las tribus (1)*

El libro comienza narrando la victoria incompleta de las tribus. Se establecieron lenta y dificultosamente en sus heredades: las tribus y hasta los clanes se hacían la guerra aisladamente. Judá, la tribu mesiánica, fue la primera en atacar a los cananeos. Al principio tuvo éxito, pero más tarde sus energías se debilitaron. Su victoria sobre Jerusalén, o fue parcial y de corta duración o los jebuseos pronto recapturaron la ciudad (ver 1:7; 21; 2 Samuel 5:6, 7). Las tribus se apoderaron de las regiones montañosas sin poder conquistar las ciudades del fértil llano. En esta región los cananeos eran probablemente más numerosos y los israelitas se vieron en desventaja ante sus carros de hierro. ¿No podía Jehová darles la victoria sobre los vehículos enemigos? (ver Josué 11:1-8; Jueces 4:13-16). Sí, pero Dios no siempre da liberación inmediatamente. A su tiempo, los hebreos habrían triunfado sobre el enemigo si hubieran perseverado.

Las otras tribus, incluso Benjamín y Manasés, tampoco desalojaron completamente a los antiguos moradores. Parece que ninguna tribu en Canaán se apoderó de toda su heredad. En el caso de Dan, los amorreos les bloquearon la entrada a la llanura y finalmente muchos danitas migraron a otras partes.

Cuando los israelitas cobraron más fuerza, sometieron a los cananeos a tributo, desobedeciendo claramente el mandato divino de que debían exterminarlos. Parece que estaban cansados de la guerra y se contentaban haciendo trabajar a los cananeos.

B. Mensaje del ángel de Jehová (Jueces 2:1-5)

El ángel de Jehová subió de Gilgal, el antiguo campamento de Israel durante las campañas de Josué. ¿Quién es esta misteriosa persona? Se encuentra varias veces en Jueces (aquí y en los relatos de Gedeón y Sansón). Siempre habla en primera persona de la Deidad, "Yo". Es uno con Dios, pero a la vez distinto. ¿Cómo se puede explicar esta paradoja? Muchos estudiosos piensan que era una manifestación del Verbo preencarnado.

El ángel reprendió a los hebreos por ser desagradecidos ante los favores de Jehová. Les recordó las condiciones bajo las cuales habían recibido la tierra de Canaán; no debían formar alianzas con el remanente de los cananeos ni tolerar su idolatría. "Dios guardaría su promesa, pero ellos por sus notorias y repetidas violaciones del pacto con El perderían todo derecho a los beneficios estipulados."[4] Retiraría su poder, que hacía fuertes los brazos de los conquistadores israelitas, y como consecuencia los antiguos habitantes se quedarían en la tierra; los hebreos caerían en la seductora trampa de la religión idólatra. El pueblo lloró y ofreció sacrificios, pero su arrepentimiento era meramente emocional y pasajero.

Al igual que los israelitas, nosotros pronto perderíamos el poder del Espíritu para vencer las obras de la carne, si toleráramos pecados en el corazón. Muchos creyentes comienzan bien en cuanto a expulsarlos, pero se cansan de la lucha y hacen tregua con ellos; luego son vencidos por el mal que hay dentro de ellos. Es preciso expulsar a los cananeos; si no, seremos dominados por ellos; si no desmayamos, venceremos con el tiempo.

C. Ciclos religioso-políticos (Jueces 2:6 — 3:6)

El autor presenta la segunda introducción mirando retrospectivamente la historia de la muerte de Josué y luego exponiendo el tema moral de todo el libro.

Después de la muerte de Josué, surgió una nueva generación que no había presenciado los grandes milagros que Dios había obrado en los años de la conquista. Entonces comenzó la reincidencia en Israel. Los israelitas adoptaban una actitud liberal hacia los cananeos, casándose con sus hijas y luego rindiendo culto a Baal y Astarot (plural de Astarté, consorte de Baal y diosa del amor y la fertilidad). Como consecuencia, Jehová dejaba deliberadamente a los cananeos en la tierra y no los desalojaba. También les "vendía" Israel a los antiguos habitantes, los cuales reconquistaban paulatinamente el dominio de muchas de las ciudades. Luego, en su infortunio, los hebreos clamaban a Jehová, quien hacía surgir un libertador. El pueblo seguía a Dios mientras vivía el juez, pero siempre la nueva generación parecía reincidir, y el ciclo comenzaba de nuevo. No debemos suponer, sin embargo, que todos los israelitas eran infieles. Indudablemente había muchos, como Booz y Noemí, del libro de Rut, que servían a Jehová aun en los años más oscuros de apostasía.

Se presentan tres razones por las cuales Jehová permitía que los cananeos permanecieran en la tierra junto a Israel:
(1) Castigar la apostasía de Israel (2:3, 20, 21)
(2) Probar su fidelidad para con Dios (2:22; 3:1, 4)
(3) Permitir que el pueblo adquiriera experiencia en la guerra (3:1, 2)

II. Historia de las opresiones y los libertadores (Jueces 3:7 — 16:31)

A. Mesopotamia: Otoniel (Jueces 3:7-11)

La primera opresión de castigo procedía del norte lejano, de Mesopotamia. El arqueólogo Garstang pensaba que Cusan-risataim era un rey heteo que se había establecido en el norte de Mesopotamia.[5] Si fue así, es posible que tomara la parte sur de Canaán para desafiar al imperio egipcio. Otros estudiosos piensan que era meramente un rey arameo. Sin embargo, probablemente fuera un hombre cruel, pues la palabra "risataim" significa "doblemente malvado".

Dios levantó a Otoniel ("león de Dios") como libertador. Era de la tribu de Judá y yerno de Caleb; ya se había destacado como conquistador de Debir. Es probable que por sus valientes hazañas, conocidas por los hebreos, ganara la plena confianza de sus conciudadanos en su capacidad como jefe militar. Observamos que el secreto de su victoria fue que "el Espíritu de Jehová vino sobre él", expresión que significa que recibió el impulso divino y el poder sobrenatural necesarios para realizar su misión. El Espíritu de Dios se apoderaba de ciertos hombres para capacitarlos a tener valentía y fuerzas más allá de las de una persona normal. La expresión varía a veces y afirma que "el Espíritu de Yahvéh se vistió" de la persona (6:34, hebreo); es decir, el libertador se convirtió en su vestidura o su completa posesión.

B. Moab: Aod (Jueces 3:12-30)

Después del fallecimiento de Otoniel, Israel volvió a la idolatría. Jehová empleó a los moabitas, amonitas y amalecitas, enemigos tradicionales de Israel, para castigar a su pueblo. Tomaron la ruta invasora de Josué, cruzando el Jordán cerca de Jericó. Los moabitas ocuparon por 18 años territorios que eran de Benjamín y Efraín.

Aod era zurdo* característica que le permitía llevar su puñal al lado derecho, donde no se descubría fácilmente. No vaciló en engañar a Eglón y asesinarlo. No se menciona que el Espíritu haya venido sobre él. En Jueces se describen algunos detalles repugnantes con un realismo asombroso, aunque el autor no los aprueba. Solamente los relata. Jamieson, Fausset y Brown comentan:

> Todas las circunstancias de esta hazaña atrevida, la muerte de Eglón sin grito ni ruido, el cerrar la puerta y llevarse la llave, el porte tranquilo y sin apresuramiento de Aod mostraron lo fuerte que era su confianza de que le estaba haciendo un servicio a Dios.[6]

C. Filistea: Samgar (Jueces 3:31)

Por primera vez se menciona la opresión de los acérrimos enemigos de Israel, los filisteos. No se indica nada respecto a la opresión, ni tampoco existen detalles referentes al origen de Samgar ni a su pasado. Probablemente fuera un campesino que ganó una victoria sobre los opresores, pero que gobernó como juez.

Preguntas

Introducción y primeros jueces (Jueces 1:1 — 3:31)

1. a) ¿Por qué el libro se llama "Jueces"?

---

*Muchos de los benjamitas eran zurdos o ambidextros y los honderos zurdos tenían gran reputación (20:16; 1 Crónicas 12:2).

b) ¿En qué sentido no es apropiado el título? (¿Cuál fue el papel de los jueces?)

2. ¿Cómo sabemos que Jueces fue escrito después de la instauración de la monarquía y antes del reinado de David sobre todo Israel?
3. ¿Por qué apostataron los israelitas al establecerse en Canaán?
4. ¿Por qué había anarquía política en Israel?
5. ¿Cómo se puede explicar que la suma de los años de los jueces y las opresiones es mucho más de lo que permite la historia de Israel?
6. Dé los tres propósitos del libro.
7. ¿Qué enseña el tema del libro en cuanto al carácter de los hebreos?
8. a) Dé dos razones por las cuales los israelitas no desalojaron a los cananeos en el período anterior a la aparición del ángel de Jehová.

   b) ¿Cómo castigó Dios a los israelitas por haber fallado en su pacto?

   c) Dé dos razones adicionales por las cuales Dios retiró su ayuda a los hebreos.

   d) Haga una aplicación espiritual referente a las dos razones que usted ha mencionado. (ver 2 Corintios 12:7-10; Hebreos 5:8; Apocalipsis 2:7, 17, 26).

9. Observe lo que Jehová hizo *contra* Israel (3:8 y 12), y lo que hizo *a favor* de Israel (3:9 y 15).

   a) ¿Qué lo llevó a hacer lo primero?

   b) ¿Qué lo motivó a hacer lo segundo?

10. a) Compare los métodos de Otoniel con los de Aod.

    b) ¿Qué cualidades poseían ambos hombres que permitieron que Dios los pudiera utilizar? (ver 2 Crónicas 16:9).

D. Canaán (Hazor): Débora y Barac (Jueces 4:1 — 5:31)

La historia de Débora y Barac es muy interesante. La liberación de Israel fue inspirada por una mujer de gran fe, sabia en su ministerio. Débora ("abeja") hacía las veces de juez y profetisa (vocero de Dios). Las personas con problemas la consultaban mientras se sentaba bajo una palmera en la región montañosa que se halla entre Ramá y Betel. En virtud de su ministerio espiritual, Débora ocupó un lugar único entre los jueces. Dios hizo surgir otros jueces para librar al pueblo, y luego juzgaron a los hebreos, pero Débora fue la única que ejerció funciones de árbitro y juez antes de librar al pueblo. Tenía también el don de componer poesía; su cántico guerrero es una obra maestra de la antigua literatura hebrea (capítulo 5). El caso de Débora nos enseña que no todas las mujeres en Israel se limitaron a ocuparse del papel de esposa y madre.

Israel había apostatado nuevamente y habían caído en manos de

Jabín el cananeo. Aparentemente los cananeos habían ocupado de nuevo la colina de Hazor, ciudad destruida por Josué, y la habían convertido en el centro del poder cananeo. Las tribus de Isacar, Zabulón y Neftalí fueron aisladas de sus hermanos del sur por las fuertes guarniciones enemigas dirigidas por Sísara.

El pasaje que se encuentra en 5:6-11, nos proporciona un cuadro de las condiciones que finalmente impulsaron a los israelitas a clamar a Dios. Los cananeos asolaban de tal manera la tierra, que los israelitas no se atrevían a transitar por las carreteras principales, sino que viajaban a escondidas por los senderos montañosos o los caminos secundarios que atravesaban los campos. Los vencedores llegaron a desarmar a los israelitas y ubicaron arqueros cerca de los pozos, a fin de herir y matar a aquellos que venían a sacar agua. Israel clamó entonces a los nuevos dioses que había adoptado, pero sin resultado. Por fin, volvió a Jehová.

Con una amonestación profética, Débora trató de animar a Barac (*relámpago*) para que librara una guerra contra Sísara, el general de las fuerzas cananeas. Puesto que Sísara tenía la ventaja de 900 carros reforzados de hierro, Barac tuvo miedo de mandar sus 10.000 infantes contra los cananeos, a menos que la profetisa le acompañara. Ella le acompañó hasta Cedes. Puesto que Barac puso su seguridad en una mujer en vez de Dios, la honra del triunfo sería para una mujer.

Sísara, con sus "invencibles" vehículos armados, fue atraído al lecho del Cisón, donde sus carros pudieran maniobrar en condiciones normales. Pero Dios mandó un violento aguacero que inundó el Cisón, y los carros quedaron atascados. "Desde los cielos pelearon las estrellas. . . Los barrió el torrente del Cisón" (5:20, 21). Hasta el mismo Sísara se vio obligado a abandonar su propia carroza y huir a pie.

Sísara aceptó la invitación de Jael a refugiarse en su carpa, pues se suponía que su esposo, un ceneo, guardara neutralidad.* Al igual que Rahab, Jael simpatizaba con el pueblo de Israel y aprovechó la oportunidad para librar a los hebreos en un momento sumamente crítico de su historia. Sabía que si Sísara se escapaba, podría levantar otro ejército y tornaría la victoria de Israel en una derrota humillante. Era una mujer astuta, de genio inventivo y valiente. Hasta la leche que le dio a Sísara se prestó para lograr su propósito: era "leben", la leche de los nómadas que tiene efecto soporífero.[7]

Según la ley de hospitalidad de los beduinos, la persona que

---

*Los ceneos (forjadores u obreros metalúrgicos) eran una tribu madianita. Hobab, el cuñado de Moisés y ceneo, acompañaba a Israel y se radicó en el territorio de Judá (cf. Números 10:29; Jueces 1:16). Parece que algunos ceneos nómadas tuvieron alianza con Jabín y por lo tanto Sísara aceptó asilo en la tienda de Heber.

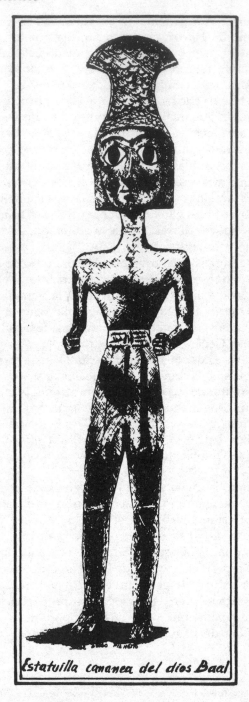

Estatuilla cananea del dios Baal

invita a otra a entrar a su tienda se ve obligada a protegerla; por ello, quitarle la vida a Sísara era un asesinato. Débora en su oda triunfal elogia a Jael. Esto no significa que la Biblia justifique su traición; sólo reconoce su fe y valentía. Dios emplea hasta a los que carecen de normas morales para realizar sus planes.

La victoria alcanzada contra Sísara constituyó el punto decisivo de las batallas de Israel contra los cananeos. Desde ese momento, el poderío de Israel creció cada vez más, hasta que dominó por completo todo el territorio que había sido gobernado por Jabín. Todo esto fue posible gracias al valor y la fe de tres libertadores: Débora, Barac y Jael.

Es interesante observar que solamente seis de las diez tribus mencionadas respondieron al llamado de Débora. "Entre las familias de Rubén hubo grandes resoluciones del corazón", pero se esfumaron pronto pues prefirieron sus pacíficos cantos pastoriles al sonido de las trompetas de guerra;[8] su fervor patriótico fue superficial, meramente emocional. La indolencia de Rubén y de otras tres tribus mientras las otras tribus exponían sus vidas, encierra una lección para la Iglesia. Al oír el llamado a trabajar y a sacrificarse por el Señor, muchos creyentes toman grandes resoluciones, pero luego no las ponen por obra. El acto más pequeño realizado en la batalla espiritual vale más que la resolución más grande que no se lleve a cabo. Además, si uno no participa en el trabajo de la Iglesia, la perjudica. "El que no es conmigo, contra mí es; y el que conmigo no recoge, desparrama."

E. Madián: Gedeón (Jueces 6:1 — 8:35)

1. *La opresión* (Jueces 6:1-10). Una vez más los israelitas cayeron en la idolatría cananea. Dios empleó a una horda de tribus árabes dirigidas por los madianitas, pueblo nómada que merodeaba con sus camellos en la península del Sinaí, para castigar a su pueblo infiel. No vinieron para establecerse en Canaán sino para esquilmar bien la tierra todos los años al acercarse el tiempo de la siega. Como consecuencia, Israel fue reducido a una gran miseria durante siete años. Por fin se dio cuenta de que sólo Jehová podía salvarlo. Dios envió a un profeta que condenó la desobediencia de su pueblo, pero parece que nadie estuvo dispuesto a dejar completamente el culto a Baal.

2. *El llamamiento y la preparación de Gedeón* (Jueces 6:11-40). Gedeón es uno de los más nobles de los jueces; se caracteriza por su cautela, valentía y constancia. Vivía en Ofra, localidad ubicada probablemente al sur del valle de Esdraelón, centro de las incursiones madianitas. Cuando el ángel de Jehová se le apareció, Gedeón trillaba trigo, no en la era pública, por temor a los madianitas, sino en un

lugar escondido. El saludo del ángel fue profético, y no una afirmación, pues en aquel momento Gedeón no era valiente ni esforzado. Pero "Dios llama a las cosas que no son para que sean" (Romanos 4:17, BJ). Gedeón culpó a Jehová del estado de las cosas, no dándose cuenta de que Israel era el que había olvidado a Dios. En un principio creía que hablaba con un profeta, pero una señal sobrenatural pronto lo convenció del origen divino del mensajero y lo llenó de temor.

El primer paso para liberar a su pueblo fue la destrucción del altar público de Baal y de los símbolos de Asera, o sea, el tronco sagrado de la diosa. Era necesario atacar primeramente la causa de la opresión: la idolatría. Así Gedeón actuó de acuerdo a su nombre, el cual significa "el talador" o "el que corta". Parece que Joás, su padre, participaba en los sentimientos de su hijo, y su respuesta fue la raíz del nuevo nombre de Gedeón: Jerobaal, o sea, "que Baal contienda".

El segundo paso en la preparación de Gedeón fue que el Espíritu de Jehová lo revistió, otorgándole poder y valentía. Gedeón convocó a las tribus vecinas a que se juntaran con él para atacar al enemigo, Sin embargo, no estaba seguro todavía sobre si debía proseguir su obra y pidió nuevas señales, que Dios le concedió. Parece que era excesivamente cauteloso, pero Jehová no lo censuró, pues el ejército del enemigo era muy numeroso, y la gran mayoría de los israelitas estaban sin armas eficaces, sin instrucción militar y poco aptos para combatir. Ahora Gedeón quedó listo para la campaña, pero su ejército no estaba preparado.

3. *La campaña de Gedeón* (Jueces 7:1 — 8:21). Los 32.000 israelitas que respondieron al llamado de Gedeón constituían una fuerza pequeña comparados con los 135.000 que componían el ejército madianita. Sin embargo, Jehová vio que Gedeón tenía demasiados soldados para la clase de victoria que El quería concederle. También, muchos de los soldados eran poco valientes y su temor infundiría pánico en los otros cuando comenzara la batalla, de manera que les fue permitido volver a sus casas (ver Deuteronomio 20:1-8). Al igual que el ejército de Gedeón, la Iglesia no necesita personas poco dispuestas a arriesgarse en la obra del Señor; la calidad es más importante que la cantidad en la guerra santa.

Aunque los 10.000 israelitas que quedaron eran todos valientes, Dios redujo aún más el ejército israelita, a fin de que nadie pudiera atribuir la victoria a la fuerza humana en vez de atribuírsela a El. "No es difícil para Jehová salvar con muchos o con pocos" (1 Samuel 14:6). También quería usar a los más aptos. Los soldados que se arrodillaron y se inclinaron para tomar agua, descuidaron su deber de estar alertas ante la presencia del enemigo; los 300 israelitas que se quedaron de pie, en todo momento estuvieron preparados para responder a su jefe.

Gedeón recibió más aliento por lo que oyó en el campamento de los madianitas. Dios ya había preparado el camino para el triunfo, sembrando temor en los corazones de los soldados enemigos. Se organizaron los israelitas en tres escuadrones, equipados con teas ardiendo, cántaros vacíos y rudas trompetas. Quizá parecieran armas ineficaces y hasta ridículas para la guerra, pero dieron resultado. La táctica de Gedeón provocó pánico en los indisciplinados escuadrones madianitas, que se creyeron atacados por un numeroso ejército, de manera que desenvainaron la espada, se hirieron entre sí, y emprendieron precipitada huida hacia el Jordán. Esto dio oportunidad para que las demás tribus reconocieran que Dios les había dado la victoria, y se unieran a la persecución. De manera que todos compartieron los frutos, pero Dios recibió la gloria.

La reacción de Efraín parece demostrar que quería tener el lugar de preeminencia entre las tribus (8:1), pero Gedeón aplacó su enojo empleando gran tino. El libertador cumplió su deber de vengador de sangre ejecutando a Zeba y Zalmuna (8:18-21).

4. *La personalidad desconcertante de Gedeón* (Jueces 8:22-35). Gedeón demostró gran prudencia cuando rehusó el título de rey. Este fue el primer intento de establecer una monarquía en Israel. Pero después de negarse a ser rey, se comportó de un modo poco sensato, demostrando que no era un hombre perfecto. El efod que Gedeón construyó con el oro recogido, era probablemente algo diferente de la vestimenta sacerdotal designada por el mismo nombre. El erudito católico Luis Arnaldich y varios otros estudiosos, piensan que fue una imagen de Dios, lo que la Ley prohibía[9] (ver 18:17, 18). Parece que Gedeón era poco instruido en la Ley de Moisés, como la mayoría de los jueces de aquel entonces, y actuaba por ignorancia. También su numeroso harén y sus muchos hijos fueron causa de problemas en su familia después de su deceso.

Sin embargo, "reposó la tierra cuarenta años en los días de Gedeón" (8:28). La fama de la gran victoria sobre Madián quedó grabada en la memoria hebrea: Samuel la mencionó; Asaf cantó sobre ella en uno de sus salmos; Isaías no encontró un triunfo más glorioso que el del día de Madián, y el autor de la carta a los Hebreos incluyó a Gedeón en la lista de los héroes de la fe (1 Samuel 12:11; Salmo 83:9; Isaías 9:4; Hebreos 11:32).

F. Abimelec, Tola y Jair (Jueces 9:1 — 10:5)

Abimelec no era un verdadero juez, sino un usurpador. Hijo de la concubina de Gedeón, era un hombre cruel, ambicioso y traidor, que no tenía los escrúpulos de su padre en cuanto a hacerse rey. La familia de su madre era bastante influyente en Siquem para aspirar a dar origen a una dinastía en Israel. Los hebreos habían abandonado a

Jehová después de la muerte de Gedeón y habían establecido un santuario a Baal-berit en Siquem. Esto le otorgó al lugar una importancia especial en la confederación hebrea, y preparó el camino para que Abimelec tomara las riendas de Israel. El autonombrado rey pretendió inaugurar su reinado matando a sus hermanos, procedimiento muy común en aquel entonces para eliminar rivales y evitar guerras civiles. Probablemente usara la piedra como altar y aparentara que los asesinatos eran actos de sacrificio al dios Baal.

La ceremonia de coronación no fue del todo agradable, pues Jotam, el único hermano que se escapó de la matanza de los hijos de Gedeón, se apareció en una colina y narró una fábula. Ridiculizó la elección de Abimelec como rey y predijo con exactitud el desastre que se produciría. La moraleja es que las personas de valor no abandonan sus ocupaciones para dedicarse a la vida de rey. Sólo el que de nada sirve acepta la dignidad para molestar a otros.

Antes de que pasaran tres años, los habitantes de Siquem comprendieron que Abimelec era realmente una "zarza" inútil. Gaal inició una revolución contra él; Abimelec prevaleció en las batallas, pero murió ignominiosamente cuando una mujer le dejó caer una piedra de molino sobre la cabeza. Su única preocupación al morir fueron su reputación y su orgullo.

Se encuentran pocos datos acerca de la actuación de Tola y Jair (10:1-5). Un apunte de la Biblia de Jerusalén comenta: "Estos 'Jueces menores' parecen haber sido jefes de clanes que tomaron el mando para expulsar al enemigo." Es probable que la función de Jair fuera puramente judicial.

Preguntas
Desde Barac hasta Abimelec (Jueces 4:1 — 10:5)

1. Si Hazor fue destruida por Josué, ¿cómo fue el centro del poderío cananeo en la época de Débora?
2. a) Mencione dos maneras en que Débora fue distinta a los otros jueces.
   b) ¿Qué lección acerca de la mujer y de la obra del Señor extrae usted de la historia de Débora?
3. a) ¿Cuál fue el error fundamental de Barac? (ver 4:8, 9).
   b) ¿Cuál fue la pena que le fue impuesta por su debilidad?
4. ¿Cómo dio Dios la victoria a Israel sobre los cananeos y sus temibles carros de guerra?
5. a) ¿Qué ley de los beduinos violó Jael?
   b) ¿Cómo se puede justificar su acción contra Sísara?
6. ¿Qué nos enseña el cántico de Débora acerca de la actitud de varias tribus de ayudarse mutuamente en tiempos de guerra?

7. ¿Cómo se diferencia la opresión madianita de las otras opresiones presentadas en el libro de Jueces?

8. ¿Por qué fue necesario destruir el altar a Baal antes de que Gedeón llamara a los israelitas a la guerra?

9. a) Dé dos motivos que tuvo Dios para reducir el ejército de Gedeón de 10,000 israelitas a 300.

   b) ¿Qué lección encuentra usted en el hecho de que el ejército de Gedeón empleara tan extraños armamentos para obtener la victoria? (ver 1 Corintios 1:26-31).

10. a) ¿Qué tentación venció Gedeón?

    b) ¿Cuáles fueron los dos errores que cometió Gedeón después de la batalla?

    c) ¿Por qué falló Gedeón como líder en tiempo de paz, cuando había sido un gran dirigente en tiempo de crisis? Haga una aplicación espiritual.

11. ¿Qué principio espiritual encuentra usted estudiando el pecado de los hombres de Siquem y el de Abimelec? (Compare 9:2-6 con 9:42-49 y 9:5 con 9:52-57.)

12. Haga un contraste entre Gedeón y Abimelec.

G. Amón: Jefté (Jueces 10:6 — 12:7)

1. La opresión amonita (Jueces 10:6-16). Después del reposo que tuvieron bajo Tola y Jair, los hebreos volvieron a la idolatría más burda. Dios usó a los filisteos y los amonitas para castigarlos. Fue el período final del libro de Jueces. La opresión amonita era especialmente intensa en Galaad y por algún tiempo abarcó algunas regiones de la ribera occidental del río Jordán. Finalmente, los israelitas clamaron a Dios pidiendo ayuda. Pero cuando lo hicieron, Jehová les recordó (probablemente por medio de algún profeta) las numerosas veces que los había libertado en el pasado y cómo ellos siempre lo habían abandonado para servir a dioses ajenos. Por primera vez, Jehová rehusó liberarlos. ¿Por qué? Es evidente que todavía no se habían arrepentido. Sin embargo, cuando destruyeron sus ídolos, Jehová "fue angustiado" a causa de su aflicción (11:16). Dios siempre se torna misericordioso cuando su pueblo se arrepiente.

Los amonitas se congregaron en Galaad con el ánimo de quitarles todo el territorio transjordánico a los israelitas. En esta gran crisis, se convocó a una asamblea general de las tribus de Israel en Mizpa, ubicada en Manasés oriental. Buscaron a un hombre que tomara la jefatura del ejército israelita, y se la ofrecieron a Jefté.

2. Jefté libera a Israel (Jueces 11:1 — 12:7). ¿Quién era Jefté? Hijo de una prostituta, echado de la casa por sus hermanos legítimos y rechazado por su pueblo, Jefté se vio obligado a vivir en la región semicivilizada de Galaad septentrional. Allí reunió una tropa de hombres también despreciados por la sociedad y arruinados. Le seguían como a jefe militar. Llevaban una vida de saqueos haciendo correrías contra las tribus del desierto, con las que se hizo famoso. No obstante su vida de salteador, temía a Jehová y le enseñó a su hija el temor de Dios.

La delegación de ancianos de Galaad rogó a Jefté que aceptara la jefatura del ejército israelita. Les contestó que aceptaría la posición con tal que, después de la victoria le otorgaran también la jefatura civil sobre todo Galaad. La delegación aceptó e hizo pacto con Jefté ante Jehová en Mizpa. El caudillo, a pesar de su bajo origen, reconoció el carácter espiritual de su misión.

Se observa un rasgo de bondad en el primer acto de Jefté como juez de Galaad. Trató de arreglar la disputa con Amón sin recurrir a las armas. Amón justificó su agresión diciendo que, al subir los israelitas de Egipto, se apoderaron de su país. Jefté rebatió estas razones apoyándose en los datos históricos (ver Números 20:14; 21:21-30; Deuteronomio 2:26-37).* Argumentó que el derecho estaba a favor de los hebreos; con todo, si los amonitas querían guerrear, deberían aceptar las consecuencias. Jehová era el árbitro, y daría la victoria a los que tenían la razón. El rey amonita no hizo caso al mensaje de Jefté.

Cuando, a raíz de la respuesta de los amonitas, la guerra se hizo inevitable, el Espíritu de Jehová descendió sobre Jefté y lo inspiró para conducir al ejército hebreo a la victoria.

Se ha suscitado mucha discusión sobre la naturaleza del necio voto de Jefté. ¿Realmente fue un voto de sacrificar a un ser humano? ¿Se puede ganar el favor de Dios ofreciendo un sacrificio prohibido por la Ley? No cabe duda de que sus motivos eran buenos, pero no es necesario regatear con Dios. Debemos recordar que Jefté era un hombre ignorante, de costumbres rudas y jefe de una banda de salteadores. Por esto es excusable en él la ignorancia de la Ley mosaica (Deuteronomio 12:31), y la presencia de algunas ideas cananeas. Dios le dio la victoria, no por su voto, sino por su fe. Hay estudiosos que piensan que su hija no fue sacrificada en holocausto, sino consagrada a un vida de soltería (ver 11:37, 38), pero en las palabras de Martín Lutero: "El texto es suficientemente claro" (ver 11:39). La hija de Jefté pidió permiso para lamentar su virginidad

---

*En el curso de su discusión, Jefté se refiere a Quemos (el dios de los Moabitas, posiblemente un error de un copiante) como el que le dio a Amón cierto territorio (11:24). No se quiere decir que Jefté creyera en la existencia del dios pagano, sino que tomó "el punto de vista de ellos para darles un argumento que ellos aceptarían"[10] (cf.11:27). También Jefté indicó que Israel se había apoderado de Hesbón hacía 300 años (11:26), cifra que colocaría la conquista en una fecha que parece no corresponder a la realidad (probablemente unos 160 años). Es probable que Jefté empleara números redondos con las partes anteriores y posteriores del siglo de conquista y ocupación de Canaán.

(11:37) porque en el antiguo Israel tener hijos era la máxima honra para la mujer, y morir soltera la peor desgracia. C. E. Schenk comenta: "La congoja del padre y la valentía de la hija son los únicos aspectos brillantes de este cruel y sórdido concepto de Dios y de la naturaleza del sacrificio."[11]

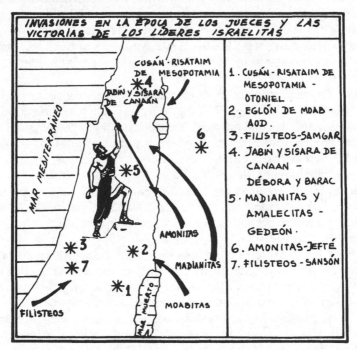

Los susceptibles efraimitas, encolerizados por haber sido excluidos del triunfo sobre Amón, amenazaron de muerte a Jefté. Se habían comportado de la misma manera cuando Gedeón triunfó sobre los madianitas (8:1). Parece que aspiraban a tener la hegemonía en Israel. Sin embargo, el trato de Jefté para con ellos contrasta marcadamente con el de Gedeón. Jefté los derrotó, y a los que trataban de escapar huyendo por los vados del Jordán, los galaaditas los identificaban obligándolos a pronunciar la palabra "shibolet" (espiga o corriente de un río), palabra cuya pronunciación correcta les resultaba casi imposible a los efraimitas. La guerra entre tribus muestra la falta de unidad en Israel durante la época de los jueces.

H. Ibzán, Elón y Abdón (Jueces 12:8-15)

No se cuenta nada de importancia de las actuaciones de estos jueces menores. Aparentemente, Ibzán y Abdón eran ambos personajes adinerados y poseedores de buena posición social, pues tenían gran número de hijos.

I. Filistea: Sansón (Jueces 13 — 16)

1. *La opresión filistea.* La sexta y última opresión fue la de los filisteos. Según Jueces 10:7, 8, los filisteos conquistaron la parte occidental de Canaán en más o menos el mismo período de la opresión amonita en Galaad. Los períodos de las magistraturas de Jefté, Sansón y Elí coincidieron, puesto que cada uno de ellos desempeñaba las funciones de juez en diferentes partes de Israel. A diferencia de muchos otros opresores, los filisteos invadieron el territorio israelita no sólo para saquearlo sino para ocuparlo permanentemente y gobernarlo.

Los filisteos eran un pueblo indoeuropeo, originario de *Caftor* (Deuteronomio 2:23; Amós 9:7), es decir, de Creta y la zona occidental de Asia Menor. Formaban parte de los llamados "pueblos del mar" que fueran expulsados de sus territorios por otros pueblos en el siglo XII a.C. Invadieron Egipto, pero fueron rechazados en una gran matanza por Ramsés III en 1180 a.C. Luego se establecieron en la Sefela (la franja costera) de Canaán. Socialmente se agruparon en cinco ciudades-estados: Gaza, Asdod, Ascalón, Gat y Ecrón. Estos distritos fueron gobernados por "tiranos" o "príncipes", y formaron la confederación filistea.

Los filisteos tenían un ejército bien organizado y bien armado, y por largo tiempo disfrutaron de la superioridad militar en Palestina. Enemigos encarnizados de los hebreos, mantuvieron bajo su dominio buena parte de Canaán. Sansón comenzó contra ellos una lucha que duró hasta que fueron derrotados decisivamente por el rey David. No practicaban la circuncisión, y por ello eran despreciados por los israelitas (Jueces 14:3; 1 Samuel 17:26; 18:25).

2. *Nacimiento de Sansón* (13). Sansón significa "sol", nombre muy apropiado, ya que sería un rayo de luz para su pueblo oprimido. Al igual que en los casos de Isaac, Samuel y Juan el Bautista, el nacimiento de Sansón de una mujer estéril, fue efectuado por intervención divina. La importancia de su misión se nota en el anuncio de su nacimiento por el mismo ángel de Jehová.* Predestinado por Dios para luchar por la liberación de su pueblo, Sansón vivió toda su vida en aquel estado de consagración legal que se denomina nazareato.**

A esta consagración externa, Jehová correspondió con la investidura de su Espíritu. No hay nada en la Biblia que indique que Sansón

---

*Cuando Manoa preguntó por el nombre del ángel, éste contestó: "Admirable" ("oculto" o "misterioso", 13:18), lo que significa que era inefable, más allá de la capacidad humana para oír y comprender.

**El voto nazareo tenía ciertas prohibiciones: abstenerse de todo jugo de la vid, que simboliza el gozo natural (el nazareo debía encontrar su gozo en Dios); no cortar su cabellera, lo cual señala la consagración de su fuerza a Dios; no tocar nada inmundo, pues el nazareo era santo para Jehová.

tenía poderosa musculatura; sólo cuando el poder del Espíritu Santo descendía sobre él, podía realizar prodigios de fuerza.

2. *Hazañas de Sansón* (Jueces 14:1 — 16:31). Sin contar el milagro de Lehi, son once las hazañas del campeón danita. La mayoría de ellas tenían que ver con sus relaciones con mujeres filisteas, algo estrictamente prohibido por la Ley mosaica y nada recomendable para un libertador de Israel. Esta debilidad apareció durante una visita al territorio filisteo, en donde una joven filistea atrajo su atención. Al retornar a su casa demandó que su padre, según las costumbres de la época, negociara su casamiento con ella. Naturalmente, sus piadosos padres protestaron, pero "no sabían que esto venía de Jehová, porque él buscaba ocasión contra los filisteos". Dios predominó sobre las inclinaciones mundanas de Sansón a fin de ofrecer una oportunidad para que se iniciaran las hostilidades que culminarían en el justo castigo de los crueles filisteos (ver Salmo 76:10).

Camino a la casa de la joven filistea, Sansón despedazó a un león que venía rugiendo a su encuentro. Probablemente los chacales, abundantes en la región, comieran sus carnes, o el sol caluroso desecara pronto el cuerpo muerto reduciéndolo a un esqueleto cubierto de carne y piel desecadas.[12] Unas abejas se instalaron dentro. Así fue preparado el terreno para el famoso enigma de Sansón y su violenta reacción cuando fue traicionado por su novia.

Las tentativas de Sansón por reconciliarse con ella fueron frustradas por su padre, el cual la hizo casarse con el amigo íntimo de Sansón. Para vengarse de los filisteos, Sansón capturó 300 zorras.* Les ató las colas de dos en dos, les puso una tea y las soltó en los trigales y olivares. Como represalia, los filisteos quemaron vivos a su mujer y al padre de ella. Sansón se enojó aún más y dio muerte a muchos filisteos. Los hombres de Judá, deseosos de apaciguar a los filisteos, querían entregar a Sansón a sus enemigos. Este los dejó que lo ataran y se lo entregaran. Al estar entre los filisteos, Sansón rompió las cuerdas y mató a 1000 de ellos, empleando la quijada de un asno. Tenía mucha sed después de esforzarse tanto, y Dios, en su gracia, le suplió agua abriendo una cavidad en la roca y haciendo brotar agua.

Después de su victoria, parece que Sansón llevó una vida más pacífica juzgando a Israel durante 20 años. Sin embargo, visitó a una ramera en Gaza, ciudad filistea. Se escapó de una trampa de sus habitantes levantándose de noche, arrancando las puertas de la

---

*Las "zorras" probablemente fueran chacales, pues se emplea la misma palabra, *shuhal*, para designar a estos animales (Salmo 63:10). Los chacales andan en manadas y se cazan más fácilmente que la zorra, animal solitario. Se cree que los compañeros danitas de Sansón le ayudaron en su atrevida empresa.

población y llevándoselas lejos. Su hazaña fue un golpe humillante contra los filisteos.

La sensualidad de Sansón lo condujo finalmente a su caída. Se enamoró de una mujer llamada Dalila ("devota") que probablemente fuera filistea. Los príncipes filisteos le ofrecieron a ella una suma enorme si lograba que él le revelara el secreto de su fuerza. La descripción del episodio es un obra maestra de arte. Con astucia diabólica, Dalila lo dominó poco a poco hasta que reveló su secreto. La tragedia llega a su punto culminante cuando el libertador, durmiendo sobre las rodillas de la mujer, se despertó pensando escapar como de costumbre. "No sabía que Jehová ya se había apartado de él."

Sería un error pensar que la fuerza de Sansón residía en su largo cabello; esto era solamente un símbolo externo de su consagración. Esa consagración era el verdadero secreto de su poder. Ya había violado repetidamente y cada vez más, su voto nazareo, entablando relaciones con una mujer pagana, tocando el cuerpo del león muerto, y con sus aventuras inmorales. Sólo le quedaba la larga cabellera; cuando le fue cortada, Dios lo abandonó.

El trato que recibió Sansón a manos de los filisteos muestra las consecuencias que trae transgredir ideales espirituales y morales y ceder a la carne. Tres palabras sintetizan la situación: ciego, encadenado y moliendo. Pero la mayor tragedia provocada por el pecado de Sansón fue el oprobio que hizo caer sobre Dios. Todos los filisteos creyeron que Dagón, su dios, les había dado la victoria. Prepararon una gran fiesta en su honor.

Mientras tanto, Sansón meditaba en los acontecimientos. Se arrepentía y se consagraba nuevamente a Jehová. Y su cabello crecía. En medio de los filisteos, quienes se divertían a sus expensas, el impotente ciego clamó a Dios, y fue oído. Sin duda alguna, la matanza efectuada por Sansón debilitó el poderío filisteo e hizo posibles otras victorias posteriores.

3. *Evaluación de Sansón*. Sansón figura entre los jueces como un caso singular. No acaudilló al pueblo en la guerra ni lo llevó a la victoria, sino que él sólo atacó a los filisteos. ¿Por qué? Es evidente que los israelitas no estaban dispuestos a levantarse contra sus opresores (15:9-13). Aunque Sansón era el héroe de la resistencia, siempre anteponía sus propios intereses a los de su nación. Su motivo, hasta en su muerte, fue vengarse de sus atormentadores. Sansón guardó la señal de su voto de consagración, su largo cabello, pero repetidas veces violó su espíritu. Por fin, pagó la pena de una consagración violada. ¿Por qué usó Dios a un hombre tan indigno? Quizá sea que en aquellos sombríos días, cerca del fin de la época de los jueces, Sansón era lo mejor que había. Por lo menos estaba

dispuesto a rendirse al Espíritu, de modo que Dios lo podía usar. Jehová no lo usó por lo bueno que era, sino porque quería demostrar su propia fidelidad a sus promesas. Sansón, a pesar de su conducta reprochable, no dejó de ser un testimonio viviente de que Jehová defendería a los suyos mientras le permanecieran fieles.

III. Situación social en la época de los jueces (Jueces 17 — 21)

En estos apéndices se presentan algunos de los aspectos más tristes de esta época obscura de la historia hebrea, que representa la moralidad más baja y el caos más completo de la Biblia. Se habla de engaños y robos, de una ignorancia espiritual en que se fabricaba un ídolo pensando que representaba a Jehová, de una corrupción espantosa y de guerras entre las tribus de Israel. Gillis comenta: "En efecto, uno de los propósitos de su autor parece ser el de mostrar que la época que seguiría, la época monárquica, sería mejor que la de los jueces."[13]

A. *Micaía y su idolatría (Jueces 17, 18)*

Los episodios descritos en esta sección se relacionan con la migración de los danitas al norte de Neftalí, porque no pudieron contra los amorreos (1:34). Ilustran la decadencia de la religión de Jehová en aquel entonces. Micaía había robado a su madre y la restitución del dinero fue considerado un acto religioso. Con el dinero restituido, la madre contrató a un fundidor de imágenes para que hiciera una estatua idolátrica. Un levita forastero aceptó la invitación de Micaía para ser sacerdote en su casa, con el fin de tener techo y mesa seguros. En todo esto, Micaía y su madre creyeron que así servían a Jehová, ignorando que Silo debía ser el único santuario designado por Dios.

Los danitas que migraban al norte, no vacilaron en hurtar las imágenes de la casa de Micaía y en llevarse con ellos a su sacerdote, el cual colaboró gustosamente con ellos, pues era un oportunista. Micaía había pecado estableciendo su propio santuario, un acto contra la ley de Dios; el levita pecó no quedándose en la ciudad donde había de servir y actuando ilegalmente como sacerdote; los danitas erraron al abandonar el territorio asignado a ellos para establecer su propio santuario y robarles la propiedad de otros.

B. *La atrocidad de Gabaa y la guerra civil. (19 — 21)*

El segundo apéndice revela la corrupción moral causada en parte por la influencia del culto a Baal. El pecado de los "hombres perversos" de Gabaa se asemejó al de los habitantes de Sodoma (Génesis 19:5), y provocó la indignación de todo Israel. Sin embargo, los benjaminitas no quisieron remediar el gran mal y fueron brutalmente diezmados en la guerra. Para que Benjamín no desapareciera y pudiera renacer, las otras tribus les entregaron las 400 vírgenes perdonadas en la masacre de Jabes-galaad a los benjaminitas sobrevivientes. Además, los israelitas, no queriendo violar su voto contra Benjamín, emplearon un ardid para proporcionarles esposas a los 200 benjaminitas restantes que quedaron sin consorte.

El libro termina con una observación muy acertada: insinúa que cuando cada uno hace lo que le parece bien a sus propios ojos, por lo general hace mal.[14] Israel necesitaba a un rey.

Preguntas
Desde Jefté hasta la guerra civil
(Jueces 10:6 — 21:25)

1. a) ¿Por qué rehusó Dios, al principio, librar a Israel de la opresión amonita?
   b) ¿Qué acontecimiento posterior provocó el cambio de actitud de Dios?
2. a) Mencione los indicios de nobleza y de fe que se observan en la vida de Jefté?
   b) ¿Por qué hizo un voto de sacrificar a un ser humano, no obstante lo que dice la Ley?
   c) ¿Qué lección práctica ve usted en el voto de Jefté?
   d) Dé tres evidencias bíblicas que comprueban que Jefté ofreció realmente a su hija en sacrificio.
   e) ¿Por qué elogia a Jefté el Nuevo Testamento? (Hebreos 11:32.)
3. a) ¿En qué se diferenció el llamamiento de Sansón del llamamiento de los otros jueces? (ver Jeremías 1:5; Lucas 1:13-17; Gálatas 1:15).
   b) ¿Cómo se vio que la fe de la esposa de Manoa era superior a la de él?
   c) ¿Por qué motivo Sansón debía ser nazareo toda su vida?
   d) ¿Cómo violó Sansón su voto?
   e) ¿Dónde residía realmente el poder extraordinario de Sansón?
4. a) ¿Cómo se diferenciaba la opresión filistea de la de los amonitas y la de los madianitas?
   b) ¿Cuál fue la actitud de los israelitas en cuanto a la ocupación filistea de su país?
   c) ¿Qué lección extrae usted del hecho de que Dios usara la debilidad de Sansón con las mujeres para provocar el conflicto con los filisteos?
   d) ¿Qué evidencias ve usted de que Dios no aprobaba las aventuras inmorales de Sansón?
   e) ¿Por qué utilizó Dios a un hombre tan indigno?

5. Diga qué lecciones prácticas nacen de lo siguiente:
   a) El regocijo de los filisteos al caer Sansón.
   b) Dios oyó la oración de Sansón en el templo de Dagón.
6. a) ¿Por qué incluyó el historiador sagrado los dos apéndices en su libro?
   b) Mencione las faltas del levita.
7. ¿Qué enseña el capítulo 19 acerca de la obligación de la hospitalidad en aquel entonces?
8. a) ¿A qué atribuye el autor sagrado la situación caótica e inmoral que había en Israel?
   b) Haga una aplicación para su propia vida.

Citas y referencias sobre Jueces

1. Ross, *op. cit.*, p. 26.
2. Ibíd., pp. 25-26.
3. *Manual bíblico ilustrado, op. cit.*, p. 219.
4. Roberto Jamieson, A. R. Fausset, y David Brown, *Comentario exegético y explicativo de la Biblia*, tomo 1, s.f., p. 201.
5. Schultz, *op. cit.*, p. 106.
6. Jamieson, Fausset y Brown, *op. cit.*, p. 203.
7. F. F. Bruce, "Jueces" en *Nuevo comentario bíblico*, op. cit., p. 204.
8. Jamieson, Fausset y Brown, *op. cit.*, p. 204.
9. Luis Arnaldich, *Libros históricos* en *Biblia comentada*, tomo 2, 1963, p. 150.
10. Gillis, *op. cit.*, p. 126.
11. C. E. Schenk, "Jephthah" en *The International Standard Bible encyclopaedia*, tomo 3, 1949, p. 1587.
12. Gillis, *op. cit.*, p. 128.
13. *Ibíd.*, p. 131.
14. Ross, *op. cit.*, p. 37.

Período turbulento de transición

~ RUT ~

Introducción al libro de Rut

El diminuto libro de Rut es un verdadero idilio (obra acerca de una vida bucólica y pastoral sencilla y agradable). Es una de las historias más encantadoras de la literatura hebrea. Fue escrito en un estilo literario lleno de interés humano, tragedia, humor y amor. Puesto que termina en un desenlace feliz y como los nombres de algunas personas encajan de una manera perfecta en la narración, algunos críticos tienden a considerarlo como una simple ficción folklórica. Pero todos sus detalles concuerdan perfectamente con la región y la época descritas.[1] Además, Rut figura en la genealogía de uno de los más importantes personajes en la historia de Israel: David. No es probable que un autor de novelas trazara el origen ancestral del famoso rey hasta una moabita. Finalmente, el Nuevo Testamento habla de Rut como un personaje histórico (Mateo 1:5).

Otro aspecto interesante es que Rut es uno de los dos libros de la Biblia que reciben su título de su protagonista femenina. Tanto en Ester como en Rut se destacan ejemplos personales de valor, decisión, y lealtad; en ambos libros se observa la providencia de Dios disponiendo todos los detalles en la vida de los fieles.

1. *Autor y fecha.* Se desconoce el autor, pero es posible que fuera escrito en una época posterior a la coronación de David, pues al final del libro se encuentra su genealogía. El hecho de que no se mencione a Salomón convence a muchos estudiosos de que debe ser fechado antes del reinado de éste.

2. *Propósito y valor del libro.* El librito forma un puente entre la época de los jueces y la de Samuel y David. Presenta un cuadro sobre la vida de las personas piadosas en el período de los grandes libertadores. Las intenciones principales del libro son:

a. Demostrar que había bondad y fidelidad a Dios en Israel durante el período cruel y desenfrenado de los jueces. No todos los hebreos se dieron a la idolatría, la concupiscencia y el derramamiento de sangre en aquel entonces. Ross comenta: "Esta hermosa obrita nos pinta un cuadro de las santas bendiciones que descienden sobre la vida social y doméstica de cualquier época, cuando prevalecen una fe sencilla en Dios y un amor sincero al prójimo."[2]

b. Revelar la providencia divina. Dios, en sus inescrutables designios, permite grandes males para traer el bien a los suyos, y se interesa en las cosas más ordinarias de la vida diaria, incluso para las personas menos importantes.[3] Aunque la tragedia de la familia de Elimelec fue dolorosa y numerosas sus desgracias, Dios recompensó ampliamente la piedad de Noemí y la lealtad de Rut.

c. Proporcionar una lección misionera, demostrando de qué manera una mujer gentil se convirtió en seguidora leal del verdadero Dios y cómo se incorporó a la vida del pueblo de Dios. En Dios no hay acepción de razas; El toma bajo sus alas de protección a los extranjeros que confían en El. Noemí, misionera, sin darse cuenta, ganó a una pagana para la fe de Israel.

d. Demostrar de qué manera David, el antecesor del Mesías, descendió de una mujer gentil cuya fe — no su raza — fue lo que la salvó. Puesto que la misión de Jesús sería universal, convenía que los gentiles piadosos tuviesen su lugar entre sus antepasados.

3. *Tema.* DIOS RECOMPENSA LA FIDELIDAD DE UNA EXTRANJERA.

4. *Versículos clave.* 1:16, 17.

Contenido

A. *Rut decide incorporarse a Israel (1)*

El hambre* que azotó al pequeño pueblo de Belén, puso en marcha una cadena de circunstancias de una historia que revela tanto la providencia divina como el heroísmo humano. La emigración de la familia de Elimelec a las altiplanicies de Moab (un viaje de 75 kilómetros a la parte oriental del valle del mar Muerto), el casamiento de los dos hijos con moabitas,** la muerte de los varones dejando desamparadas tres viudas, y la decisión de Noemí de retornar a Belén, prepararon el escenario para una de las más nobles decisiones de la Biblia (1:16, 17).

La decisión de Rut ("amiga") contrasta con la de Orfa. Ambas nueras expresaron su amor por Noemí y estaban dispuestas a acompañarlas a Belén. Pero Noemí, mujer desinteresada, se dio cuenta

---

*El hambre era cosa corriente en la antigüedad. A veces se debía a la falta de lluvia, otras a las plagas de insectos, y a veces a las incursiones del enemigo. Es interesante notar que el hambre tuvo lugar en Belén, "casa de pan".

**Según Deuteronomio 23:3, ningún moabita podía incorporarse a Israel. Sin embargo, el historiador inspirado no reprueba estos matrimonios ni tampoco insinúa que la muerte les sobreviniera como castigo por estos matrimonios. En los días de los jueces, la gente común ignoraba muchos detalles de la Ley mosaica.

de que era poco probable que un hombre hebreo quisiera casarse con una moabita, y de que la vida de una viuda extranjera sería muy difícil en Israel. De modo que trató de desanimarlas en cuanto a acompañarla. Ambas jovenes lloraron, pero Orfa volvió a su tierra. Era como muchas personas que "no están lejos del reino", pero que en el momento crítico les falta la resolución necesaria para romper con su pasado. No fue así con Rut; estaba decidida a participar en la suerte lúgubre de una compañera entrada en años que se iba a una tierra cuyos habitantes eran enemigos tradicionales de Moab. No vaciló en abandonar a su país y a sus parientes. Nunca regresaría. Moriría y sería sepultada en el mismo lugar que Noemí. Había roto completamente con el pasado. Había tomado una decisión para toda la vida.

Al escoger la senda de Noemí, Rut eligió también a Jehová como Dios suyo, y se incorporó al pueblo de Israel. Dejó atrás su antigua religión y su antigua vida. ¡Cómo se asemeja su decisión a la de la persona que se convierte a Cristo! Se unieron en la decisión de Rut, el amor hacia su suegra y la fe en Jehová. Noemí debe haber sido una mujer amable y de hermoso carácter para ganar el amor y la lealtad de su nuera. El creyente ejerce la mejor influencia cuando vive y habla de tal manera que hace que la gente desee experimentar su religión.

La llegada de las dos viudas a Belén sin que las acompañara ningún hombre, conmovió al pequeño pueblo. Parece que los años de sufrimiento habían hecho mella en el físico de Noemí, tanto que las mismas mujeres exclamaron: "¿No es ésta Noemí?" queriendo decir: "¿Cómo llega tan envejecida y necesitada? ¡Pobre mujer!" La respuesta de Noemí es un juego de palabras: "No me llaméis Noemí ('placentera') sino llamadme Mara ('amarga')." Le atribuyó sus adversidades al castigo de Dios. Netta de Money observa:

> Parece que sus amargas experiencias le habían cegado los ojos momentáneamente al gran amor de la moabita, del cual poco antes había recibido una prueba conmovedora. Naturalmente, no pudo vislumbrar en aquel momento la posibilidad de que la lealtad y abnegación de su nuera iban a compensar en forma sorprendente todas las desventuras que había sufrido.[4]

B. Rut es objeto de las atenciones de Booz (2)

Rut no era una mujer perezosa, sino activa, y salió a los campos para espigar.* Era un trabajo fatigoso y humillante. El campo hacia

---

*A fin de que los pobres, viudas, huérfanos y extranjeros tuvieran algo de comer, la Ley les daba el derecho de recoger espigas detrás de los cosechadores (Levítico 19:9, 10; 23:22; Deuteronomio 24:19-22). Los israelitas no debían segar los rincones del campo, y si a los cosechadores se les caía grano accidentalmente en el rastrojo, no debían recogerlo, sino dejarlo para los pobres.

donde se dirigió Rut pertenecía a Booz, un rico terrateniente y también pariente de Elimelec, el difunto esposo de Noemí. Sin embargo, no fue casualidad: no hay "suerte" en los caminos de los hijos de Dios: la mano de Dios lo ordena todo.

Cuando Booz llegó más tarde durante el día, se sorprendió de ver a una joven extranjera rebuscando en su campo. Inmediatamente preguntó quién era. Quedó tan impresionado con la fidelidad de Rut hacia Noemí y su conducta heroica, que le demostró gran deferencia. La invitó a espigar junto a sus obreros hasta concluirse la cosecha, a tomar agua de las vasijas de ellos, y aun a comer de la comida provista para los segadores. También les mandó a éstos no molestarla; antes bien, que dejasen caer espigas para que Rut las recogiera. Fueron privilegios que Booz no dio a ningún otro espigador. Sobre todo, la animó para que esperara una recompensa de Jehová, "bajo cuyas alas" había venido a refugiarse. Se pone de relieve la bondad de Booz en su trato con sus empleados. Es alentador notar su fervor espiritual al saludar a los cosechadores y decir: "Jehová sea con vosotros", y el mismo calor al responderle ellos: "Jehová te bendiga." Booz trabajaba con ellos, se sentaba con ellos y comía con ellos. La gente significaba para él más que el dinero o una buena cosecha. Dice Ross: "Si todos los patrones fueran tan bondadosos, no habría huelgas ni los trastornos económicos que de ellas se derivan."[5] También el carácter de Rut brilla en la tenacidad que despliega para el trabajo y en la gran discreción que manifiesta en su respuesta. Se sentía indigna de los favores de Booz siendo ella una mujer extranjera. Noemí, al saber lo que pasó, vio la mano de Jehová en el asunto, porque Booz era un pariente cercano (hebreo *goel*).

La palabra *goel* significa literalmente "rescatador" o "redentor". Según la Ley, el pariente cercano tenía cuatro deberes: estaba obligado a rescatar al pariente que había sido vendido como esclavo (Levítico 25:47, 48), a comprar el campo o herencia que perdiera (Levítico 25:25-28), a vengar la sangre (Números 35:19), y a casarse con la viuda de su pariente a fin de darle una descendencia que llevaría el nombre del difunto (Deuteronomio 25:5-10). Al primogénito de este nuevo matrimonio se le consideraba legalmente como hijo del esposo fallecido y heredero de su propiedad. Esto se llama en español *ley de levirato*, término que procede del latín *levir* (el hermano del esposo).

Ahora bien, en el caso presente, Booz, como pariente más cercano, según creía Noemí, estaba obligado a comprar el campo de Elimelec (4:4), y a casarse con Rut (3:9-13; 4:6). ¿Por qué Booz no había aceptado su responsabilidad desde el principio? La razón es que había otro pariente más próximo al cual le correspondía el deber del *goel* (3:12).

C. Rut apela a Booz para que la redima (3)

Noemí comprendió que Rut se había granjeado la admiración de Booz, y su intuición femenina debe haber percibido el comienzo del amor. Ideó un plan para hacerle recordar a Booz su obligación de levirato. Nos parece un poco arriesgado y dudoso, pero Noemí tenía mucha confianza en la honradez de Booz y no fue desilusionada.

Booz pernoctaba en la era, probablemente para proteger la cosecha de los posibles ladrones. En la noche, Rut calladamente se acostó atravesada junto a los pies de Booz, cubriéndose con la porción del manto que los cubría. No había nada de indecoroso en esta acción, pues ambas personas estaban plenamente vestidas. Después lo hizo acordarse de su obligación invocando la ley de levirato. Le dijo: "Extiende el borde de tu capa sobre tu sierva, por cuanto eres pariente cercano." En el Medio Oriente el extender el manto sobre la otra persona simbolizaba protección y casamiento. Booz se alegró de que Rut quisiera casarse con él, pues la reconoció como una mujer digna y piadosa. Sin embargo había otro pariente más cercano que Booz. Este no podía hacer nada a menos que aquel hombre estuviera dispuesto a renunciar a sus derechos y deberes. Booz prometió hacer todo lo que estuviera a su alcance.

D. Rut se casa con Booz (4)

Booz no perdió tiempo alguno en cumplir su promesa; en la mañana se dirigió a la puerta del pueblo de Belén, donde se podían tratar públicamente los asuntos legales, y donde los ancianos servían como testigos. Le planteó claramente al pariente más cercano de Elimelec, su derecho y privilegio de comprar (redimir) el terreno que había pertenecido al difunto. Al parecer, el pariente próximo no se había dado cuenta de que a él le competía redimir la tierra. Respondió que sí la redimiría. Pero cuando supo que también tendría que casarse con Rut y que el terreno sería heredad del hijo que resultaría de esta unión, cambió de idea. No quiso perjudicar la herencia de los hijos que llevarían su nombre. Además, tenía otra familia que sostener. Cedió todos sus derechos y obligaciones a Booz. Como prueba de esta cesión, se quitó el zapato y lo dio a Booz. El zapato simbolizaba la toma de posesión del terreno (Josué 1:3) y quitárselo era renunciar a todo derecho de sentar pie en él. Booz redimió la propiedad de Elimelec y tomó a Rut como esposa ante los testigos.

¿Por qué los testigos mencionaron a Raquel y Lea al pronunciar una bendición sobre Booz y Rut? Estaban aceptando a Rut en la familia de Israel. Así aquella gentil fue incorporada oficialmente al pueblo de Dios; esto nos proporciona un mensaje misionero.

Rut compartía su hogar con su suegra. Al nacer el primer hijo, fue Noemí la que recibió las felicitaciones de las mujeres. ¿Por qué felicitaron a Noemí y no a Rut? Ahora tenía un hijo legal y el acto de tomarlo en el regazo probablemente simbolizara que lo adoptaba.[6] Muchos escritores evangélicos ven en esta historia un hermoso cuadro de Cristo, nuestro Pariente Redentor que tomó una novia gentil, convirtiéndose así en el esposo Redentor. El vocablo redimir (hebreo *gaal*) se encuentra 20 veces en esta obra tan pequeña. El Antiguo Testamento aplica la expresión "pariente cercano" (*"goel"*) a Jehová como Redentor de su pueblo (Exodo 6:6; 15:13; Salmos 19:14; 69:18; 77:15, etc.). El Nuevo Testamento lo aplica también a Jesucristo: "Vendrá de Sion el Libertador" (Romanos 11:26; ver Isaías 59:20). En Hebreos 2:14, 15, se afirma que Cristo participó de la humanidad para librar a los que estaban en la servidumbre del temor de la muerte. Jesucristo, nuestro Redentor, nos ofrece completa redención mediante una nueva relación con El. Al igual que Rut, el creyente ha reposado de sus obras, y lleva fruto para Dios (Romanos 7:4).

El libro termina con la genealogía de David, en la cual Rut figura como bisabuela suya. Revela cómo Jehová premió la confianza de Rut en El, y la hizo objeto de su misericordia aun siendo extranjera.

Preguntas
Sobre el libro de Rut

1. ¿Cómo sabemos que el libro de Rut no es ficción, sino historia verídica?
2. a) A su parecer, ¿qué propósito del autor sagrado se destaca más en el libro?
   b) ¿Qué propósito ha tenido resultados más duraderos?
3. ¿Qué doctrina interesante se extrae de una costumbre antigua de Israel?
4. Compare a Booz con Job antes y después de sus desgracias.
5. A su parecer, ¿quién fue más noble, Rut o Noemí? Señale los elementos de nobleza de ambas.
6. Señale los pasos de la providencia que llevaron a cabo la incorporación de Rut a la genealogía de David.

Citas y referencias sobre Rut

1. "Libro de Rut" en *Diccionario ilustrado*, 1978, p. 568.
2. Ross, *op. cit.*, p. 43.
3. *Manual bíblico ilustrado*, op. cit., p. 226.
4. Netta de Money, *Personajes femeninos de la Biblia*, s.f. p. 126.
5. Ross, *op. cit.*, p. 47.
6. J. G. Baldwin, "Rut", artículo en *Nuevo comentario bíblico, op. cit.*, p. 219.

El inicio de la monarquía

∞ LOS LIBROS DE SAMUEL ∞

Introducción

Los libros de Samuel formaban una sola obra en la Biblia hebrea. La división en dos libros se remonta a la Septuaginta (la versión griega), la cual unió Samuel y Reyes bajo el nombre de "los cuatro libros de los Reinos" o "los Reinos".

1. *Nombre y autor.* A estos dos libros se les ha dado el nombre de Samuel, no solamente porque Samuel fuera el personaje principal en la primera parte, sino también porque fue él quien inauguró la monarquía ungiendo a los dos primeros reyes, Saúl y David. Gillis comenta que, aunque se registra la muerte de Samuel en 1 Samuel 25:1, "su influencia continúa en la vida del rey David, a quien él había ungido. . . Todo el libro está penetrado por su influencia."[1]

Dado que Samuel murió antes de que ocurrieran algunos acontecimientos de estos libros, él no puede haber sido el autor de toda la obra. También la expresión "Siclag vino a ser de los reyes de Judá hasta hoy" (1 Samuel 27:6), parece indicar que el libro se originó después de la división del reino. Es probable que fuera escrito por un profeta desconocido. Este habría empleado material escrito con anterioridad (ver 1 Crónicas 29:29), incluso escritos de Samuel y de los cronistas y escribas de David (1 Samuel 10:25; 2 Samuel 8:16, 17).

Destacados historiadores modernos reconocen los libros de Samuel como ejemplo de la historia mejor narrada de la antigüedad; el autor inspirado era un maestro del suspenso. El famoso erudito A. H. Pfeifer afirma que "es la escritura en prosa más sobresaliente y la obra histórica maestra del Antiguo Testamento".[2]

Los eruditos de la alta crítica suponen que los libros de Samuel tal vez sean de origen compuesto, resultado de una o más redacciones. Les parece que contienen la duplicación de ciertos sucesos, tales como la reprobación de Elí, el rechazo de Saúl y el perdón de la vida de Saúl por parte de David cuando éste le tuvo en su poder. Sin embargo, los eruditos conservadores señalan que las supuestas duplicaciones son sucesos separados y las atribuyen a los propósitos del escritor inspirado. Se relatan verdaderos acontecimientos que tienen ciertas semejanzas entre sí, para hacer hincapié en lecciones que el autor quería enseñar.

2. *Relación con Jueces.* La primera parte de 1 Samuel nos cuenta la historia de Elí y Samuel, los últimos jueces de Israel. Se trata del tiempo crucial de transición, el cambio de gobierno de los jueces a la monarquía. Aunque Israel era una confederación de tribus vinculadas por su común fe en Dios, a menudo faltaba unidad entre las tribus. Estas estaban esparcidas por toda Palestina, y por su individualismo y su separación, a menudo no se unían para resistir las invasiones de sus enemigos, y eran constantemente amenazadas por ellos. También el libro de Jueces revela el caos político y social que reinaba con frecuencia cuando "cada uno hacía lo que bien le parecía". Hacía falta un gobierno central.

En 1 Samuel se nos relata cómo los israelitas fueron comprendiendo la necesidad de renunciar a una parte de su libertad para formar una unidad política bajo el liderazgo de un rey. Poco a poco se realizaron la unificación, el poder y la prosperidad. Aunque Samuel y Saúl contribuyeron a todo esto, el factor principal de esta transformación fue David, y por lo tanto es él el que ocupa el centro de la atención. Vemos en 2 Samuel cómo David extendió el dominio de Israel sobre las naciones vecinas, e Israel llegó a ser la nación más poderosa del Medio Oriente. En los reinados de David y Salomón, Israel alcanzó el apogeo de su poderío y su gloria. Ni antes ni después en su larga historia, tuvo tan extensas fronteras ni tanto respeto a nivel internacional.

3. *Propósito.* La intención principal del autor sagrado fue relatar el establecimiento de la monarquía y narrar la historia de las vidas que más tuvieron que ver con el reino: Samuel, Saúl y David. Desde el punto de vista profético, se presenta la historia de la nación para demostrar que la infidelidad a Dios siempre tuvo como consecuencia el castigo, mientras que la obediencia era premiada con la bendición de Jehová. Nadie quedaría impune al castigo divino si transgredía la Ley, fuera del pueblo, sumo sacerdote o el mismo rey. Así que el versículo clave es 1 Samuel 2:30: "Yo honraré a los que me honran, y los que me desprecian serán tenidos en poco."

4. *Tema.* LA INSTITUCIÓN DE LA MONARQUÍA EN ISRAEL.

5. *Contribución teológica.* Una de las contribuciones teológicas de mayor significado del Antiguo Testamento se encuentra en 2 Samuel 7, la profecía de Natán. Este promete que David fundaría una dinastía que duraría "para siempre". Se llama el "pacto davídico", y es la base para desarrollar el mesianismo real a través de la Biblia (ver 1 Crónicas 17; Salmos 89:20-37; 132:11-14; Hechos 2:30; Hebreos 1:5).

6. *Cronología.* Las fechas de Samuel, Saúl y David son solamente

aproximaciones. Desde la muerte de Salomón en 931 a.C., hasta el edicto de Ciro en 538 a.C., es posible determinarlas con más precisión. Se calcula el período de Samuel entre los años 1045 y 1015 a.C., ya que la batalla de Afec no sucedió antes de 1050. El reinado de Saúl duró aproximadamente de 1030 a 1010 y el de David de 1010 a 970 a.C.

7. *Bosquejo de los libros de Samuel.*

  I. Samuel (1 Samuel 1 — 7)
      A. Nacimiento y primeros años de Samuel (1 — 3)
      B. Guerra contra los filisteos (4 — 7)
  II. Samuel y Saúl (1 Samuel 8 — 15)
      A. Establecimiento de la monarquía (8 — 12)
      B. Comienzos del reinado de Saúl (13 — 15)
  III. Saúl y David (1 Samuel 16 — 2 Samuel 1)
      A. David entra al servicio de Saúl (16:1 — 18:5)
      B. David es perseguido por Saúl (18:6 — 28:2; 29:1 — 30:31)
      C. Fin de Saúl (1 Samuel 28:3-25; 31:1 — 2 Samuel 1:27)
  IV. David (2 Samuel 2 — 24)
      A. Guerra civil (2 Samuel 2 — 4)
      B. David como rey de todo Israel (2 Samuel 5 — 10)
      C. Pecado y arrepentimiento de David (2 Samuel 11, 12)
      D. Historia de Absalón (2 Samuel 13 — 20)
      E. Varios sucesos del reinado de David (2 Samuel 21 — 24)

I. Samuel
(1 Samuel 1 — 7)

La historia del reino hebreo empieza con Samuel. El fue el eslabón entre la oscura época de los jueces y el período de la monarquía. Fue el primero de los grandes profetas, maestro de profetas, sacerdote, intercesor, y el último de los jueces.

Fue también el único juez que tuvo éxito en su intento de unir a las doce tribus, y el primer hombre desde Josué, a quien Dios pudo emplear para provocar un avivamiento espiritual en medio del pueblo, que trajo victoria a toda la nación hebrea. Ungió a los dos primeros reyes de Israel, y así fundó el reino hebreo. Gillis lo describe acertadamente: "Samuel era un hombre excelente, sincero, de consagración absoluta, y de carácter intachable. . . Supo desempeñar el papel que le tocó en la providencia de Dios de una manera que glorifica a Dios."[3]

A. Nacimiento y primeros años de Samuel (1 Samuel 1 — 3)

1. *La madre de Samuel y su oración* (1 Samuel 1:1 — 2:11). Samuel fue un hijo de la fe y de la oración. Parte del éxito que tuvo Samuel debe atribuirse a Ana (gracia), su piadosa madre. Ana era estéril en

una sociedad que despreciaba a la mujer estéril,* y además, su marido tomó a una segunda esposa que se consideró a sí misma rival de Ana e hizo lo posible para provocar su enojo.** La congoja y la desesperación fueron los factores que impulsaron a Ana en su acercamiento a Dios en oración. Su marido, Elcana, era hombre religioso que cumplía con la ley de presentarse delante de Jehová en Silo*** por lo menos una vez al año (Exodo 23:14-17). Aunque no era obligatorio, Elcana llevó consigo a sus esposas en su viaje a Silo.

En el tabernáculo, Ana elevó secretamente a Dios una plegaria fervorosa pidiéndole que le concediera un hijo. Hizo el voto de que su hijo sería dedicado a Dios como nazareo todos los días de su vida, es decir, le serviría en el santuario.**** La oración continua de Ana y el movimiento tembloroso de sus labios despertaron en Elí, el sumo sacerdote, la sospecha de que estaba ebria. Parece que los israelitas oraban en voz alta en aquel entonces. La blanda respuesta de Ana lo tranquilizó y Elí la animó a creer que Dios le daría un hijo. Las palabras del sumo sacerdote contribuyeron a que Ana depositara su fe en Dios; su llanto y angustia se tornaron en confianza y paz. Al transcurrir los meses, dio a luz un niño. Le puso por nombre Samuel, "nombre de Dios" o "escuchado por Dios", probablemente como testimonio de que esta respuesta a su oración demostraba el poder y la autoridad que hay en el nombre de Dios. A su debido tiempo, Ana cumplió su voto entregando al sacerdote Elí su hijito para que sirviese en el santuario. Samuel tendría unos cuatro años, pues las madres del antiguo Israel a menudo amamantaban a sus hijos más que las mujeres de hoy. Cada año Ana llevaba un pequeño vestido para Samuel cuando subía a Silo para las fiestas. Jehová premió su consagración dándole cinco hijos más (2:21).

Además de ser una mujer piadosa, Ana era poetisa. Prorrumpió en un cántico profético, expresando ideas sublimes en forma rítmica. Exaltó a Dios como soberano sobre toda la tierra y afirmó que el hombre, débil e ignorante, no puede oponerse a Dios. Es Jehová quien mata y da vida, empobrece y enriquece, abate y ensalza. El cántico de Ana resuena de nuevo en el "Magníficat" de María, la

---

*Las mujeres hebreas consideraban que la esterilidad era la mayor desgracia para una mujer y hasta una evidencia de que eran desagradables a Dios (Génesis 30:23).

**La Ley de Moisés toleraba la poligamia (Deuteronomio 21:15-17), pero los autores inspirados a menudo señalan los males de esta costumbre (cf. Génesis 30:1-24). El Señor Jesucristo afirmó claramente que el patrón divino del matrimonio es la unión monógama (Mateo 19:4-6).

***Silo, lugar que ocupa hoy Seilún, a unos 20 kilómetros al sur de Nablus. Desde el tiempo de Josué (Josué 18:1) se instaló ahí el tabernáculo, y servía como centro de la vida nacional y religiosa de Israel. Su posición geográfica era ideal, por estar al centro de Palestina.

****No se dice que el hijo debía ser nazareo, pero los cabellos largos eran la señal de tal consagración, como en el caso de Sansón. Por ser levita de nacimiento, Samuel tenía el derecho a servir en el santuario (1 Crónicas 6:31-33).

madre de Jesús (Lucas 1:46-55). Al final del último verso se hace una referencia al "ungido" (Mesías). Es la primera vez que aparece este término, y se refiere al rey como el ungido de Dios. Algunos estudiosos de la Biblia piensan que es una alusión a Cristo, pero es probable que se limite en particular a los reyes de Israel, y en este caso a David; por lo menos en 1 Samuel, se emplea esa palabra en este sentido (2:35; 16:6; 24:6). Sin embargo, los salmistas y profetas que escribieron posteriormente, usaron el término para designar al Mesías que libraría a su pueblo y establecería un reino universal y eterno.

2. *El pecado de Elí y sus hijos* (1 Samuel 2:12-36). Elí era en general un hombre bueno, pero débil; descuidaba la disciplina moral de sus hijos y no contenía su desenfreno. Ofni y Finees no eran contrarios a las ideas ni a la moral de los cananeos. Tenían relaciones ilícitas con las mujeres que servían en la entrada del tabernáculo. También eran glotones: no observaban el ceremonial de los sacrificios, sino que tomaban la mejor parte, que pertenecía a Dios, aun antes de que la ofrenda hubiera sido siquiera presentada a El. Así profanaban el tabernáculo con su avaricia y viles acciones y volvieron a los israelitas contra el culto de Jehová. A la muerte de Elí, sus hijos habrían de convertirse en los más altos líderes religiosos de la nación. Desoían las represiones de su padre, "porque Jehová había resuelto hacerlos morir". Como en el caso de Faraón (Exodo 8:15; 10:1, 2), los hijos de Elí ya habían endurecido sus propios corazones y ahora Jehová los abandonaba. Elí erró por su indulgencia paternal, no sometiéndolos a la disciplina que sus grandes delitos merecían; los reprendió, pero ya era tarde. El Nuevo Testamento insiste en que el líder espiritual debe ser capaz de gobernar su propia casa y mantener sumisos a sus hijos. Si no, "¿cómo cuidará de la iglesia de Dios?" (1 Timoteo 3:4, 5). Ante la vista de Dios, la debilidad es pecado; el siervo de Dios que tolera la maldad de sus hijos y de sus ayudantes, es cómplice de ellos.

Dios envió un profeta a Elí para anunciar el severo castigo que caería sobre su familia. Le recordó el gran privilegio de haber sido elegidos al sacerdocio de Jehová y su ingratitud y la de sus hijos. De tal manera que el sacerdocio les sería quitado y otro sacerdote sería escogido para reemplazarles. Ofni y Finees serían muertos en un solo día, ninguno de sus descendientes llegaría a ser anciano. Dios conservaría la vida a algunos, para que viviendo consumieran su corazón al ver que la dignidad del sacerdocio había pasado a otros. Una parte de la profecía se cumplió en la matanza de los sacerdotes de la familia de Elí decretada por Saúl (2 Samuel 22:18, 19). Posteriormente Salomón depuso al último descendiente, Abiatar, y dio su puesto a otro (1 Reyes 2:27).

3. *El llamado de Dios a Samuel* (3). El joven Samuel ministrando en el templo, contrasta marcadamente con los corrompidos sacerdotes

Ofni y Finees. En medio de una sociedad espiritualmente decadente y una religión ceremonial en que escaseaba el mensaje vivo de Dios por medio de la profecía, brillaba el fiel siervo de Jehová. Es probable que la preparación que Elí le había impartido, estuviera relacionada principalmente con lo externo, es decir, con el servicio del tabernáculo y con la Ley. A Samuel le faltaba una experiencia espiritual. Sin embargo, fueron de gran valor la obediencia y la reverencia que aprendió en aquellos años.

Tal vez Samuel tuviera unos 12 años cuando Dios lo llamó en la noche. El joven pensó que era Elí el que lo llamaba, pero cuando la voz volvió a llamarlo por segunda vez, Elí se dio cuenta de que Dios se había manifestado a Samuel. Entonces le dio instrucciones para que escuchara la voz de Jehová. El mensaje divino a Samuel, confirmaba los castigos contra la casa de Elí que había anunciado antes por otro profeta (2:27-36). También era una advertencia indirecta para que Samuel no siguiera el ejemplo de Elí y de sus hijos. Ante la terrible amenaza, Elí demostró un espíritu sumiso y humilde. "Jehová es; haga lo que bien le pareciere."

Las noticias de que Dios había levantado un verdadero profeta* en Israel se divulgaron rápidamente por toda la nación. Arnaldich observa: "Tres son los rasgos principales que ponen de relieve su misión profética: una frecuente comunicación con Dios, las pruebas evidentes de su origen divino y su notoriedad universal."[4] No cayeron a tierra ninguna de sus profecías. Al contrario, todas ellas se cumplieron al pie de la letra.

Preguntas
Introducción. Nacimiento y primeros años de Samuel
(1 Samuel 1 — 3)

1. a) ¿Cuándo fueron escritos los libros de Samuel y por quién?
   b) ¿Por qué es muy acertado el título de los libros de Samuel?
   c) ¿Cómo explican los estudiosos conservadores el hecho de que parecen existir duplicaciones en 1 Samuel?
2. ¿Cuál es la relación entre el libro de los Jueces y 1 Samuel?
3. ¿Qué relación con Cristo tiene la gran doctrina de los libros de Samuel?

---

*Dios levantaba profetas en los momentos críticos con el fin de volver al pueblo a la fe de Jehová. Hacia fines de la época de los jueces, la religión cananea y la de Jehová estaban tan fusionadas, que los israelitas a menudo les ponían nombres compuestos con el nombre de Baal, dios cananeo, a sus hijos. Samuel, Natán, y Elías fueron precursores de los grandes profetas que escribieron libros: Amós, Oseas, Isaías y otros. Los profetas eran guardianes de la conciencia de la nación e interpretaban los acontecimientos a la luz de la mente de Dios. Amonestaban, reprendían y predecían el futuro con el propósito de encaminar a los hebreos en las sendas divinas.

4. a) A su parecer, ¿cuál fue la mayor contribución del profeta Samuel?

   b) ¿Cuál es la idea central de los libros de Samuel?

5. Haga un análisis de la oración de Ana. Luego escriba una lista de los factores que se combinaron para que su oración fuera eficaz.

6. a) Haga una lista de los atributos de Dios que Ana menciona en su cántico.

   b) Indique la referencia mesiánica.

   c) Explíquela.

7. a) ¿En qué faltó Elí?

   b) ¿Por qué fue tan severo Dios con Elí?

   c) Mencione las virtudes de Elí.

   d) Mencione un paralelo moderno del trato de Elí con sus hijos, algo que usted observe en la sociedad.

8. a) Haga un contraste entre los hijos de Elí y el niño Samuel.

   b) A su parecer, ¿por qué no fracasó Samuel de la misma manera que fracasaron los hijos de Elí?

9. ¿Qué importancia tuvo la experiencia de Samuel descrita en el capítulo 3? (Note la renovación de algo importante en la historia de Israel.)

10. Aprenda de memoria el tema de los libros de Samuel y el versículo clave, y esté preparado para escribirlos en la próxima clase.

B. Guerra contra los filisteos (1 Samuel 4 — 7)

1. *Los filisteos capturan el arca* (4). Pronto se cumplirían las profecías contra Elí y sus hijos. Los filisteos les declararon la guerra a los israelitas. Acamparon en Afec, a 15 kilómetros al norte del actual puerto de Jafa. Los israelitas no se dieron cuenta de que la invasión era el castigo de Dios por la reincidencia de Israel, e intentaron obtener la victoria llevando el arca como amuleto en la batalla. El arca representaba la presencia de Dios y era el objeto más sagrado de la nación. Pero no se pudo obligar a Dios a que les ayudara: la derrota de los israelitas fue aplastante. Fueron muertos los hijos de Elí y también él mismo murió trágicamente al recibir la noticia de la captura del arca. Aunque la Biblia aquí no dice que Silo y el santuario fueron destruidos por los filisteos, las palabras de Jeremías lo insinúan (cf. Jeremías 7:12-14; 26:6-9), y Silo dejó de ser para siempre el sitio del santuario.

¿Por qué permitió Dios que los filisteos capturaran el arca?

a. Para traer castigo sobre la casa de Elí.

b. Para disciplinar a todo Israel. De la noche a la mañana, la nación se encontró sin sacerdotes, sin ninguna señal de la presencia de Dios y sin lugar autorizado para el sacrificio.

DOS CARAS FILISTEAS DE UN BAJORRELIEVE EGIPCIO

c. Para mostrar su supremacía sobre los dioses paganos. La captura del arca resultó humillante para los hebreos, pero trajo gloria a Jehová entre los filisteos, que presenciaron su poder sobre ellos y sobre sus dioses.

2. *Sinsabores de los filisteos con el arca* (1 Samuel 5:1 — 7:1). Los filisteos pensaron que Dagón, el dios cananeo del trigo, les había dado la victoria. Colocaron el arca en su templo como un trofeo de guerra. Pero Jehová no es un dios al que se le pueda inmovilizar fuera de su territorio; al día siguiente, los filisteos encontraron a su dios tendido en el suelo besando el polvo. Al otro día, de Dagón no quedaba más que el tronco. Tuvieron que cambiar el arca de un lugar a otro, y cada vez los castigos sobre los ídolos y sus adoradores fueron más penosos y humillantes. La forma de expiación, los ratones de oro (o ratas, BJ), sugiere que los tumores fueron consecuencia de la peste bubónica que propagaban estos animales.

Los filisteos decidieron finalmente devolver el arca. La prueba concluyente de que la plaga fue acción de Jehová, fue que las vacas que nunca habían llevado yugo y que estaban criando, marcharon directamente hacia la tierra de Israel tirando la carreta con el arca. Era obvio que un ser invisible las arrastraba. El gozo de los hebreos en Bet-semes, al ver el arca, se tornó en consternación cuando Dios castigó su curiosidad irreverente; tenían que aprender que Jehová es santo y no permite que personas no santificadas se le acerquen. La Versión de los Setenta reduce los 50.070 muertos a 70, cifra que armoniza mejor con lo que parece ser la realidad.* Se guardó el arca en Quiriat-jearim, ciudad gabaonita situada en los confines de Judá y Benjamín. Se quedó allí hasta los días de David, unos 70 años después.

3. *Samuel, juez, libertador y maestro* (1 Samuel 7:2-17). La captura del arca fue en realidad una bendición disfrazada. En vez de significar la caída de Israel, como había temido Elí, preparó el camino para efectuar un cambio espiritual. "Toda la casa de Israel lamentaba en pos de Jehová"; dándose cuenta de que la ubicación del arca en una casa particular señalaba qué mal andaba el estado espiritual de la nación. El autor inspirado no nos proporciona detalles de este período en que no hubo caudillo hasta que Samuel llegara a la edad de tomar de lleno las riendas de Israel. Terminado el período de 20 años de silencio, aparece Samuel instando a los israelitas a dejar sus ídolos y a volverse al único Dios verdadero. Era plenamente reconoci-

*La Versión Griega o Septuaginta (Versión de los Setenta) es la más antigua versión existente, pues fue traducida en el tercer siglo a.C. Es posible que un escriba cometiera un error al copiar un manuscrito. Nuestra versión es tomada del texto masorético, que se remonta al período comprendido entre el siglo sexto y el año 1.000 d.C.

do como sacerdote, profeta, juez, y hombre poderoso en la oración, y llegó a ser el restaurador de Israel.

Se produjo un gran avivamiento en toda la nación. El paciente ministerio del profeta rindió frutos. Samuel convocó a una gran asamblea en Mizpa para volver decisivamente a Israel a Dios. Cuando el pueblo de Dios se congrega unánime en un lugar, le da a Dios la oportunidad de bendecir en una forma que es imposible de otra manera. El arrepentimiento fue expresado con el derramamiento de agua ante Jehová (símbolo solemne del corazón y la vida derramados en dolor por el pecado y en consagración), con el ayuno y con la confesión pública de los pecados.

Los filisteos, alarmados por las noticias de la asamblea, lanzaron un ataque. ¿Por qué Dios les permitió amenazar a Israel durante esta época de arrepentimiento y bendición? Dios siempre ha puesto a prueba a su pueblo. Quería demostrarles que creían en algo real y enseñarles lo que haría por su pueblo ya arrepentido, que confiaba en El. Samuel animó a los israelitas a que tuviesen fe, luego ofreció un sacrificio y oró fervientemente. Dios contestó desencadenando una terrible tempestad con truenos y relámpagos. Los filisteos se espantaron y huyeron de los israelitas. Schultz comenta: "Evidentemente el efecto de los truenos adquirió un carácter portentoso en su significado para los filisteos, ya que nunca más intentaron comprometer a los israelitas en una batalla mientras que Samuel estuvo al mando de las tribus."[5]

Como juez, Samuel recorría anualmente un circuito, ejerciendo sus funciones en muchas poblaciones, tales como Bet-el, Gilgal y Mizpa. Ponía sus servicios al alcance de todos. Por primera vez en muchas generaciones, Israel tenía un dirigente realmente preocupado por su estado espiritual. También edificó un altar en Ramá. Era honrado en todas sus acciones y podía desafiar a todo el mundo a señalar un solo caso en que hubiera pervertido la justicia o se hubiera comportado incorrectamente.

En esos años, Samuel también formó una compañía de profetas, discípulos suyos que vivían en pequeños grupos comunales y profetizaban en éxtasis al son de la música (1 Samuel 10:5). Aunque a veces los hijos de los profetas poseían conocimientos sobrenaturales del futuro (2 Reyes 2:3, 5), por regla general profetizaban en el sentido de dar gracias y alabar a Jehová, como en el caso de los levitas en la época de David (1 Crónicas 25:1-3). No deben ser considerados al nivel de los grandes profetas. Probablemente realizaran cultos al aire libre, predicaran, danzaran dando glorias a Dios, y ayudaran a los profetas a cultivar la vida espiritual de Israel. Subsistieron largo tiempo en la historia hebrea, siendo famosas las comunidades de profetas sobre las cuales presidía Eliseo.

Preguntas
Guerra contra los filisteos (1 Samuel 4 — 7)

1. Haga un contraste entre la actitud de los israelitas y los filisteos antes de la batalla, y mencione el resultado de cada actitud.
2. a) ¿Cuál fue el error de los israelitas al llevar el arca a la batalla? (¿En qué pusieron su confianza?)
   b) Mencione dos errores análogos de los creyentes de hoy.
3. Conteste la pregunta de los israelitas (4:3) a la luz de las Escrituras.
4. Mencione algunos buenos resultados de la captura del arca. (Hubo resultados tanto en Israel como en Filistea.)
5. a) ¿Cuál fue el pecado de los hombres de Bet-semes? (ver Números 4:5, 6, 15; Exodo 19:21; Hebreos 12:28, 29).
   b) Mencione un pecado paralelo que usted haya observado en la Iglesia.
   c) Haga un contraste entre el trato del arca en Bet-semes y en Quiriat-jearim, e indique los dos resultados diferentes.
6. a) ¿Qué otra cosa, además de sufrir, necesitaba Israel para arrepentirse?
   b) Indique las cuatro condiciones que Israel tenía que cumplir para ser liberado de la opresión filistea (ver 7:3-6).
7. a) ¿Qué lección quiso Jehová enseñar a Israel dejando que los filisteos lo atacaran en Mizpa?
   b) Mencione un paralelo en la experiencia cristiana.
8. a) ¿Cuáles eran los papeles que desempeñaba Samuel al fin del período de 20 años de silencio?
   b) ¿En qué manera fue distinto Samuel a los otros jueces?
   c) ¿Cuáles fueron los aspectos del ministerio de Samuel que deben encontrarse en el ministerio actual de la Iglesia?

II. Samuel y Saúl
(1 Samuel 8 — 15)

A. Establecimiento de la monarquía (1 Samuel 8 — 12)

1. *Israel pide rey* (8). La petición de los ancianos de Israel para que Samuel les diera un rey, tenía como pretexto la vejez del profeta y la venialidad de sus hijos nombrados jueces en Beerseba. Detrás de su solicitud estaba la inquietud de la amenaza filistea. Los belicosos filisteos, a pesar de su derrota en Mizpa, mantenían el control de gran parte del territorio israelita. Tenían el monopolio del hierro* y habían

---

*Originalmente los hititas tenían el monopolio de la producción y exportación de hierro y enseñaron a los filisteos su uso. Luego, cuando menguaba el poder del imperio hitita, alrededor del 1200 a.C., los filisteos obtuvieron el monopolio de ese metal. Fabricaban armas de hierro y carros, consiguiendo así una notable ventaja militar sobre los israelitas.

expulsado a los herreros hebreos. No había herrero ni aun para arreglar las herramientas de labranza, mucho menos para fabricar armas (13:19-21). También los amonitas, gente nómada del desierto situado al oriente de Transjordania, amenazaban la nación. Urgía cada día más la necesidad de un fuerte gobierno central para unir a las tribus, que gozaban de gran autonomía.

Hasta ese momento, el gobierno de Israel había sido una teocracia, es decir, Jehová era su rey (ver Exodo 15:18). Este concepto fue expresado por Gedeón (Jueces 8:23). De tiempo en tiempo Dios había levantado jueces para gobernar. Sin embargo los jueces no dejaban sucesores, y eran largos los lapsos entre uno y otro; mientras tanto, la nación no tenía cabeza para guiarla ni caudillo para defenderla. A menudo reinaba el caos, y la nación apostataba cada vez más. Samuel fue el único juez que logró unificar todas las tribus. Los israelitas veían alrededor de ellos ejemplos de fuertes monarquías y querían tener un gobierno central y un defensor que fuera su rey.

Por otra parte, parece que no se dieron cuenta de que las derrotas de Israel habían sido causadas por su infidelidad y de que Dios los había liberado cada vez que se arrepentían. Tal vez pensaron que una monarquía estable evitaría los altibajos del pasado.[6] Además, el motivo por el que querían tener rey era para ser como las otras naciones (8:5), algo diametralmente contrario al elevado llamamiento divino de Israel. La seguridad de Israel y su felicidad dependían del hecho de que era diferente a las otras naciones (ver Exodo 8:23; 19:5, 6; Levítico 20:6; Deuteronomio 7:6). Tenía que ser una nación apartada y diferente a las demás. Dios había predicho que Israel tendría rey a su debido tiempo (Génesis 17:6; Números 24:17; Deuteronomio 17:15), pero no le agradó el motivo principal de los ancianos; era un rechazo al gobierno divino (8:7). Se querían adelantar a Jehová.

El rechazo al gobierno de Samuel por parte del pueblo, produjo la mayor desilusión de la vida del profeta; pero consultó a Dios, el cual concedió su permiso sin dar su aprobación. Samuel les advirtió en cuanto a los inconvenientes de la monarquía, pintando el sombrío cuadro de un típico rey oriental, que reclutaría personal para que estuviera a su servicio y contribuyera a la pompa real del palacio. Habría trabajos forzados y elevados impuestos; desaparecerían la libertad y la igualdad entre el pueblo. Sin embargo, los ancianos persistieron en su petición. Samuel es uno de los pocos grandes hombres de la historia que estuvieron dispuestos a terminar un sistema que les parecía bueno, y con toda su fuerza y anhelo inaugurar otra forma más popular. No siguió sus propias ideas, porque era un simple instrumento de Dios y siervo de su pueblo.

2. *Saúl es elegido rey* (1 Samuel 9 — 11). En cuanto al rey, Dios le dio a Israel algo más de lo que la nación merecía. No había nada de

segunda categoría en Saúl. Tenía un imponente aspecto físico: alto, fornido y de buen parecer. Jehová le mudó el corazón, dando al agricultor rústico un corazón de un monarca; le dotó de los dones y las potencias necesarias para cumplir con el llamado a la realeza. Al principio de su vida pública, se mostró humilde, generoso y valiente. Logró de golpe la unidad de las tribus y su apoyo, los cuales se mantuvieron durante todo su reinado. Además, tenía el apoyo y consejo de un gran varón de Dios, Samuel, el hombre con más influencia en su país. Sin embargo, no supo vivir de acuerdo con su gran oportunidad, y llegó a ser uno de los más trágicos personajes de la historia sagrada.

La búsqueda de las asnas de su padre trajo a Saúl a la vecindad de la casa donde vivía Samuel. No fue por simple coincidencia, aunque Saúl no se dio cuenta de que la mano de Dios le guiaba. Había vivido aislado en su vida de campo y no había conocido nunca a Samuel. Se emplea un antiguo término para denominar al profeta, ''el vidente'' (el que ve lo que está oculto, el que posee una visión sobrenatural). Jehová le hizo saber a Samuel que aquél que sería el rey de Israel vendría a él. También le reveló su gran propósito al elegir a Saúl: éste sería el libertador de Israel, pues El había oído el clamor de su pueblo a causa de la opresión filistea (9:16). En aquel momento, Israel necesitaba más que cualquier otra cosa un dirigente militar que lo condujera a la victoria sobre sus enemigos. Así se reunieron en Saúl las cualidades de gran guerrero y de libertador, sobre todo.

La unción de Saúl tuvo profundo significado religioso; era símbolo de que Dios lo había escogido para gobernar a su pueblo, y de su consagración al oficio. La acción de derramar aceite sobre la cabeza también simbolizaba la efusión del Espíritu, la cual acompañó a su unción poco después. De allí en adelante, Saúl debía depender del Espíritu en lo que respecta a la sabiduría y a la fortaleza para gobernar. El rey era el ''ungido de Jehová'', una persona sagrada, y por lo tanto inviolable; David no se atrevía a poner las manos sobre Saúl (ver 1 Samuel 24:6, 7; 26:9-11), y mandó ejecutar al que cometió tal crimen (2 Samuel 1:14-16).

Tres señales le fueron dadas a Saúl por Samuel para confirmar que su elección como rey provenía de Dios. Después, el profeta convocó a una asamblea nacional y presidió sobre una elección tribal llevada a cabo echando suertes. Así se pondría de manifiesto que Jehová había elegido a Saúl y se evitaría toda sospecha de que Samuel hubiera elegido rey al que le había parecido. No es de extrañarse que algunos israelitas se mantuvieran alejados, pero la acción militar contra Amón encabezada por Saúl unificó a la nación y sirvió para conseguir el apoyo de todos.

Al ser elegido rey, Saúl actuó con prudencia, puesto que no tuvo

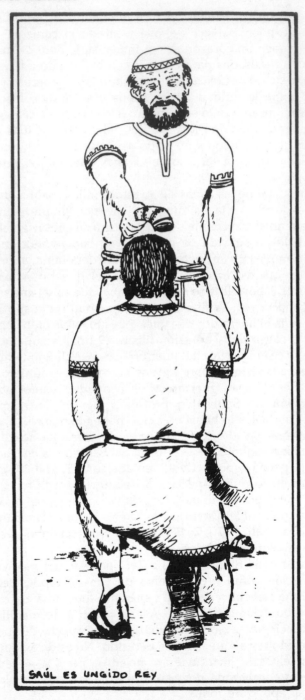

SAÚL ES UNGIDO REY

el apoyo de todo Israel. No mostró presteza indebida para asumir la autoridad y las responsabilidades de su nuevo puesto, sino que volvió a su antigua vida de agricultor y esperó una oportunidad de manifestarse ventajosamente ante los ojos de la nación. La amenaza de los amonitas le dio tal oportunidad, y la gran victoria sobre ellos le dio el prestigio que necesitaba. Se vio aquí que Saúl había sido ungidopor el Espíritu para liberar a Israel a la manera de los jueces primitivos. Además, su actitud perdonadora hacia los que le habían rechazado, le ayudó a lograr la estima de todos. Entonces Samuel dispuso una nueva ceremonia en Gilgal para ratificar la institución de la monarquía y aclamar públicamente a Saúl como rey.

Es interesante notar que Samuel preparó una especie de constitución que probablemente explicara de qué manera el rey y el pueblo podían vivir bajo la dirección de Jehová (10:25). El libro incluiría Deuteronomio 17:14-20, el pasaje que da instrucciones referente a los reyes. Jehová permitió que Israel tuviese rey, pero no tenía intención de que hombre alguno gobernara sobre su pueblo como déspota arbitrario y monarca absoluto. Dice Ross: "El rey humano habría de ser únicamente un virrey nombrado por Dios para gobernar en su nombre y habría de ser responsable ante El."[7] Los profetas serían los guardianes de la monarquía constitucional y tendrían el derecho y el deber de reprender a los reyes en situaciones que justificaban tal acción. Es decir, estaban por encima del rey como representantes de Dios.

3. *La despedida de Samuel* (12). Samuel comprendió que su ocaso había llegado. Por lo tanto, renunció a su cargo de gobierno para dar lugar a otro hombre que sería soberano de la nación. Sin embargo, no abandonaría su cargo profético ni dejaría de interceder por el bien de la nación. En su discurso de despedida, apeló a la historia de Israel para indicar que Jehová siempre se había revelado como el verdadero rey de Israel, y había tratado con el pueblo de acuerdo con su actitud ante la Ley. La historia de Israel era una repetición de pecado, servidumbre, dolor y salvación. Afirmó que la monarquía por sí misma no los salvaría de los altibajos del pasado; por el contrario, la institución de la monarquía era un paso contra el ideal de que sólo Jehová era el rey de la nación, y si Jehová dejara de ser rey, perecerían tanto la nación como su monarca visible. Sin embargo, Dios no desampararía a su pueblo, sino que, por amor de su gran nombre,* cumpliría su pacto a condición de que éste fuera fiel en lo sucesivo. El propósito de sus palabras era provocar el arrepentimiento de Israel y

---

*"Por su gran nombre" (12:22), o sea, por su reputación entre las naciones. No abandonaría a su pueblo a fin de que las naciones no malentendieran y no blasfemaran contra Jehová (cf. Josué 7:9).[8] Los nombres de Dios son revelaciones de su personalidad.

la lealtad al rey invisible. Dios confirmó la profecía de Samuel desatando una tempestad en los días de la siega (mayo-junio), fenómeno que no se da en Palestina durante aquella época.

B. Comienzos del reinado de Saúl (1 Samuel 13 — 15)
Saúl tendría unos 35 años* al comenzar a reinar sobre Israel. Estableció un gobierno sencillo, cuyo mantenimiento le costó a Israel muy poco. La corte real se encontraba en un lugar estratégico, Gabaa ("collado"), situado unos tres kilómetros al norte de Jerusalén. La arqueología nos enseña que la residencia de Saúl era más bien una fortaleza que un palacio.** Parece que Saúl y su familia vivían sencillamente, y que Saúl no hizo cambios en la estructura tribal del antiguo gobierno de Israel, aunque es evidente que las tribus ya no se consideraban como autónomas.

Al principio de su reinado, Saúl cumplió muy bien el propósito divino por el cual había sido designado rey. Es decir, fue un gran libertador. Derrotó a los filisteos y amalecitas; "hizo guerra a todos sus enemigos en derredor", contra Moab, Amón, Edom y Soba; "y adondequiera que se volvía, era vencedor" (14:47). Sin embargo, aparecen muy pronto sus debilidades: su orgullo y su deseo de gobernar sin acatar las palabras del profeta. Tal espíritu de independencia no correspondía a alguien que había sido ungido para servir como subalterno del Rey invisible. Su baja naturaleza se afirmó cada vez más, y Samuel tuvo que presenciar la gradual decadencia del rey.

1. *Guerra contra los filisteos; sacrificio ilegal y voto necio de Saúl* (1 Samuel 13, 14). El conflicto con los filisteos estalló al atacar Jonatán una guarnición de filisteos entre Gabaa y Bet-el. Saúl había organizado un ejército de 3.000 soldados acaudillados por él y Jonatán. Los enemigos reaccionaron inmediatamente con un enorme ejército*** y se dispusieron a castigar a los insurrectos hebreos. Saúl, a su vez, llamó a los israelitas a la guerra. Samuel le dio órdenes de trasladarse a Gilgal y esperar allí siete días hasta que él viniera y ofreciera sacrificio. Constituía un gran esfuerzo para Saúl esperar sin hacer nada cuando sabía que un poderoso ejército se preparaba para atacarlo. Para empeorar las cosas, el ejército de Saúl comenzó a desintegrarse de tal manera que los cobardes comenzaron a desertar. Al aproximarse el final del séptimo día, Samuel no apareció. Saúl perdió la paciencia y ofreció el sacrificio, entrometiéndose en las funciones del sacerdocio.

---

*Aunque la Biblia dice que cuando fue elegido rey Saúl era "joven" (9:2), tenía un hijo adulto, Jonatán. Por lo tanto es probable que tuviera por lo menos 35 años.
**Todo lo que queda de la fortaleza de Saúl son los fundamentos, una parte de un muro y una sección de una torre. Sin embargo, las ruinas indican que era la ciudadela más fuerte de Israel en aquel entonces.
***La cifra de 30.000 carros (13:5) parece ser glosa de un copista. La Versión Siríaca la reduce a 3.000.

FORTALEZA-PALACIO DE SAÚL EN GABAA.

Su impaciencia le costó el privilegio de fundar una dinastía. Saúl desobedeció porque temía que los filisteos lo despojaran de su reino. El resultado fue que perdió su reino de todas maneras, puesto que Dios lo despojó de él.

¿Por qué Saúl fue castigado tan severamente? ¿No se puede justificar en parte su acción, tomando en cuenta la presión de las circunstancias? La demora de Samuel era una prueba para su obediencia a Dios. La reciente victoria sobre los amonitas se había producido porque el Espíritu de Jehová reposaba sobre él. Esto lo debía haber llevado a confiar en que el mismo Dios lo ayudaría nuevamente. En el fondo de su error se encontraba la desconfianza en la ayuda divina y la excesiva confianza en su propia sagacidad. Al sacrificar, Saúl pasó por alto al hombre que continuamente servía como mediador entre Dios y el rey. Así se reveló que le faltaba respeto por la palabra de Dios. Su acción manifestó su actitud de que es "mejor pecar que sufrir, mejor salir de dificultades que obedecer a Dios".[9] Además, Saúl fue tan superficial como necio al considerar su desobediencia como algo trivial, que sería fácilmente dispensado (cf. Proverbios 14:9).

Saúl e Israel se encontraban en una situación muy difícil. Muchos israelitas se escondieron en cuevas, y otros fueron obligados a incorporarse a las filas del ejército enemigo. Puesto que los filisteos tenían el monopolio del hierro, sólo Saúl y Jonatán tenían armas de este metal. Además, el grueso del ejército hebreo ya había desertado de su rey. En este momento, Jonatán y su paje de armas lanzaron un ataque repentino contra un campamento de filisteos merodeadores. Confiando en la ayuda del Altísimo y en su propia fuerza y valor, Jonatán llevó a cabo una de las hazañas más temerarias que un héroe antiguo intentara jamás. El éxito de los dos intrépidos guerreros y un oportuno terremoto sembraron pánico en las filas filisteas (14:15). A la vez, los israelitas incorporados en el ejército pagano volvieron sus espadas contra ellos. Saúl se aprovechó de la situación y lanzó sus tropas contra el enemigo. Los filisteos fueron derrotados decisivamente y la región de la cordillera de Canaán fue liberada del dominio filisteo.

Otro ejemplo de la falta de juicio por parte de Saúl fue su necio voto. Prohibió que los hebreos en combate se fortalecieran comiendo. Esto tuvo dos consecuencias: el pueblo hambriento comió carne con sangre, y Saúl, actuando con piedad ciega, estuvo a punto de dar muerte a su propio hijo, el héroe de aquel día. Sólo la intervención de los israelitas le impidió hacer semejante acto.

2. *Guerra contra los amalecitas: segunda desobediencia de Saúl* (1 Samuel 15). Saúl tuvo otra oportunidad de obedecer a Dios. Jehová le ordenó por medio de Samuel destruir completamente a los amaleci-

tas, tribu guerrera, salvaje y nómada que de continuo hacía incursiones contra Israel. Amalec rondaba al sur de Palestina entre Egipto y el desierto arábico; había atacado cobardemente a los israelitas cuando salían de Egipto en el éxodo (Exodo 17:8-14; Deuteronomio 25:17-19). Saúl derrotó a los amalecitas, pero violó los términos del anatema, perdonando al rey Agag y a lo mejor de las ovejas y ganado. Es probable que mantuviera vivo a Agag con la esperanza de recibir un rescate grande por él, o para exhibirlo como un trofeo de guerra. También erigió un monumento para perpetuar la memoria de su victoria. Esperaba apaciguar a Jehová ofreciéndole en sacrificio una parte del botín.

Cuando Samuel confrontó a Saúl con la prueba de su desobediencia, éste se mostró evasivo y dio excusas; culpó hipócritamente al pueblo. Luego sus propias palabras lo traicionaron; estaba ansioso de impedir la destrucción de lo mejor del ganado a fin de sacrificarlo al Dios de Samuel. La respuesta del profeta, "Ciertamente el obedecer es mejor que los sacrificios", señala que a Dios le agradan solamente los sacrificios espirituales, y que ninguna ceremonia puede substituir a la obediencia. Es un tema cada vez más repetido por los profetas de los siglos que seguirían. La obediencia parcial de Saúl fue considerada por Dios como desobediencia completa. Por consiguiente, Saúl fue desechado; su reino sería dado a otra persona mejor. Desde aquel momento en adelante, Saúl reinó sin la autoridad ni la bendición de Jehová. Se había mostrado obstinado, guiado por sus propios caprichos, orgulloso y rebelde. Ya no era digno de reinar sobre el pueblo de Dios. Esto fue ocasión también para la ruptura definitiva entre el profeta y el rey: "Nunca después vio Samuel a Saúl en toda su vida."

Preguntas
Establecimiento de la monarquía, comienzos del reinado de Saúl
(1 Samuel 8 — 15)

1. a) ¿Cuál fue el verdadero motivo de que Israel pidiera un rey?
   b) ¿Cuál era el aspecto más censurable de su petición?
   c) Haga una aplicación espiritual en cuanto a este motivo indigno.
2. Mencione las dos restricciones impuestas a fin de que ningún rey llegara a ser dictador absoluto.
3. a) ¿Cuál era el principal propósito que Dios tenía al elegir a Saúl?
   b) ¿En qué sentido fue semejante Saúl a los jueces primitivos?
4. a) ¿Cuál era la intención del discurso de Samuel 12?
   b) ¿Qué evidencia se encuentra en este capítulo de que Samuel seguía amando a su pueblo como siempre? (Dé también el versículo que encierra su respuesta.)

5. a) Mencione los factores que contribuían a la popularidad de Saúl entre los hebreos.

   b) Haga un paralelo entre la sabiduría inicial de Saúl y los pasos que debe tomar el pastor al tomar una congregación.

6. ¿Cómo fue que Jonatán se mostró tan valiente en el capítulo 14?

7. a) Indique los errores de Saúl.

   b) ¿Qué nos enseña la respuesta de Samuel a Saúl (15:22, 23) en cuanto a la religión que agrada a Dios?

III. Saúl y David
(1 Samuel 16 — 2 Samuel 1)

Saúl fracasó como rey y quedó relegado a un lugar secundario en el resto de la historia de 1 Samuel. Sin embargo, Dios no dejaría a su pueblo sin un dirigente ungido, y levantó un nuevo personaje, David, para reemplazar el monarca desobediente. El joven pastor de Belén pasó a ocupar el lugar de prominencia. Jehová lo preparó para su futuro papel de rey, lo exhibió ante Israel como el hombre que gozaba del favor divino, y lo protegió en cada peligro.[10] Saúl era un hombre según el corazón del pueblo, pero David era un varón según el corazón de Jehová (1 Samuel 13:14).

David se destaca como pastor fiel, músico, guerrero valiente, extraordinario caudillo y persona profundamente espiritual. Su vocación pastoril y solitaria le dio la oportunidad de meditar en las cosas de Dios y desarrollar un temperamento poético y sensible a las bellezas de la naturaleza. Su alma se refleja en sus salmos, que escribió en este período de su vida. En presencia de peligros y responsabilidades, también aprendió el valor y la confianza en Dios. Llegó a ser el rey ideal del Antiguo Testamento; su gran personalidad concilió el aspecto religioso con el secular de la monarquía hebrea. Atendía fielmente a los deberes de Dios, y era figura profética del Rey venidero, el Mesías. Ross observa que su confianza suprema en Dios es "la nota dominante de su vida", y "el rasgo que lo diferencia diametralmente de Saúl".[11]

A. David entra al servicio de Saúl (1 Samuel 16:1 — 18:5)

1. *David es ungido por Samuel* (1 Samuel 16:1-13). Dios reprendió a Samuel porque lamentó en demasía el fracaso de Saúl y actuó como si el plan divino hubiera fallado. Además, había cosas que hacer. La actividad útil es uno de los mejores remedios para la depresión. El profeta fue enviado a la casa de Isaí para ungir a uno de sus hijos como futuro rey. Por temor a Saúl, Samuel ocultó su motivo anunciando en Belén un sacrificio de acción de gracias. Luego, en la intimidad de la familia de Isaí, llamó a los hijos con el fin de ungir a uno. Es probable que todo lo que supiera la familia era que el profeta

deseaba elegir a uno de sus miembros para una obra especial; quizá para ser miembro de la escuela de profetas. Cuando los hijos de Isaí se presentaron ante Samuel, el profeta cometió el mismo error anterior de dejarse impresionar por la apariencia exterior. Pero "Jehová no mira lo que mira el hombre. . . Mira el corazón." El escogido por Dios fue el hijo de Isaí menos apreciado, pero no era una persona desarreglada. Era de gallarda apariencia y de brillantes ojos. Dice Horton: "Sus ojos eran más extraordinarios que su cabello rojizo y su cutis blanco. . . Eran las verdaderas ventanas del alma."[12] La voz interior le murmuró al profeta: "Levántate y úngelo, porque éste es." El aceite de la unción era un símbolo; Dios suplía la realidad que el aceite representaba. El Espíritu vino con ímpetu sobre David, proporcionándole bendición y dirección, y convirtiéndolo en el hombre de Dios que más tarde llegó a ser.

2. *David en la corte real* (1 Samuel 16:14-23). A medida que David recibía el Espíritu de Jehová, Saúl lo perdía. Dios castigó también la desobediencia del rey permitiendo que un espíritu malo (demonio) lo perturbara. El controla hasta las fuerzas de maldad y las usa para llevar a cabo sus propósitos. Es probable que las propias reflexiones del monarca sobre el abandono de Samuel y la pérdida del trono, lo volviesen irritable, vengativo y melancólico. David fue llevado al palacio como arpista para alejar al demonio y tranquilizar el ánimo de Saúl, pues un servidor en la corte real le hizo notar sobre el joven pastor: "Sabe tocar, y es valiente y vigoroso y hombre de guerra, prudente en sus palabras, y hermoso, y Jehová está con él" (1 Samuel 16:18). También David fue nombrado "paje de armas", lo que tal vez haya sido un mero título militar más bien que un puesto. En esos días David aprendió a amar a Saúl con un amor que nunca se apagó, aun en los años de la persecución por parte de éste.

Algunos estudiosos de la Biblia preguntan, ¿Sirvió David como músico en la corte antes de su combate con Goliat? Si es así, ¿por qué indagó Saúl sobre la familia de David cuando éste mató al gigante? (ver 17:55-58). 1 Samuel 17:15 indica que David no se quedó en el palacio, sino que volvió a Belén para apacentar las ovejas de su padre. Es posible que hubiera un largo lapso entre su primera visita a la corte real y el encuentro con Goliat. Mientras tanto, David habría llegado a ser adulto y Saúl ya no le reconocería. O tal vez ya conocía al arpista y sabía que era de Belén, pero quiso saber más acerca de su familia, ya que habría de ser su yerno.[13]

3. *David mata a Goliat* (1 Samuel 17:1 — 18:5). Los ejércitos filisteo e israelita se enfrentaron, no ya en lo alto de la meseta en el territorio de Efraín, como en la primera batalla entre Saúl y los filisteos, sino en el lado sur del valle de Ela, a unos 25 kilómetros al sudoeste de Jerusalén, no lejos de la ciudad de Gat. Pero en vez de librar batalla,

los filisteos propusieron que hubiera un combate entre campeones, práctica común en la antigüedad. Goliat tenía unos tres metros de altura, llevaba una armadura que pesaba 57 kilos, y quizá fuera descendiente de los anaceos (gigantes) que quedaron en Gaza, Gat y Asdod en el período de la conquista de Canaán (ver Josué 11:22). En esa región los arqueólogos han encontrado esqueletos de gigantes similares.

Cuando David, cargado de provisiones para sus hermanos, llegó al campamento del ejército hebreo, oyó las blasfemias y las amenazas de Goliat. Entonces se despertó en David el impulso heroico y le dijo a Saúl: "Tu siervo irá y peleará contra este filisteo." ¿Cuáles fueron los factores que le condujeron al triunfo?

a. El Espíritu ya había descendido sobre David. Aunque parecía que Saúl, el hombre más alto de Israel, fuera el más competente entre los hebreos para pelear con el gigante, no quiso hacerlo, porque cuando el Espíritu lo abandonó, también su valentía disminuyó.

b. David vio en el desafío de Goliat, no solamente un reto al ejército de Israel, sino también un reto a los ejércitos de Dios y a Jehová mismo.

c. Escogió armas que ya había probado.

d. Pero no confió en su honda y propia destreza sino en Dios. "Tu vienes a mí con espada y lanza y jabalina; mas yo vengo a ti en el nombre de Jehová de los ejércitos. . . De Jehová es la batalla." Su fe se había fortalecido al sentir la ayuda de Jehová en sus encuentros con el león y el oso. MacLaren observa: "La historia (de David y Goliat) es para siempre el modelo de la victoria de la fe sin armas, sobre lo más potente del mundo. Es la historia en miniatura de la Iglesia y un símbolo de todas las batallas libradas por Dios."[14]

El resultado inmediato de la brillante victoria de David sobre Goliat fue la derrota de los filisteos. Pero de más importancia es el hecho de que David repentinamente se convirtió en héroe popular de Israel y jefe de la guardia personal del rey, y pasó al servicio de la corte en forma permanente. Así Dios estaba preparándolo para ser el futuro rey. Mientras tanto, se trabó entre David y Jonatán una de las más nobles amistades de toda la literatura sagrada.

B. David es perseguido por Saúl (1 Samuel 18:6 — 28:2;
   29:1 — 30:31)

1. *El rey celoso y su noble hijo* (1 Samuel 18:6 — 20:42). Como líder militar, David alcanzó una victoria tras otra. Aunque el pueblo nada sabía de la unción de David, muy pronto reconoció que el Espíritu de Jehová reposaba sobre él. LLegó el día en que los israelitas le concedieron mayores honores que a Saúl. Tras el rítmico compás de los tamboriles y las palabras cantadas por las mujeres: "Saúl hirió a sus

miles, y David a sus diez miles", deben haber resonado en los oídos de Saúl las siguientes palabras: "Jehová te ha rechazado." Unos celos violentos y amargos se anidaron en su corazón, y tomaron posesión de su alma. Varias veces intentó quitarle violentamente la vida a David, pero éste siempre escapaba.

Frustrado en sus intentos directos de matar a David, Saúl recurrió a sutiles estratagemas para hacerle exponer la vida en los peligros de la batalla. Le ofreció a su hija mayor con tal de que peleara valientemente contra los filisteos. Saúl ya había prometido que daría a su hija y eximiría de impuestos al hombre que venciera a Goliat. Debido a su victoria sobre el gigante, David debía haber recibido a Merab como esposa (1 Samuel 17:25). Luego le ofreció su hija menor a condición de que matara 100 enemigos. David salió ileso de todas las maniobras concebidas para quitarle la vida, y se distinguió por sus hazañas militares contra los filisteos. La amistad con Jonatán hizo posible que David estuviera continuamente al tanto de los malvados designios del rey, y así podía escaparse del peligro. David se salvó en una ocasión, gracias a un ardid de Mical. Eran tales los niveles de moralidad, que incluso las mejores personas, tales como Mical, Jonatán y David, parecían no tener escrúpulos en mentir y engañar para salvar la vida (ver 1 Samuel 19:17; 20:28, 29; 21:2).

David huyó a Naiot, donde estaba su amigo y consejero Samuel. El Espíritu que reposaba sobre la compañía de profetas se apoderó de los mensajeros enviados para prender a David, y luego se apoderó de Saúl mismo cuando éste llegó a la presencia de los profetas.

¿Profetizó realmente el rey Saúl? (19:23, 24). No hay nada que indique que profetizó como un profeta de Dios. Es mejor traducir el término "profetizar" en esta ocasión, como "ponerse en trance profético" (ver Versión Popular y BJ). Saúl estaba en estado de excitación y es probable que hablara en un lenguage extático. Edward J. Yong comenta que el Espíritu vino sobre el rey rebelde para darle la oportunidad de arrepentirse, y la poderosa influencia del Espíritu lo dejó sin excusa.[15] Esta experiencia debía haberle recordado la ocasión anterior, cuando el Espíritu había entrado en él por primera vez, y cuánto había degenerado desde aquel entonces.

La amistad desinteresada de Jonatán con David contrasta marcadamente con la envidia diabólica de Saúl. Jonatán podría haberse sentido envidioso del joven campeón que había eclipsado su heroísmo. Aunque era heredero legítimo del trono, no tenía celos de David como rival, sino que lo amaba como a sí mismo. Dice Merrill C. Unger: "Había llegado a comprender íntimamente que la voluntad de Dios era la mejor, y que Dios había dispuesto que el rey fuera David."[16] Los dos amigos tenían mucho en común. Poseían el mismo carácter noble, valiente, santo y generoso. Su amistad se fundaba en

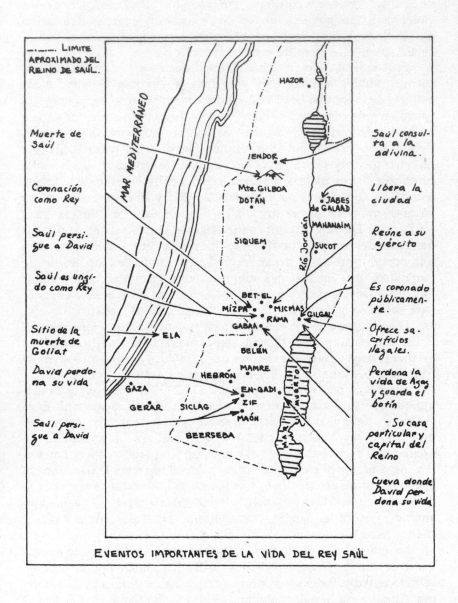

EVENTOS IMPORTANTES DE LA VIDA DEL REY SAÚL

Text labels within the map:

LÍMITE APROXIMADO DEL REINO DE SAÚL.

Muerte de Saúl

Coronación como Rey

Saúl persigue a David

Saúl es ungido como Rey

Sitio de la muerte de Goliat

David perdona su vida

Saúl persigue a David

MAR MEDITERRÁNEO

HAZOR

IENDOR

Mte. GILBOA
DOTÁN

SIQUEM

Río Jordán

JABES de GALAAD

MAHANAIM

SUCOT

BET-EL
MIZPA · MICMAS
RAMA · GILGAL
GABAA

ELA

BELÉN

MAMRE
HEBRÓN

GAZA

GERAR   SICLAG

EN-GADI
ZIF
MAÓN

BEERSEBA

MAR MUERTO

Saúl consulta a la adivina.

Libera la ciudad

Reúne a su ejército

Es coronado públicamente.

· Ofrece sacrificios ilegales.

Perdona la vida de Agag y guarda el botín

- Su casa particular y capital del Reino

Cueva donde David perdona su vida

la fe en Dios que compartían. Dios empleaba a Jonatán, tanto para proteger a David, como para animarlo en los días de adversidad. Jonatán trató de reconciliar a Saúl con David, pero no pudo. Cuando fue obvio que Saúl estaba resuelto a matar a David, los dos amigos se vieron obligados a separarse. No se vieron más el uno al otro, fuera de la ocasión en que Jonatán fue a David en Hores "y fortaleció su mano en Dios" (23:16).

Preguntas
Saúl y David (1 Samuel 16:1 — 20:42)

1. ¿Qué propósito principal en la mente del autor lo impulsó a escribir la segunda mitad de 1 Samuel? (¿Qué tema es el de esta sección?)
2. a) ¿Cuál es la importancia de David en la historia sagrada?
   b) ¿Cómo lo preparó en cierta medida la vocación de pastor?
   c) ¿Por qué fue necesario que David pasara muchos años en preparación antes de ocupar el trono?
3. a) Según el capítulo 16, ¿cuál fue el factor más importante que consideró Dios al elegir a David para suceder a Saúl? (ver 2 Crónicas 16:9).
   b) A su parecer, ¿por qué fue ungido rey David muchos años antes de que asumiera su dignidad?
4. a) ¿Qué táctica empleó Goliat para debilitar a los israelitas?
   b) Haga una comparación con las tácticas del diablo a través de los enemigos del cristianismo (ver 1 Pedro 5:8).
   c) ¿Qué vio David en el reto del gigante?
   d) ¿Qué preparación tenía David para pelear contra Goliat?
5. A la luz de la historia posterior de David, ¿cuál es la importancia de la hazaña de David en el capítulo 17? (Considere el significado del hecho en la preparación de David.)
6. a) ¿Qué medios usó Dios para contrarrestar los intentos de Saúl para destruir a David?
   b) Haga un contraste entre Saúl y Jonatán.
   c) ¿Qué componentes de la verdadera amistad ilustra la relación entre Jonatán y David?
   d) ¿Cómo se asemeja el amor de Jonatán hacia David, al amor de Cristo por nosotros?

   2. *La vida de David como fugitivo* (1 Samuel 21:1 — 23:29). David entró ahora en un largo período como proscrito, tal vez de cinco a ocho años. Fue perseguido implacablemente por Saúl, y a veces apenas había un paso entre él y la muerte. Esta fue su escuela de padecimientos. En esta época, David compuso muchos de los Salmos: los Salmos 34 y 56 celebraban su escape de las manos de los filisteos

en Gat (1 Samuel 21:10-15). Parece que compuso el Salmo 52 cuando tuvo noticias de las mentiras y crueldad de Doeg edomita; y los Salmos 7, 54, 57 y 142 pertenecen a ese período. La vida de desterrado lo obligó a depender totalmente de Dios, templó su alma haciéndola fuerte y flexible, y le dio la oportunidad de desarrollar las cualidades del liderazgo: dominio propio, suavidad, comprensión y paciencia. Rodeado de compañeros desenfrenados y temerarios, aprendió a conocer a los hombres y acumuló experiencia sobre cómo dirigirlos.

David huyó a Nob, sitio del tabernáculo, no muy lejos de Jerusalén. El sumo sacerdote, Ahimelec, nieto de Elí, vio con sorpresa al yerno del rey llegar de repente, solo y con mucha prisa. David había llegado a tal extremo, que mintió para conseguir comida y armas. El hecho de que el historiador narrara las faltas de su héroe, es evidencia de la inspiración de las Escrituras. No aprueba ni desaprueba la debilidad de David. La historia señala que David y sus hombres comieron el pan ofrecido a Dios. Jesús se refirió a este incidente para demostrar que una necesidad humana tiene prioridad sobre una ley ritual (Mateo 12:1-8: Marcos 2:23-28; Lucas 6:1-5).

Con la esperanza de que su identidad no fuera descubierta por los filisteos, David se refugió en Gat, una ciudad filistea. Pero los hombres de Gat pronto lo reconocieron como el héroe de Israel, lo prendieron y lo trajeron ante Aquis, el rey de Gat. Se escapó de la muerte fingiéndose demente. Después describió su liberación así: "Este pobre clamó, y le oyó Jehová, y lo libró de todas sus angustias" (Salmo 34:6).

De la tierra de los filisteos, David pasó a la caverna de Adulam, en las colinas situadas al oeste de Judá, cerca de la frontera filistea. Sus parientes, al saber dónde estaba, se refugiaron con él para escaparse de la ira del rey. También allí se encontró al frente de 400 hombres que acudieron a él y lo tomaron por caudillo. Estos aumentaron a 600 antes de que se retirara a Filistea (27:2). Eran los endeudados, los desterrados y los afligidos. Muchos de ellos eran personas sin carácter, sin reputación y sin esperanza. No obstante, David pasó por alto su bajeza, los guió, los contuvo cuando era necesario; y los elevó a una relación extraordinaria con él y con Dios. Mediante su relación con David, estos hombres afligidos se hicieron prudentes; los descontentos se convirtieron en personas adaptadas, leales y valientes. De esta compañía surgieron muchos de los hombres destacados del reinado de David. ¡Cómo se asemeja David a su ilustre descendiente, Jesucristo, que es capaz de tomar lo peor de nosotros y transformarnos en miembros útiles de su reino!

David pidió asilo para su familia al rey de Moab, el cual se lo concedió. Es probable que David le hiciera mención del hecho de que su bisabuela, Rut, era moabita. Luego, por indicación del profeta

Gad, David volvió al territorio del sur de Judá. Su presencia en Canaán sería tanto una expresión de su confianza en Jehová, como un motivo para que Judá apreciara más a su futuro rey.[17]

La masacre de los sacerdotes y sus familias en Nob fue el acto más despreciable de Saúl (1 Samuel 22:6-23). Con extremo pesar, David oyó el relato de la matanza sacrílega, reconociendo que hasta cierto punto tenía la culpa. A pesar de la falta de David, Dios volvió la masacre a favor de él. El sacerdote Abiatar se escapó y se juntó con el proscrito; se llevó consigo el efod,* del que se serviría David para consultar a Jehová. En adelante, David y Abiatar estarían juntos tanto en la adversidad como en la prosperidad. Con el tiempo, Abiatar llegó a ser uno de los sumos sacerdotes del reinado de David.

David y su grupo se ocupaban de proteger las vidas y la propiedad de sus paisanos. Guiados por Dios, libraron de los filisteos las eras de Keila. Es probable que en esta batalla los tres héroes de entre los hombres de David irrumpieran en el campamento de los filisteos y sacaran agua del pozo de Belén (2 Samuel 23:15, 16). David tomó posesión de Keila y se radicó allí. Pero al ser enterado de que Saúl reunía una fuerza militar para sitiarlo y al saber por el oráculo divino que los ingratos hombres de Keila lo entregarían a Saúl, David y su grupo dejaron la ciudad y volvieron a los cerros de Judá. Entonces habitaron en Zif, "un terreno quebrado, con profundos torrentes, acantilados, cavernas y lugares intransitables".[18] Esta zona comprendía la región inhóspita situada entre Hebrón y el mar Muerto. David no tenía morada fija, sino que iba de una parte a otra eludiendo los incesantes intentos de Saúl para capturarlo. Los zifitas ayudaban al rey, y David habría sido capturado en más de una ocasión si no fuera por las noticias de incursiones filisteas, las cuales desviaban los esfuerzos de Saúl. En este período, Jonatán visitó a David y "fortaleció su mano en Dios" (1 Samuel 23:16). Luego David se refugió en los altos de En-gadi.**

3. *David perdona la vida de Saúl.* (1 Samuel 24 y 26). La nobleza de David contrasta con el odio implacable de Saúl cuando se le ve perdonar la vida del rey en dos ocasiones. Así practicó el Sermón del Monte mil años antes de que viniera Cristo. Habría sido fácil interpretar las circunstancias como que Dios le había entregado a Saúl en las manos para que lo eliminara. Las peores tentaciones con que

---

*El efod al que se refiere el Antiguo Testamento es por regla general una parte de la vestidura del sumo sacerdote, pero aquí parece ser la bolsa llamada "pectoral" que contenía el *Urim* y el *Tumim*, empleados para consultar a Dios.

**El término En-Gadi significa "fuente del cabrito". Se encuentra en la zona cercana a las orillas del mar Muerto, a la altura de Zif. Aunque está rodeado de desierto muy árido y desolado, las aguas del manantial fluyen por una garganta hacia el mar Muerto produciendo vegetación abundante. También en las colinas y cuevas alrededor de la zona hay muchos escondrijos para los fugitivos.

nos ataca Satanás, son aquellas que se presentan en forma sutil e ingenua y por los conductos menos esperados. Las personas más allegadas a David lo animaron a destruir al perseguidor, y con motivos religiosos. David sentía profunda lealtad hacia Saúl a pesar de todo lo que Saúl había hecho. Tras de esta lealtad, sin embargo, existía una lealtad a Dios: no extendería su mano contra "el ungido de Jehová". Saúl reinaba todavía como rey por nombramiento divino. David temía más al pecado que a Saúl. Aunque ya fuera rey ungido, no se adelantaría a Dios; no se pondría a sí mismo en el trono. Estaba dispuesto a esperar el momento oportuno en los designios de Dios. F. B. Meyer observa acertadamente: "El hombre que pueda esperar a Dios será un hombre de poder, y los demás lo reconocerán y se doblegarán bajo su cetro."[19]

Al saber que David había perdonado su vida, Saúl se arrepintió del mal que había pensado contra David y aun reconoció que sería su sucesor (1 Samuel 24:20). Sin embargo, éste se dio cuenta de cuán superficial y pasajero era tal cambio de actitud. Se quedó en el desierto.

4. *David, Nabal y Abigail* (1 Samuel 25). Samuel murió y el duelo de "todo Israel" demuestra el gran amor y aprecio que le tenía. No habría otro gran profeta en Israel hasta el advenimiento de Elías. Samuel había fundado la monarquía y había ungido al rey más grande de la historia de Israel, pero "no vivió para verlo reinar".[20]

La historia del trato de Nabal con David nos enseña cuán difícil era vivir con 600 hombres en una región desértica e inhóspita, y cómo muchos de los hacendados deben haber mirado con reservas y casi con hostilidad a David y a su grupo. También demuestra que algunas personas como Abigail se daban cuenta de que tarde o temprano David ocuparía el trono (1 Samuel 25:30). Nabal ("insensato"), un hombre mezquino, dominante y alcohólico, no sentía ninguna gratitud por el hecho de que David y sus hombres protegieran su ganado de las incursiones de las tribus del desierto. No solamente se negó a dar provisiones a los mensajeros de David (una costumbre aceptada en aquel entonces), sino que también calificó a David y su grupo como siervos que habían huido de su amo y ahora tenían el descaro de esperar que otros los sostuvieran.[21]

El rechazo insultante de Nabal provocó en David una violenta ira. La intervención rápida de Abigail salvó a su marido y su casa de la muerte. Ella insinuó que David no era la clase de hombre que se tomaba venganza personal y egoísta, ni derramaba sangre innecesariamente. Le hizo ver que mancharía su persona y se buscaría un remordimiento perdurable si llevaba a cabo su propósito. Además, podía confiar en que Dios le hiciera justicia. Abigail empleó estas hermosas y proféticas palabras: "La vida de mi señor será ligada en el haz de los que viven delante de Jehová tu Dios, y él arrojará la vida de tus enemigos como en medio de la palma de una honda" (1 Samuel 25:29).* Convencido ya de la maldad de su propósito, David no vaciló en quebrantar su impetuoso voto.

La muerte de Nabal puede interpretarse como un ataque de apoplejía fulminante o como una doble trombosis cerebral. David no vaciló en tomar por esposa a la bella y prudente viuda de Nabal, obteniendo así una amplia heredad y ganando para su causa el apoyo de los parientes políticos de Nabal, que habitaban en Hebrón. En cambio, se ve que David estaba formando un harén, considerado en una sociedad polígama como señal de poder y riqueza. Cuando David reinó en Hebrón, tenía ya seis mujeres (2 Samuel 3:2-5). Veremos más adelante a qué crímenes y sufrimientos llevó a su familia esta práctica reprensible.

5. *David entre los filisteos* (1 Samuel 27:1 — 28:2; 29:1 — 30:31). La confianza de David en que Dios lo protegería de la mano de Saúl en la tierra de Israel parece haberse debilitado. En su desesperación, buscó refugio en Gat, ciudad de los acérrimos enemigos del pueblo de Dios. Puesto que David era considerado enemigo de Saúl y era caudillo de un fuerte grupo de hombres valientes, Aquis lo recibió ahora amistosamente como vasallo. Se le asignó a David la ciudad de Siclag, situada sobre la frontera judeo-filistea. Por fin David se sentía seguro ante la persecución de Saúl, pero, ¡a qué precio! Vivía de brutales correrías contra los enemigos de Judá y engañaba a Aquis diciendo que había saqueado a su propio pueblo. El engaño era más fácil, porque no tomaba cautivos ni dejaba sobrevivientes que podrían haber hecho revelaciones inconvenientes. Los pueblos saqueados por David eran enemigos de Judá y probablemente habían hecho muchas incursiones contra los israelitas. Una nota en la Biblia Nácar-Colunga explica: "La justicia de esta conducta hay que apreciarla según las costumbres duras de la guerra en la antigüedad."

Fue un período de alejamiento para David. No se le atribuye ningún salmo de esa época. Faltó poco para que se viera obligado a acompañar a los filisteos en su guerra contra Israel. Felizmente, la desconfianza de los jefes filisteos lo relevó de este dilema. Es improbable que hubiera peleado contra su propia nación, pero fue una equivocación haber intentado ir con ellos, y quizá esto contribuyera a que algunas tribus no lo quisieran aceptar como rey al principio.

---

*"En un saquito como el de la mirra de la esposa (Cantares 1:13) guarda Dios a los que ama y conserva su vida"[22] hermosa figura del cuidado vigilante que Dios tiene sobre la vida de su siervo. En cambio los enemigos, tales como Nabal y Saúl, serían arrojados lejos como la piedra lanzada por la honda. No es necesario que el creyente tome venganza, pues ésta corresponde a Dios y El lo hará.

Al volver a Siclag, David encontró que la población había sido reducida a escombros y cenizas. Los amalecitas, como represalia por las incursiones de David, habían aprovechado su ausencia y se habían llevado cautivas las familias de David y las de los suyos. Los hombres de David estaban a punto de apedrearlo; tan grande era su amargura. Esta fue una dura crisis en la vida de aquel caudillo. Inmediatamente su reacción fue volver de su alejamiento de Jehová. Se ve cuál era el secreto de su poder de resistencia: "Se fortaleció en Jehová su Dios" (1 Samuel 30:6). Con las indicaciones divinas, la ayuda de un joven egipcio y una marcha forzada, David logró alcanzar a los merodeadores y recuperó todo lo que había perdido, además de un gran botín que los amalecitas habían tomado de los filisteos. Demostró después su espíritu equitativo y magnánimo al entregar una porción igual a los soldados que se habían quedado con el bagaje (1 Samuel 30:23, 24). También actuó con sagacidad política cuando repartió parte del botín entre los ancianos de Judá; así preparó el camino para que lo nombraran rey.

Preguntas
La vida de David como fugitivo (1 Samuel 21:1 — 28:2; 29)

1. a) ¿Por qué permitió Dios que David fuera perseguido durante largos años por Saúl?
   b) ¿Qué bien permanente para todo el mundo resultó de los sufrimientos de David?
   c) ¿Qué experiencia amarga en la vida de usted ha producido buenos resultados?
   d) ¿Qué buenas cualidades de David resaltan durante esta época?
   e) ¿Cuál fue su acto más noble?
   f) Mencione cuatro errores que cometió David en estos años.
2. David dejó la tierra de Israel en dos ocasiones.
   a) ¿Cuál fue la debilidad que lo impulsó a acudir a los filisteos?
   b) ¿Cuáles fueron las consecuencias de su segunda estadía en Gat?
3. a) ¿Qué bien salió de la horrible masacre de Nob?
   b) ¿Qué aplicación práctica ve usted en este episodio?
4. a) ¿Cómo empleó Dios a los filisteos para salvar a David de la muerte?
   b) Haga una aplicación espiritual.
5. a) Señale las buenas cualidades de Abigail.
   b) ¿Cuál es el gran principio espiritual que presentó Abigail en sus argumentos ante David?
6. a) ¿Qué convicciones llevaron a David a perdonarle la vida a Saúl?
   b) ¿Qué luz arroja la actitud de David sobre las situaciones en que la iglesia tiene un pastor con defectos de carácter?

c) Haga una lista de las cosas que Saúl había hecho para impedir que David fuera rey y demuestre cómo fue preparado David para llegar a ser un buen rey.

C. Fin de Saúl (1 Samuel 28:3-25; 31:1 — 2 Samuel 1:27)

1. *Saúl y la adivina de Endor* (1 Samuel 28:3-25). El reinado de Saúl ahora se acercaba a su trágica conclusión. Por largos años la misericordia de Dios había esperado el arrepentimiento del voluntarioso rey, pero en vano. Los filisteos ya se habían dado cuenta de que Saúl había perdido mucha de su energía militar. Además, desde que David se vio obligado a huir de Saúl, a Israel le faltaba su dirigente militar más capaz. Con el transcurso de los años, volvieron a hacer incursiones en Israel. Ahora decidieron hacer un gran esfuerzo para destruir a Saúl y restablecer su dominio sobre los hebreos. Con un ejército formidable entraron en la llanura de Esdraelón (Jezreel) y acamparon en Sunem. Saúl tomó una posición opuesta en el Monte Gilboa.

Al ver el enorme campamento filisteo, Saúl se dio cuenta de que su situación era grave y se angustió. Trató de obtener instrucciones de Jehová con todos los medios conocidos, pero Dios no le contestó. No se le ocurrió la idea de que tenía que arrepentirse para volver a estar en contacto con Dios. Entonces recurrió a una médium para recibir información sobrenatural, a pesar de que había tratado de exterminar a todos los que practicaban la nigromancia.* Guillermo Deane comenta: "¡A qué profundidad de degradación moral debe haber descendido para pensar en arrancar del infierno los informes que el cielo había rehusado proporcionarle!"[23] Fue pobre el consuelo que recibió en la consulta espiritista, pues llegó al conocimiento de que al día siguiente Jehová entregaría a Israel en manos de los filisteos, y él y sus hijos perecerían. Esta fue la última razón por la cual Saúl fue desechado (1 Crónicas 10:13, 14). El historiador inspirado narra el episodio con una maestría digna de un gran dramaturgo.

¿Volvió Samuel realmente del Seol, el lugar de los muertos? La parábola del rico y Lázaro (Lucas 16:19-31) parece enseñar que es imposible que los espíritus de los difuntos puedan regresar. Sin embargo, hay indicaciones de que fue Samuel mismo quien se manifestó a la adivina. Ella vio algo inesperado, algo tan sobrenatural que se asustó y gritó. También, el mensaje parece corresponder al estilo del profeta. Muchos comentaristas, tanto evangélicos como

---

*La ley mosaica prohibía terminantemente toda forma de espiritismo y hechicería (Levítico 19:31; 20:6, 27; Deuteronomio 18:10-14). Estas prácticas cananeas continuaban en Israel porque elementos cananeos quedaron en Palestina. La Biblia no niega que haya espíritus que se comuniquen con los hombres, pero es probable que sean demonios que se disfrazan como los espíritus de los difuntos. Así que el espiritismo es un cruel engaño y un pecado grave (ver 1 Timoteo 4:1; Apocalipsis 21:8).

católicos, creen que Dios intervino enviando el espíritu de Samuel a Saúl para recordarle su pecado del pasado y anunciarle el juicio que se avecinaba. Sin embargo, fue un caso especial, un milagro de Dios, y no la obra de una pitonisa. Saúl no dio ninguna muestra de arrepentimiento, sino que, con desesperación estoica, fue a encontrar su destino.

2. *La muerte de Saúl* (1 Samuel 31:1 — 2 Samuel 1:27). Cuando los filisteos atacaron el ejército de Israel, la batalla no tardó en decidirse. Bien pronto los guerreros hebreos fueron vencidos, el valiente Jonatán y dos de sus hermanos cayeron al lado de Saúl, y el propio rey fue alcanzado por los flecheros enemigos. En su muerte, se rebeló contra su destino quitándose la vida. El suicidio era considerado como algo aborrecible en Israel. El Antiguo Testamento menciona sólo tres israelitas que recurrieron a este medio: Saúl, Ahitofel (2 Samuel 17:23) y Zimri (1 Reyes 16:18). Los filisteos decapitaron a Saúl y colocaron tanto su cuerpo como los de sus hijos en el muro de Betsán. Luego, ocuparon la parte central de Palestina, al oeste del Jordán, por lo que Is-boset se vio obligado a permanecer en Transjordania. Aquí se ven las consecuencias tristes de la obstinación obcecada de Saúl.

Saúl nunca fue un hombre espiritual; no entendió la voluntad de Dios ni se entendió a sí mismo. Era impetuoso, se volvió orgulloso y desobediente y tuvo en poco los consejos de su mejor amigo, Samuel. Tal vez su peor error fue guardar una envidia diabólica contra David. En cambio, fue un buen caudillo, condujo a su pueblo muchas veces a la victoria y nunca llevó a Israel a la idolatría.

A David no le agradaron las noticas de la muerte de Saúl; sintió profunda congoja. No queda en claro si el amalecita le dio realmente el golpe de gracia al rey moribundo o inventó el relato para congraciarse con David. En vez de ser recompensado, como esperaba, fue ejecutado por haber dado muerte al ungido de Jehová. David expresó su pesar componiendo una hermosa elegía, o canción funeraria, en honor de Saúl y de su hijo Jonatán.

IV. David
(2 Samuel 2 — 24)

A. *Guerra civil* (2 Samuel 2 — 4)

1. *David es ungido rey sobre Judá* (2 Samuel 2:1-7). La muerte de Saúl y Jonatán allanó el camino para entronizar a David en Judá. David ya era persona bien conocida en todos los clanes de esta tribu, había protegido los intereses de los propietarios y compartía con ellos el botín obtenido en las correrías contra sus enemigos. Sin embargo, las otras tribus, no conociéndolo muy bien, desconfiaban de él; David

tuvo que esperar más de siete años antes de reinar sobre toda la nación. Por indicación divina se radicó en Hebrón, ciudad de los parientes políticos de su esposa Abigail. Su primer acto oficial como rey fue felicitar a los hombres de Jabes de Galaad por haber recuperado el cuerpo de Saúl y haberlo sepultado con honor. Este mensaje demuestra tanto la generosidad de David como su sagacidad política para reconciliarse con los admiradores de Saúl.

En aquellos momentos, David tenía aproximadamente 30 años de edad, había sido purificado por la adversidad y preparado por sus variadas experiencias para ocupar el trono. Joab fue su capitán destacado, el profeta Gad su consejero, y el sacerdote Abiatar consultaba a Dios a su favor.

2. *Conflicto entre Judá e Israel* (2 Samuel 2:8 — 3:5). Tan pronto como Abner, el primo hermano de Saúl y general de Israel, pudo restablecer el orden en la nación dispersada por los filisteos, instaló a Is-boset, el débil hijo de Saúl, en el trono. Sin embargo, Abner era el verdadero dirigente de las diez tribus (ver 3:12-21). Parece que Abner, al igual que Saúl, estaba más preocupado por sus propios planes y deseos, que por la voluntad de Dios, pues ya sabía que David era el elegido de Dios (2 Samuel 3:9, 10, 18). Mahanaim, en Transjordania, le servía de capital, porque la región situada al oeste del Jordán y al norte de Judá estaba en gran parte en manos de los filisteos. Aparentemente, los filisteos no temían a Is-boset, y probablemente consideraran que David era vasallo de Aquis o, por lo menos, eran amigos. De todos modos, permitían que existieran los dos reinos hebreos.

El sangriento combate de Gabaón entre guerreros escogidos de los ejércitos respectivos de Joab y Abner fue el comienzo de una "larga guerra" civil. La guerra consistió probablemente en escaramuzas y no en batallas decisivas. Abner se ganó el implacable odio de Joab al verse obligado a matar a Asael, hermano de éste. A través de los años de intermitente conflicto, "David se iba fortaleciendo, y la casa de Saúl se iba debilitando" (2 Samuel 3:1).

Abner entró en relaciones con Rizpa, concubina del difunto rey Saúl, acto que equivalía a demostrar pretensión por el trono (cf. 2 Samuel 16:21, 22; 1 Reyes 2:22). Algunos estudiosos suponen que Abner lo hizo para desprestigiar a Is-boset y suplantarlo, pero es más probable que al ver que David iba a ganar la guerra, Abner buscara un pretexto para romper con Is-boset y pasarse al lado de David, con la esperanza de ser recompensado con un puesto de importancia en su reino.

Al llamarle Is-boset la atención, Abner reaccionó violentamente. Se comunicó con David y le ofreció el apoyo de todo Israel. David estaba dispuesto a aceptar la propuesta de Abner a condición de que

Mical, la hija de Saúl, le fuera devuelta como esposa. Su petición fue concedida, y ahora David podía presentarse nuevamente como el yerno de Saúl y continuador de su casa; así reafirmó sus derechos al trono. Fue un paso importante para conseguir el apoyo de Benjamín, la tribu de Saúl. El hecho de que Is-boset accediera a la petición de David, demuestra que Abner manejaba al débil rey a su antojo.

Joab puso en peligro la unificación del reino asesinando a Abner. Es probable que lo matara, tanto para tomar venganza por la muerte de su hermano Asael, como para quitar de en medio un posible competidor para el puesto de comandante en jefe del ejército. Poco después, Is-boset fue asesinado también. David puso de manifiesto su inocencia en cuanto a la muerte de Abner y maldijo a Joab;* también ejecutó inmediatamente a los homicidas de Is-boset. Así quitó sospecha de que fuera el instigador de los crímenes. David no se rebajaría a conspirar para obtener el trono de Israel. Aún después de la muerte de Is-boset, David no hizo nada para tomar las riendas de la nación, sino esperar. Is-boset reinó solamente dos años y transcurrieron siete años y medio entre la muerte de Saúl y la ascensión de David al trono de todo Israel (2 Samuel 5:5). Alguien ha dicho: "Aquella persona que Dios adelanta no necesita recurrir a crímenes para avanzar su causa."

Preguntas
El fin de Saúl y la guerra civil
(1 Samuel 28:3-25; 31:1 — 2 Samuel 4:12)

1. a) ¿Por qué Dios no le contestó a Saúl por medio del Urim, de sueños o de profetas?
   b) ¿Por qué muchos estudiosos de la Biblia piensan que Samuel se manifestó realmente en la casa de la pitonisa?
   c) ¿Cuál debe ser la actitud cristiana en cuanto al espiritismo y al ocultismo? (Apoye su respuesta con las Escrituras.)
   d) ¿Es pecado consultar el horóscopo? ¿Por qué?
2. a) Haga una lista de la tristes consecuencias de la obstinada desobediencia de Saúl que se ven en esta sección de la Biblia (1 Samuel 28 — 2 Samuel 4).
   b) ¿Cuáles fueron las virtudes de Saúl como rey de Israel?
3. a) Dé dos razones que expliquen por qué David fue recibido como rey en Judá.

---

*En estas circunstancias, David no actuó como hubiera debido, sino que dejó el castigo a Dios. Sin embargo, en el lecho de muerte mandó a su hijo Salomón que ajusticiara al criminal. Le habría sido difícil ejecutar a quien había sido su compañero de armas durante los días de destierro y ahora era su leal capitán.

b) Al estudiar 2 Samuel 2 — 4, indique dos posibles razones por las cuales David no fue aceptado como rey en todo Israel al principio.

c) ¿Cuál fue la actitud de los ancianos de Israel hacia David? (2 Samuel 3:17, 18).

4. a) ¿Cuál es la gran cualidad de liderazgo que se ve en David? (ver 2 Samuel 1 — 4).

b) Mencione tres incidentes que la manifiestan.

c) ¿En cuál incidente se mostró algo débil?

d) Haga un paralelo entre la debilidad de David y su contrapartida en el ministerio cristiano.

e) Indique el versículo que arroja luz sobre la reacción de los israelitas en general a la conducta de David.

5. a) ¿Cómo era el carácter de Abner? (Mencione más de dos rasgos.)

b) ¿Cuál fue probablemente el motivo de Abner al tomar a Rizpa como concubina?

c) ¿Qué significaba en el antiguo Israel tomar una mujer del harén real?

B. David como rey de todo Israel (2 Samuel 5 — 10)

1. *David coronado rey de todo Israel* (2 Samuel 5:1-5). La fe y la paciencia de David fueron recompensadas cuando una delegación oficial que representaba a todo Israel vino a pedirle que reinara sobre la nación entera. Así reconocían que David era un verdadero hebreo entre los hebreos, que había demostrado su capacidad militar librándolos de los enemigos, y que Dios mismo lo había elegido príncipe sobre Israel. Samuel había ungido a David muchos años antes. Ahora el pueblo lo ungió por segunda vez, dando así su asentimiento a lo que Dios había hecho ya. Se celebró la coronación del rey con una gran fiesta llena de regocijo (1 Crónicas 12:38-40).

David hizo un acuerdo solemne y obligatorio ante Jehová en Hebrón, probablemente conforme a las palabras de Deuteronomio 17:14-20. Ambas partes declararon y aceptaron su responsabilidad bajo la dirección divina, y la historia posterior demuestra que consideraban que Dios era el verdadero Rey y gran Pastor. El secreto de la grandeza de David como rey se encuentra en estas palabras: "Y entendió David que Jehová le había confirmado por rey sobre Israel, y que había engrandecido su reino por amor de su pueblo Israel" (2 Samuel 5:12). David era simplemente el administrador. Su obra consistía en ser pastor subordinado de su pueblo ("Tú apacentarás a mi pueblo"), preocupándose más del bien del rebaño, que del suyo propio. La actitud del nuevo rey nos propociona un modelo para gobernantes, políticos y pastores de congregaciones (Romanos 12:1-6; 1 Pedro 5:2-4).

2. *David toma Jerusalén y la convierte en la capital de Israel* (2 Samuel 5:6-12). La fortaleza de Jerusalén había sido el baluarte inexpugnable de los cananeos, y su último vestigio de poder en el país. Pero los jebuseos subestimaron el genio militar de David cuando se mofaron con estas palabras: "Tú no entrarás acá, pues aun los ciegos y los cojos te echarán." Si la traducción "canal" (5:8) es correcta,* entonces las tropas israelitas entraron por el canal subterráneo construido por los jebuseos para proveerse de agua de la fuente de Gihón. Joab fue el primero que subió y así ganó el puesto de comandante en jefe de Israel. Recibió el nombre de Sion (ciudad de David) la acrópolis, o sea, la parte más fortificada de la ciudad.

No se puede sobreestimar la importancia de trasladar la capital del reino de Hebrón a Jerusalén y de hacerla el centro político y religioso de la nación. La ubicación central de Jerusalén en Israel, su situación neutral entre las tribus rivales de Judá y Benjamín, su defensa natural (difícil de tomar y fácil de defender) y su fuente de abundante agua, se combinaban para hacerla la más sabia decisión posible como capital del reino unido. En aquel lugar, David estableció un gobierno firme para que la religión verdadera pudiera vivir y prosperar. Esta elección es una de las mejores manifestaciones de la previsión y la sagacidad de David.

Al tomar la fortaleza de los jebuseos y convertirla en capital, David comenzó un programa de construcción de obras públicas, edificando un palacio en Jerusalén. El hecho de que Hiram, el rey de la poderosa y bien conocida ciudad comercial fenicia de Tiro, haya enviado embajadores a Jerusalén y haya mandado maderas y obreros para construir el palacio de David, demuestra que David había ganado el reconocimiento y el respeto de los extranjeros.

3. *David traslada el arca de la alianza a Jerusalén* (2 Samuel 6, 7). David comprendía que ninguna otra cosa podría unificar la vida nacional como la religión, y que el culto a Jehová debía ser el centro de la vida nacional. Por esto decidió traer el arca del pacto, símbolo de la presencia de Dios, a Jerusalén. Unos 80 años antes, los filisteos habían alcanzado una victoria abrumadora sobre Israel y habían capturado el arca, pero luego la devolvieron. El mueble más sagrado de Israel se quedó en Quiriat-jearim (Baala) pueblo ubicado a unos 12 kilómetros al noroeste de Jerusalén. Así fue relegada a un lugar secundario. Saúl nunca había mostrado interés por el arca.

Con música y júbilo, el arca fue llevada en la primera etapa del viaje a Jerusalén. Luego ocurrió un trágico acontecimiento. ¿Por qué

---

*El célebre arqueólogo W. F. Albright creía que el verdadero sentido de la palabra "canal" es "garfios de abordaje", aparatos que harían posible el escalamiento de las murallas. Sin embargo, muchos eruditos sostienen que se habla aquí de un canal verdadero.

JERUSALÉN EN LA ÉPOCA DEL REY DAVID.

Dios castigó tan severamente a Uza? El arca debía haber sido transportada mediante varas, a hombros de levitas, y los levitas que la transportaran no debían tocarla (Números 4:15). Esta ley no era arbitraria. Tenía el fin de enseñarle al pueblo de Israel reverencia por la infinita santidad de Jehová. Además, Israel comenzaba una nueva era. Si se comenzaba en forma errónea, podría suceder que todo el curso de su relación con Dios tomase paulatinamente una dirección equivocada. El caso del juicio sobre Ananías y Safira al comienzo de la era de la Iglesia constituye una advertencia similar. La lección práctica del acontecimiento es que Dios exige que actuemos según su Palabra; las mejores intenciones no son substituto para la obediencia, ya sea en el culto o en la vida moral.

El incidente de Uza atemorizó a David y a todos los presentes. El arca fue dejada en la casa de Obed-edom. Pero Dios bendijo a esta familia, para enseñar a David que su deseo de llevar el arca a Jerusalén no era malo en sí. La misma arca que provocó el juicio de Uza podía traer grandes bendiciones a los demás. David investigó en las Escrituras Sagradas, como queda demostrado por el hecho de que cuando hizo transportar el arca a Jerusalén, dio instrucciones bíblicas referentes a la manera de hacerlo (1 Crónicas 15:2).

La gozosa participación de David en el acto de llevar el arca a Jerusalén y su deseo por la manifestación de la presencia y gloria de Dios, revelan la profundidad espiritual de su corazón. Se olvidó de su dignidad y rango y rindió culto a Dios danzando, vestido solamente con una túnica corta de sacerdote. Los Salmos 15, 24 y 132 parecen haber sido inspirados por las experiencias de David en esta época. La reacción censora de Mical a la danza de David, es típica de los que no entienden la expresión externa de una experiencia espiritual profundamente emotiva (Lucas 19:37-40): parece que, o son tibios espiritualmente y son incapaces de experimentar profundos sentimientos religiosos, o consideran que estos no deben ser expresados abiertamente. Mical fue castigada con la esterilidad perpetua, la suprema tragedia para la mujer hebrea.

4. *David sostiene numerosas batallas y forma un imperio* (2 Samuel 5:17-25; 8:1-18; 10:1-19). Durante los reinados de David y Salomón (en los siglos XI y X a.C.), Israel estableció el más poderoso reino de su historia. Ni antes ni después tuvo tan extensas fronteras ni se ganó tanto respeto de las otras naciones. En una serie de guerras, David conquistó a los enemigos de Israel: filisteos, cananeos, moabitas, amonitas, arameos, edomitas y amalecitas. Extendió su dominio desde la frontera con Egipto y el golfo de Acaba hasta las regiones del Eufrates. Sin embargo, el escritor inspirado nos proporciona pocos detalles acerca de estas conquistas, y mantiene silencio casi absoluto sobre las relaciones diplomáticas de David con los pueblos vecinos.

La arqueología y la historia secular nos enseñan que tal expansión de Israel fue posible en gran medida a causa de la debilidad de las grandes potencias del río Nilo y de los valles del Eufrates.

Cuando David fue coronado rey de todo Israel, los filisteos inmediatamente lanzaron su ejército sobre la región que servía de enlace entre Judá y las otras tribus; querían deshacer la unión de los dos reinos. Con la ayuda de Jehová, David los derrotó en dos ocasiones tan decisivamente, que nunca más constituyeron una amenaza seria para Israel. La conquista de Edom le dio a David una valiosa fuente de mineral de hierro y cobre para fabricar armas, pues el desierto Arábico que se extiende hacia el sur del mar Muerto y hasta el golfo de Acaba, era rico en estos minerales. Así el monopolio filisteo del hierro quedó roto.

Los 600 guerreros originales de David aparentemente eran el grupo básico de su ejército y algunos de ellos eran conocidos como los "valientes" (2 Samuel 23:8-39; 1 Crónicas 11:10-47). David mantenía un ejército activo de 24.000 soldados, cambiándolos cada mes (1 Crónicas 27:1-15). Es decir, tendría alrededor de 280.000 guerreros adiestrados y listos para salir en breve a la batalla. Su guardia personal estaba formada por mercenarios extranjeros, originarios probablemente de Filistea y Creta (2 Samuel 8:18; 15:18; 20:7). Muchos reyes preferían tener mercenarios extranjeros como guardia personal, porque eran menos propensos a participar en intrigas nacionales, que los soldados del lugar. Los mercenarios de la guardia personal de David siguieron siéndole fieles en la sublevación de Absalón (2 Samuel 15:18), mientras que el grueso del ejército hebreo se volvió contra su monarca.

Dos veces el historiador sagrado afirma que "Jehová dio la victoria a David por dondequiera que fue" (2 Samuel 8:6, 14). David reconoció también que la mano divina lo libró de sus enemigos (ver Salmos 110; 60:6-12; 108:7-13; 68:18; 2 Samuel 22:20 y 21). Le consagró a Jehová el oro y la plata tomados de las naciones dominadas o lo que fuera recibido como tributo; así se reunió un rico tesoro para el futuro templo (2 Samuel 8:10, 11). No existe evidencia alguna de que David provocara siquiera una de las guerras: eran mayormente guerras defensivas.

Sin embargo, David era mucho más que un gran libertador de su pueblo; era también un gran gobernante. "Administraba justicia y equidad a todo el pueblo" (2 Samuel 8:15), y su gobierno prefigura el del Mesías (ver Isaías 11:3-5).

5. *David se propone edificar un templo a Jehová. El pacto davídico* (2 Samuel 7). David expresó su noble preocupación por el hecho de que el arca se encontraba en una tienda, mientras que él vivía en un palacio. David había preparado en Jerusalén una tienda de campaña

para el arca (2 Samuel 6:17). El tabernáculo todavía permanecía en Gabaón (2 Crónicas 1:3). David deseaba edificar un edificio permanente para el culto. Natán lo animó a comenzar inmediatamente, razonando que Jehová lo había acompañado en todas sus empresas y seguramente lo acompañaría en la realización de un plan tan digno. Sin embargo, en la noche Dios le informó al profeta que la construcción del templo quedaría pospuesta hasta que el hijo de David fuese establecido en el trono.

Aunque no se le permitía a David hacer el trabajo que quería, Dios le concedió bendiciones mucho mayores: "Yo afirmaré para siempre el trono de su reino. . . Tu trono será estable eternamente" (versículos 13 y 16). La promesa de establecer permanentemente la dinastía de David es conocida con el nombre de "pacto davídico", y se cumple en el reino del Mesías (Lucas 1:31-33; Hechos 2:29-32; 15:14-17). El Mesías sería descendiente de David y su reino sería eterno. Es la doctrina más importante que se encuentra en los libros históricos y ha servido como base al mesianismo real a través de la Biblia (ver Salmos 89:3, 4, 26-37; 132:11, 12; Hebreos 1:5).

La profecía mesiánica se encierra en la promesa concerniente a Salomón, el cual edificaría el templo. Aunque la desobediencia en la línea real sería castigada, el pacto no sería abrogado ni sería cortado el descendiente culpable, como en el caso de Saúl.

¿Por qué no permitió Dios que David edificara el templo? Era guerrero y había derramado mucha sangre (1 Crónicas 22:8). Dios le había dado muchas victorias para que hubiera paz en el reinado de Salomón, y éste lo edificara. Al recibir las profecías de boca de Natán, David prorrumpió en una hermosa plegaria de adoración y acción de gracias.

6. *Bondad de David con Mefi-boset* (2 Samuel 9). Aunque el nombre de David era ahora grande, y bien conocido entre las naciones del Medio Oriente, no se olvidó de la amistad de Jonatán y del pacto que había hecho con él. Era costumbre de los reyes orientales ejecutar a todas las personas que tuviesen alguna posibilidad de reclamar el trono. Pero David, como pastor de su pueblo, buscaba la manera de mostrar misericordia a los sobrevivientes de la casa de Saúl. Cuando encontró a Mefi-boset,* hijo de Jonatán, lisiado de los pies, le restauró los terrenos y bienes de Saúl, y le dio un lugar en la mesa real, ofreciéndole amistad y honor ante todo Israel.

---

*El nombre de Mefi-boset ("el que esparce verguenza") fue originalmente (Merib-baal) ("el Señor (Baal) recompensa"), 1 Crónicas 8:34; 9:40. En la época anterior a la de Samuel, se fusionaron la religión cananea y la de Jehová hasta el punto de que el nombre Baal sustituyó el título divino Adonai ("Señor"). Es probable que los historiadores cambiaran en las Escrituras nombres tales como Is-baal a Is-boset y Merib-baal a Mefi-boset, para quitar de ella el detestado nombre de Baal.

Cómo se asemeja Mefi-boset a la humanidad redimida por Jesucristo. Nacido príncipe, quedó lisiado a consecuencia de una caída y vivió en la obscuridad, aislado de privilegios que podrían haber sido suyos. Fue buscado y restaurado a todos los beneficios de la familia del rey. ¡Qué cuadro tan hermoso de la gracia divina!

7. *David contribuye notablemente a la religión verdadera.* El rey-pastor de Israel tenía talento poético y lo dedicó a Dios de tal manera que muchos de sus salmos han enriquecido el culto a Dios a través de los siglos. Era un hombre que tenía grandes experiencias con Dios, alguien dotado de todas las emociones en alto grado. Tenía una fe tan profunda, que su literatura devocional sirve hoy en día para que el pueblo de Dios exprese ampliamente sus más hondas emociones espirituales. Su concepto de Dios no es del Dios abstracto de los filósofos, sino el Dios personal, presente, "nuestro pronto auxilio en las tribulaciones". Algunos de sus salmos son mesiánicos; otros, como el Salmo 23, expresan una fe sublime, y el Salmo 51 es la expresión más genuina del alma penitente.

David contribuyó mucho a dar a la música un papel importante en el culto (1 Crónicas 25:1, 2, 6). Es llamado "el dulce cantor de Israel" (2 Samuel 23:1). Tenía aptitudes superiores para la música, y le dio un lugar prominente en la adoración a Dios. Empleaba instrumentos de música y organizó coros de cantores que presentaban un culto de alabanza agradable a Dios.

Preguntas
David como rey de todo Israel (2 Samuel 5 — 10)

1. a) Analice las razones por las cuales los ancianos le pidieron a David que fuera rey de todo Israel (2 Samuel 5:1, 2). A su parecer, ¿cuál es la más importante de ellas?
   b) La expresión "apacentar" (5:2) se refiere a la obra de un pastor de ovejas. Haga una comparación entre la obra de un rey y la de un pastor de ovejas.
   c) ¿Cuál es la gran diferencia entre la actitud de David hacia su nuevo cargo y la que tenía Saúl hacia su dignidad?
2. a) Exponga las ventajas que tenía Jerusalén como capital de Israel.
   b) Haga una comparación de varias analogías entre la toma de Jerusalén por David y la toma del corazón humano por Jesucristo. (Ver 2 Crónicas 10:4, 5.)
3. a) ¿Cuál fue la importancia de traer el arca a Jerusalén?
   b) ¿Qué lección quería enseñar Dios a Israel hiriendo a Uza? (Ver 1 Samuel 6:19; Números 4:15.)
   c) ¿Cuál bien trajo este juicio de Dios? (Ver 1 Crónicas 15:2, 4-15.)
   d) ¿Cómo enseña Dios hoy la misma lección que le quería enseñar a David cuando hirió a Uza?

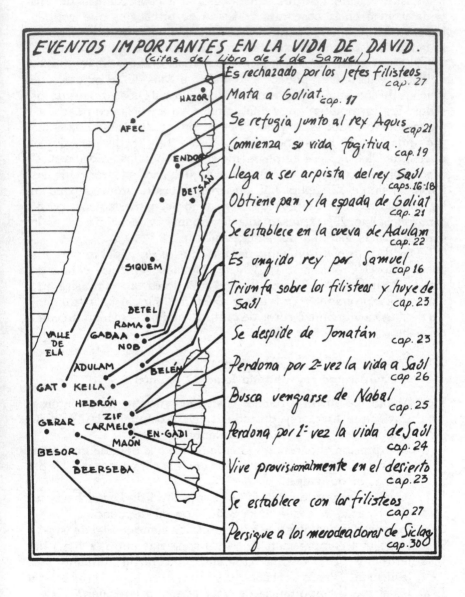

EVENTOS IMPORTANTES EN LA VIDA DE DAVID.
(citas del Libro de 1 de Samuel)

Es rechazado por los jefes filisteos cap. 27

Mata a Goliat cap. 17

Se refugia junto al rey Aquis cap 21

Comienza su vida fugitiva. cap. 19

Llega a ser arpista del rey Saúl caps. 16-18

Obtiene pan y la espada de Goliat cap. 21

Se establece en la cueva de Adulam cap. 22

Es ungido rey por Samuel cap 16

Triunfa sobre los filisteos y huye de Saúl cap. 23

Se despide de Jonatán cap. 23

Perdona por 2ª vez la vida a Saúl cap 26

Busca vengarse de Nabal cap. 25

Perdona por 1ª vez la vida de Saúl cap. 24

Vive provisionalmente en el desierto cap. 23

Se establece con los filisteos cap 27

Persigue a los merodeadores de Siclag cap. 30

HAZOR
AFEC
ENDOR
BETSÁN
SIQUEM
BETEL
RAMA
VALLE DE ELÁ
GABAA
NOB
ADULAM
BELÉN
GAT
KEILA
HEBRÓN
ZIF
GERAR
CARMEL
EN-GADI
MAÓN
BESOR
BEERSEBA

e) Note la danza de David ante el arca (2 Samuel 6:14). ¿Dónde, en las Escrituras, se encuentra la danza como expresión de adoración? Comente sobre la danza como forma de prestar culto a Dios. ¿Se encuentran casos de danzas dentro del patio del tabernáculo o del recinto del templo?

f) ¿Qué enseña acerca del carácter de Mical su reacción contra la danza de David?

4. a) Utilice el mapa para seguir el camino de las campañas de David. ¿Qué motivos señala el historiador para el éxito de David?

b) ¿En qué se diferencia la finalidad del botín de las guerras de David y el uso que Saúl quería hacer del botín que él tomó?

c) ¿Qué enseña acerca de David su trato con las imágenes de los dioses de los filisteos? (Ver 5:21.)

5. a) ¿Por qué Dios no le permitió a David edificar un templo en Jerusalén?

b) Al principio, Natán le dio permiso a David para construir el templo (7:3). ¿Falló en esta ocasión su don de profecía? Explíquelo.

c) ¿Cuál fue la gran promesa que Dios le hizo a David en esta ocasión?

d) ¿Qué revela la oración que hizo David después de recibir la promesa?
1) acerca de sí mismo y 2) acerca de su relación con Dios

6. a) ¿Qué hizo David para mostrar su amor a Jonatán?

b) Haga una comparación entre Dios Padre y David en cuanto a su trato con Mefi-boset.

7. ¿Cuáles fueron las contribuciones de David a la religión de Jehová?

C. Pecado y arrepentimiento de David (2 Samuel 11, 12)

Así como los primeros diez capítulos de 2 Samuel describen los logros y la fama de David, estos dos capítulos narran con igual franqueza su vergüenza y las consecuencias. Ningún biógrafo secular de aquel entonces prestaría tanta atención a los fracasos de un gran personaje. La Biblia, sin embargo, da evidencia de su inspiración divina presentando a sus héroes tal cual son. Eran personas como nosotros, empeñadas en la misma lucha contra el pecado, y la Biblia nos permite aprender lecciones espirituales a través de sus fracasos así como por sus victorias. Además, la triste historia del pecado de David pone de relieve el alto aprecio que los israelitas tenían por el hogar y por la pureza de la familia.

1. *La caída de David* (2 Samuel 11). La guerra amonita-aramea sirve de escenario al pecado de David. El rey había llegado al apogeo de su poder cuando cayó trágicamente. Podía vencer los ejércitos de las naciones que estaban alrededor de él, pero fue derrotado por su

propia pasión desenfrenada. Desde la altura de su palacio cierta tarde, David vio una hermosa mujer bañándose. En vez de quitar la vista de lo prohibido, miró con curiosidad malsana hasta que se despertó su concupiscencia. Luego se puso en marcha una cadena de acontecimientos que lo condujeron a cometer adulterio y asesinato. Betsabé era hija de Eliam, uno de los "valientes" de David, y nieta de Ahitofel, consejero del rey (2 Samuel 11:3; 23:34). No queda en claro si ella sedujo deliberadamente a David, pero al menos, se comportó imprudentemente.

Cuando David trató de ocultar su adulterio, un pecado condujo a otro. El acto más cruel fue enviar con su esposo, el valiente Urías, su propia sentencia de muerte. El crimen parece aún más repugnante porque Urías, mercenario de David, le era fiel y tan noble que no quiso pasar una noche en su casa mientras que los israelitas estaban en campaña. Murió sin saber que era víctima de un engaño, y recibió recompensa en la eternidad. A David le pareció que nadie conocía su crimen y no lo confesó. Sin embargo, el Salmo 32 revela que le dolía la conciencia, gastando sus huesos con continuo gemido.

¿Cuáles fueron los factores que contribuyeron a la caída de David? En primer lugar, había pasado por alto el mandato que prohibía que el monarca tomara para sí muchas mujeres (Deuteronomio 17:17). Ya tenía seis esposas legítimas y varias concubinas. La poligamia por lo general lleva a la intemperancia. Otro factor fue que al parecer, estaba descuidando sus deberes. Su lugar estaba en la línea de batalla, pero prefería quedarse en su palacio y estar cómodo. Hay un refrán que dice: "La ociosidad es la madre de todos los vicios." De cualquier manera, David no podía culpar a nadie sino a sí mismo.

2. *Natán lleva a David al arrepentimiento* (2 Samuel 12). Había pasado un año y le parecía a David que había evitado toda consecuencia de su crimen. Luego Dios le envió un profeta para llevarle al arrepentimiento. Con una parábola sencilla hizo comprender Natán a David la enormidad de su pecado. Hizo que el verdadero pecador pronunciara sentencia sobre sí mismo.* Le reveló en el espejo de su propio juicio el cuadro de su egoísmo despiadado. También le señaló cómo Dios había hecho rey al pobre pastor y le había dado todo lo que había deseado, y como él lo había recibido con ingratitud malvada.

David reconoció inmediatamente su pecado, confesándolo con contrición profunda y buscando limpieza y un nuevo corazón. Se

---

*David dijo que el hombre rico de la parábola debía pagar la cordera con "cuatro tantos" (12:6), porque según la Ley, la pena por el robo de una oveja que había sido degollada o vendida, era el cuádruple (Exodo 22:1).

nota su dolor en el "salmo de los sollozos", el Salmo 51. Aunque la ley exigía la pena capital, David fue perdonado de su culpa. Sin embargo, había manchado su personalidad, puesto en peligro los cimientos del reino y dado a sus enemigos la ocasión de blasfemar. Por lo tanto, sería castigado. La espada no se apartaría de su casa. Pagó los "cuatro tantos" por haber asesinado a Urías, pues cuatro de sus hijos murieron prematuramente: el niño nacido de su adulterio falleció casi inmediatamente, Amnón fue muerto por Absalón, Absalón por Joab, y Adonías por Salomón. También se repitió en dos de sus hijos la inmoralidad que David había cometido, con la diferencia, en el caso de Absalón, de que David tomó en secreto a la mujer de otro, mientras Absalón entró a las concubinas de su padre delante de todo Israel. El pecado en el siervo de Dios es siempre motivo de la disciplina divina (1 Corintios 5:1-5; 11:30-32; Hebreos 12:3-11).

La reacción de David ante la muerte del niño señala claramente su esperanza en la inmortalidad. "Yo voy a él, más él no volverá a mí" (12:23). El nacimiento de Salomón ("pacífico"), hijo de Betsabé, es la garantía del perdón divino, y pone de manifiesto la insondable gracia de Dios al elegir al hijo de esta mujer para que fuera el sucesor de David (1 Crónicas 22:9), y a ella para figurar entre los antepasados de Jesucristo (Mateo 1:6).

D. Historia de Absalón (2 Samuel 13 — 20)

Los últimos años de la vida de David se caracterizan por los graves problemas dentro de su propia familia. Hubo incesto, violencia, intrigas para capturar el trono y rebeliones. La poligamia no solamente debilitó la fibra moral de David, sino que debilitó también la fuerza moral de sus hijos. David era un rey fuerte y vigoroso, pero no fue un padre firme que supiera disciplinar (ver 1 Reyes 1:6). Sus hijos se aprovecharon de su debilidad en el hogar. Le faltó poco para perder su corona a causa de la sublevación de Absalón.

1. *Incesto de Amnón* (2 Samuel 13:1-19). Con el episodio de la violación de Tamar comienzan las calamidades que el pecado de David acarreó al palacio real. Se cumple inexorablemente la profecía de Natán.

Amnón era el primogénito de David (2 Samuel 3:2) y Tamar la hermanastra de Amnón. Puesto que Tamar, como todas las hijas del rey antes de su casamiento, vivía en un departamento inaccesible a los hombres, le era casi imposible a Amnón acercarse a ella. Además, la Ley mosaica prohibía terminantemente la unión entre cosanguíneos (Levítico 18:9-19). Por medio de un truco, Amnón satisfizo su deseo antinatural y luego arrojó fuera de su casa a la pobre doncella violada. El crimen merecía la pena capital (Levítico 20:17), pero la autoridad de David quedó debilitada en el trato con sus hijos desde que tuvo conciencia de su propia culpabilidad. Si David hubiera actuado, habría impedido el asesinato de Amnón por Absalón, y posiblemente la rebelión de éste.

2. *Venganza de Absalón* (2 Samuel 13:20 — 14:33). A los dos años del incesto de Amnón llegó su retribución. Absalón, el tercer hijo de David, vengó el ultraje cometido contra su hermana, asesinando a su medio-hermano. Sin embargo, es probable que este acto coincidiera con la ambición de Absalón. Faltando el primogénito, Absalón mismo podría subir al trono, porque el segundo hijo, Quileab, probablemente habría muerto, o en último caso, era un hombre sosegado que no se opondría a la elevación de su hermano al trono. Absalón huyó luego a la tierra de Siria y se refugió con Talmai, rey de Gesur y abuelo materno suyo (ver 2 Samuel 3:3). David no trató de perseguir al asesino, sino que se contentó con pronunciar una sentencia de destierro contra él.

Con el transcurso del tiempo, David se repuso del golpe de la muerte de Amnón y comenzó a sentir el vacío causado por la ausencia de Absalón, su hijo favorito. Ya tenía cerca de 60 años y probablemente se preocupara por él. Quería que su hijo volviera, pero no deseaba violar la Ley de Dios, que especificaba que un homicida debía ser muerto. Joab notó la lucha en el ánimo del rey, y pensó utilizarla para efectuar una reconciliación.

Al igual que Natán, Joab empleó una hábil estratagema para hacer que el rey pronunciara un juicio que sería aplicable al caso que tenía delante, pero se valió de una mujer para realizarla. La mujer consiguió con astucia que David jurara que le haría una concesión contraria a la Ley, relativa a un caso fingido; y luego aplicó la decisión al verdadero asunto. David reconoció que el astuto Joab estaba en el asunto, pero accedió a que Absalón volviera, a condición de que no viniera a la corte real. Así que el perdón que extendió a su hijo era sólo parcial. La vida alejada de la corte le significaba al joven príncipe estar separado de la mejor sociedad de Jerusalén, algo que le era insoportable. Transcurridos dos años, Absalón cometió un acto de vandalismo contra la propiedad de Joab para llamarle la atención, a fin de obtener su intercesión ante David. Luego, el padre y el hijo se reconciliaron.

3. *Revuelta de Absalón* (2 Samuel 15:1-12). Sin saberlo, David había alimentado una culebra en su seno. El hermoso pero inescrupuloso Absalón intrigaba para quitarle el trono a su padre y hacerse rey. Se proveyó de una lujosa carroza, hermosos caballos y 50 hombres de a pie que dejaban expedito el camino ante él, para imitar a los monarcas paganos e impresionar a la gente. Simuló comprensión ante las decepciones del pueblo y usó la lisonja para socavar la influencia de David y granjearse la confianza de Israel. Es probable que la nueva

generación, que no había presenciado el gran cambio que efectuó David cuando tomó las riendas del reino, fuera atraída al joven conspirador. Al cabo de cuatro años, se habían unido con Absalón muchas personas, incluso amigos del rey. El joven persuadió a Ahitofel, el consejero y amigo de más confianza de David, para que traicionara al rey, procediendo como "cerebro" del complot. Ahitofel aprovecharía la ocasión para vengar la deshonra que David atrajo sobre su nieta Betsabé. Había llegado el momento oportuno para fomentar la revuelta.

4. *Huida de David* (2 Samuel 15:13 — 16:14). Tomado por sorpresa, David no pudo ofrecer resistencia y huyó de Jerusalén al desierto cerca del Jordán, para salvar la capital de la destrucción y darse tiempo para organizar sus fuerzas. Dejó a los dos sumos sacerdotes, Sadoc y Abiatar, en Jerusalén, para que sirvieran de espías y a Husai, un fiel consejero, para que contrarrestara los consejos de Ahitofel, el más sabio de los consejeros. Así logró montar un espionaje eficaz en torno a Absalón.

El anciano rey quedó abrumado al comprender que su hijo favorito lo había traicionado, y que él mismo había perdido el afecto de muchos de los suyos. Pero aun en la hora más sombría no perdió la fe en Dios. Esta fe lo sostenía aun cuando sabía que merecía este castigo. David se sometió sin queja alguna a la voluntad de Dios (15:25, 26). Le permitió a Simei maldecirle, aceptándolo como el juicio divino; se encomendó a las manos de Dios. Los hombres de David nunca entendieron su espíritu generoso y sumiso a la providencia divina. La amargura de la prueba fue aliviada en parte por la lealtad de parte de Itai, Joab, Abisai, Husai y los 600 hombres que le habían acompañado en la época de Saúl.

5. *La imprudencia de Absalón* (2 Samuel 16:15 — 17:23). Por consejo de Ahitofel, Absalón tomó públicamente el harén de su padre; aquello era más que un alarde impuro y una pretensión al trono (ver 1 Reyes 2:22). Era un insulto supremo a David. Así Absalón convencería a los israelitas que era imposible efectuar una reconciliación con su padre. Al principio, Absalón desconfió de Husai, amigo de David, pero Husai logró convencerlo de su lealtad. Entonces el revoltoso joven consultó a ambos consejeros. Ahitofel asesoró prudentemente a Absalón, diciéndole que debía perseguir a David inmediatamente y derrotarlo antes de que pudiera organizar sus fuerzas. Pero Husai apeló a la vanidad de Absalón, sugiriendo que se consolidara en el trono y esperara hasta poder marchar a la cabeza de un poderoso ejército y barrer con todo lo que encontrara a su paso.

El papel de héroe triunfante llamó la atención de Absalón, quien demoró la persecución. Así el adulador cayó víctima de la lisonja. Herido su orgullo y viendo perdida la causa de Absalón, Ahitofel se suicidó. Es el único caso de suicidio mencionado en el Antiguo Testamento, fuera de los casos en que un guerrero se mata para evitar caer en las manos de sus enemigos. Ahitofel se asemeja a Judas, el traidor (ver Salmos 41:9; 55:12-14).

6. *Derrota y muerte de Absalón* (2 Samuel 17:24 — 19:40). Cuando David recibió noticias del éxito de Husai, se trasladó a Mahanaim, ciudad de la Transjordania. Hasta allí acudieron fuerzas leales desde todas partes de Israel. David las organizó en tres divisiones bajo los líderes más capaces de su ejército. Sus últimas instrucciones a los generales antes de la batalla fueron que debían proceder con delicadeza en lo que respectaba a Absalón. Como padre compasivo, no tenía deseo alguno de tomar represalias.

Los dos ejércitos se enfrentaron en un espeso bosque de Transjordania, a la altura de Benjamín. Las fuerzas de Absalón tuvieron dificultades para maniobrar en el terreno áspero y boscoso, debido al gran número de soldados. El ejército de David, más pequeño pero mejor organizado, contaba con grandes ventajas y también con la ayuda de Jehová. Las fuerzas de Absalón sufrieron una aplastante derrota.

La cabellera de Absalón, el rasgo principal de su hermosura, fue la causa de su muerte. Joab no permitió que el cariño paterno de David le impidiera darle muerte. Tal vez considerara que el rey, por el gran amor que sentía por Absalón, no tomara medidas adecuadas para poner término al peligro. Con la muerte del joven revoltoso, el péndulo de la lealtad del pueblo volvió a la de los años anteriores, y las tribus se disputaron anhelosamente la honra de escoltar al rey a Jerusalén.

El lamento que pronunció David cuando recibió la noticia de la muerte de Absalón es uno de los más conmovedores en toda la literatura. Junto con su amor por Absalón, David debía sentir profundo remordimiento. Su propio pecado y negligencia habían contribuido a que Absalón escogiera el camino de la maldad. Su pregunta: "¿El joven Absalón está bien?" había sido hecha cuando ya era tarde. Joab persuadió a David a que dejara de pensar en su hijo malvado y pensara en los que habían arriesgado su vida para salvarlo a él.

David siguió su política de perdonar generosamente a todos sus enemigos. No castigó a Simei, aunque tenía motivos para sospechar que no era sincero su arrepentimiento, y años después le recomendó a Salomón que lo destruyera (1 Reyes 2:8, 9, 36-40). Disgustado por la desobediencia de Joab y ansioso de ganar el apoyo completo de su propia tribu, dio el lugar de éste a Amasa, sobrino suyo y general del ejército de Absalón (2 Samuel 17:25). David pensó recompensar a Siba, siervo de Mefi-boset, con todos los bienes de su amo, por haberle acompañado en su huida, y también porque Siba le había convencido de que Mefi-boset se había pasado a las filas del rebelde Absalón. Sin embargo, el gozo genuino de Mefi-boset ante el regreso de David y el hecho de que había observado luto desde que el rey había huido de Jerusalén, fueron evidencia de que Mefi-boset había sido calumniado. El rey recapacitó entonces y dividió la herencia de Mefi-boset con Siba. Es hermosa la escena en que el noble Barzilai se despide de David.

Los Salmos 3, 4, 61 y 63 probablemente fueran compuestos durante la insurrección de Absalón. Los Salmos 41 y 55 parecen referirse a la traición de Ahitofel y de otras personas durante esta crisis. La confianza del salmista en Dios resplandece hermosamente en los salmos de este tiempo.

7. *Sublevación de Seba* (2 Samuel 19:41 — 20:26). Los celos tradicionales entre Judá e Israel se incendiaron y provocaron un fuerte intercambio de palabras. Las diez tribus norteñas se irritaron porque Judá había tomado la iniciativa de escoltar al rey a la capital sin esperar a que participaran las demás. Este antagonismo se había manifestado en la época del reinado de Is-boset, y finalmente culminaría en la división del reino después de la muerte de Salomón. Seba, un benjamita, aprovechó la situación para incitar a las diez tribus a separarse de Judá. Sin embargo, los israelitas en general no respondieron al llamado de Seba como había parecido al principio (20:14-16). La acción vigorosa de Joab apagó la rebelión, y Seba fue muerto por los habitantes de la ciudad donde pensaba resistir a las tropas de David.

Joab, desde el día en que tuvo que ceder su puesto al comandante de las fuerzas de Absalón, guardó un odio implacable contra Amasa. Por esto, aprovechó la circunstancia del saludo de su rival para asesinarlo a sangre fría. David nunca olvidó ni perdonó este acto, pero reconoció que ningún otro general había captado la lealtad de los soldados hebreos como la tenía Joab (ver 20:5, 11-13).* No podía deshacerse de Joab, aunque lo detestaba.

Preguntas
Pecado de David e historia de Absalón (2 Samuel 11 — 20)

1. a) Al leer los capítulos 11 y 12, mencione 4 razones por las cuales el pecado de David fue muy grave.

---

*Parece que el nombramiento de Amasa como comandante en jefe fue un gran desatino. Cuando Seba se sublevó contra el rey, Amasa no juntó las fuerzas leales en el tiempo especificado por David, posiblemente por falta de energía y eficacia, o más probablemente porque los soldados no le respondían. En contraste, el nombre de Joab tenía tan mágico hechizo que se les unieron todos, incluso los hombres de Amasa, para perseguir a Seba y derrotarle, cuando Joab tomó el mando.

b) Comente sobre la actitud que debe haber asumido Joab al recibir el mensaje de que debía poner a Urías en una posición de peligro mortal. Recuerde que David había maldecido a Joab por haber asesinado a Abner (2 Samuel 3:29).

2. a) Extraiga del caso de David los principios (las grandes verdades) que rigen en el perdón de Dios. (Ver también Salmo 51.)
   b) ¿Qué nos enseña lo dicho por David con respecto a su hijo difunto: "Yo voy a él" (1 Samuel 12:23)?

3. a) Mencione dos factores en el hogar de David que condujeron a Amnón a cometer incesto. ¿Cuáles son los factores en su casa que lo pueden conducir a pecar?
   b) ¿Por qué David no lo castigó?
   c) Indique las consecuencias de que David no lo castigara.

4. a) ¿Qué motivo oculto tendría Absalón para matar a su hermanastro?
   b) Mencione las dos emociones en conflicto que se encontraban en el corazón de David en cuanto al trato de su hijo Absalón. ¿Cuál prevaleció?
   c) En el cuento de la mujer astuta enviada por Joab a David, ¿en qué punto se asemejaba la viuda a David en la relación de éste con Absalón?
   d) ¿Cuál fue la solución que propuso David, y que él mismo no había adoptado?
   e) ¿Ha perdonado usted parcialmente a alguien? ¿Cuál es el resultado?

5. a) ¿Cómo sucedió que Absalón robó el corazón del pueblo?
   b) Haga una lista de los defectos de Absalón.
   c) Señale cómo la sublevación de Absalón puso de manifiesto los corazones de los súbditos más allegados al rey.
   d) En el episodio en que Simei maldijo a David, las palabras de David parecen atribuir la sublevación de Absalón a cierta fuente. ¿Cuál es?
   e) ¿Cómo reacciona usted cuando otros lo ultrajan? ¿Ve usted su propio pecado detrás del abuso de otros?

6. a) Dé dos razones por las cuales Ahitofel se pasó a Absalón.
   b) ¿Qué era bueno y qué era malo en la preocupación que David sentía por Absalón? (ver 2 Samuel 18:5).
   c) Comente sobre la conducta de Joab en los capítulos 18 y 19. (Indique lo malo y bueno de su conducta.)

7. a) ¿Qué debilidad del reino de Israel se pone de relieve en el capítulo 20?
   b) ¿Cómo reaccionó David ante el homicidio de Amasa?
   c) Mencione casos en que toleramos el mal para evitar las consecuencias costosas que tendría extirparlo.

E. Varios sucesos del reinado de David (2 Samuel 21 — 24)

Los cuatro últimos capítulos de 2 Samuel narran sucesos que pertenecen a diversas épocas del reinado de David y constituyen una especie de apéndices que interrumpen la historia de la familia de David. Luego se reanudará en 1 Reyes. Los relatos amplían el panorama, tanto de los problemas a los que David se tenía que enfrentar, como de los héroes leales que Dios le dio para superarlos. Los apéndices se distribuyen de dos en dos: dos calamidades motivadas por el juicio divino, dos secciones de hazañas militares y dos piezas poéticas.

1. *Gran hambre y expiación por el pacto violado* (2 Samuel 21:1-14). La historia de Saúl no menciona el crimen contra los gabaonitas, pero está de acuerdo con lo que sabemos acerca del carácter celoso y fanático de este rey. El intento de exterminar a los gabaonitas era una violación del pacto que Israel había hecho con ellos en el período de Josué (Josué 9:3, 6, 15), y esto, a pesar de los vínculos familiares de Saúl con la ciudad de Gabaón (1 Crónicas 8:29-31). ¿Por qué sufrió todo Israel el hambre? Todo Israel fue castigado por el pecado de Saúl, porque el rey representaba al pueblo, y tal vez los israelitas hubieran visto con satisfacción la matanza haciéndose así partícipes del crimen.[24] Dios demandaba expiación. La sangre sólo con sangre podía ser expiada. Los ofendidos (los gabaonitas que sobrevivieron a la masacre) sirvieron de vengadores de sangre. Puesto que Saúl, el culpable, ya no existía, sus descendientes tenían que pagar por el pecado cometido contra Gabaón.

Se cree que este episodio ocurrió antes de que David le mostrara misericordia a Mefi-boset. En el versículo 8, la Biblia de Jerusalén sustituye acertadamente el nombre de Mical por el de Merab, puesto que ésta era la esposa de Adriel (ver 1 Samuel 18:19). Con amor maternal, Rizpa, concubina de Saúl, cubrió los cadáveres con una tela de cilicio y permaneció junto a ellos protegiéndolos de las aves de rapiña y las bestias del campo hasta que cayeron las lluvias. La reanudación de las lluvias indicó que la expiación había sido aceptada y había terminado el castigo. En desagravio del castigo infligido a los descendientes de Saúl, David le dio a toda la familia un digno entierro en el sepulcro familiar de Zela. Una nota de la Biblia Nácar-Colunga comenta: "De todo este hecho resalta cuán sagrado es el juramento y cómo Dios mira por la fidelidad de las palabras selladas con la invocación de su nombre."

2. *Hazañas de los valientes de David* (2 Samuel 21:15-22; 23:8-39). El reinado de David fue la época del heroísmo en la historia hebrea. Las hazañas de los soldados arrojan mucha luz sobre la persona del rey, el cual forjó a un grupo de hombres proscritos e indisciplinados, y los inspiró a actuar con valentía extraordinaria. Cuando los tres valientes

arriesgaron sus vidas para traer agua de Belén, el gran espíritu de David se manifestó. En vez de tomarla, la ofreció a Jehová en libación, pues para él, tomar el agua hubiera sido como beber la sangre de sus soldados, que habían arriesgado su vida para conseguirla.

La lista de los laureados de David (23:8-39) corresponde aproximadamente a la lista de los héroes de 1 Crónicas 11:11-14. Fueron los hombres que ayudaron a David a llegar a ser rey y capturar a Sion. Los primeros tres, Jasobeam, Eleazar y Sama, eran guerreros sin par. Entre los treinta valientes había otro grupo de tres: probablemente Abisai, Benanía y otro guerrero no identificado. Se mencionan 37 héroes en la lista de los treinta. Parece que David mantuvo un grupo de treinta soldados sobresalientes y que de tiempo a tiempo algún miembro murió y fue reemplazado por otro cuyo nombre se incluyó en la lista.

¿Quién era el "Goliat" de 2 Samuel 21:19? ¿Había dos gigantes con el mismo nombre? Parece que el texto aquí está incompleto, porque en 1 Crónicas 20:5 se lee: "Lahmi, hermano de Goliat."

3. *Cántico de David y sus últimas palabras* (2 Samuel 22:1 — 23:7). El primer salmo de esta sección fue escrito por David para expresar su gratitud a Jehová al haberle liberado de la mano de Saúl, y de las naciones enemigas (ver 2 Samuel 8:1-14). El Salmo 18 reproduce este cántico, pero con algunas variantes que pueden ser explicadas como adaptaciones que hizo David para la música del templo. Ambos, el cántico de liberación y las últimas palabras de David, nos hacen recordar el canto y la bendición de Moisés (Deuteronomio 32 y 33). 2 Samuel 23:2 arroja luz sobre la doctrina de la inspiración de las Escrituras. Luego, con palabras breves y poéticas, David describe al soberano ideal: es justo, "gobierna en el temor de Dios" y trae bendición a su pueblo (23:3, 4). ¿Se refiere aquí al justo Rey que nació un milenio después en Belén? Aunque David no tenía los altos atributos del gobernante que describe, Dios había hecho un pacto perpetuo con él.

4. *El censo del pueblo. La peste* (2 Samuel 24; 1 Crónicas 21:1-27). El historiador le atribuye a Dios el impulsar a David a que hiciera un censo en Israel, pero el cronista ha sustituido "Jehová" por "Satanás" (1 Crónicas 21:1). Es probable que Jehová empleara a Satanás para poner a prueba el carácter de David.* Satanás es instrumento de Dios a pesar de ser su enemigo. También se observa que se encendió "la ira

---

*Santiago dice que Dios "no tienta a nadie" (Santiago 1:13). Sin embargo, Jesucristo nos enseña a orar diciendo: "No nos metas en tentación", y Mateo dice que el Espíritu Santo llevó a Jesús al desierto "para ser tentado por el diablo" (Mateo 6:13; 4:1). ¿Cómo podemos conciliar lo que parece una contradicción? La tentación es del diablo, y para él tiene el propósito de conducir al hombre al pecado. En cambio, Dios *pone a prueba al hombre* para darle la oportunidad de demostrar su obediencia y crecer espiritualmente.

de Jehová contra Israel" (2 Samuel 24:1), de modo que la conducta de los israelitas había provocado el castigo divino. En esta ocasión, quizá su pecado fuera la rebelión bajo Absalón. Parece que Dios permitió que Satanás tentara a David con el objeto de destruir la confianza del rey en sí mismo, y juzgar a Israel por sus pecados.

¿Qué había de pecaminoso en el censo? Se presentan algunas teorías:

(1) Hacer un censo era arrogarse una prerrogativa de Dios, pues sólo Dios podía aumentar o disminuir la cantidad de personas en Israel. Sin embargo, nada en la Biblia indica que sea un delito contar a la gente. Jehová mandó a Moisés a realizar dos censos (Números 1:2, 3; 26:1).

(2) La maldad del censo no se encuentra en el acto mismo, sino en el deseo de David de gloriarse en la gran cantidad de sus guerreros, como si la nación fuera pueblo suyo y no de Dios.

(3) David comenzó a poner su confianza en las fuerzas armadas de Israel y quería contar a las personas capaces de ir a la guerra, como primer paso para reorganizar el ejército y fijar impuestos.

Fuera cual fuera el pecado del censo, David añadió a su delito que no le hizo caso a la protesta de Joab. Aunque Joab por lo general no tenía los escrúpulos de David, le rogó que no lo hiciera.

Al terminar el censo, el remordimiento se apoderó de David; se arrepintió y confesó su pecado. Entonces el profeta Gad se le presentó a David para que escogiera entre tres castigos: siete años de hambre, tres meses de guerra o tres días de peste. Las opciones consecutivas aumentaban en gravedad, pero disminuían en duración. Para David la peste parecía algo más directo de la mano de Dios. Demostró su confianza en Dios decidiendo ponerse en la manos divinas para recibir su castigo, pues sabía que Dios es más compasivo que los hombres.

Setenta mil hombres de Israel cayeron bajo el juicio de Dios, cuando el ángel destructor atravesó la tierra. Sin embargo, Dios, movido por la misericordia, detuvo la plaga cuando el ángel estaba a punto de herir a los habitantes de Jerusalén. Al ver al ángel destructor, David clamó a Dios pidiendo misericordia, no para sí, sino para su pueblo. Todavía tenía corazón de pastor y estaba dispuesto a recibir todo el peso del castigo sobre sí para salvar a su pueblo. Mostró su nobleza también al insistir en que Arauna le vendiera su era y no se la regalara. Tampoco ofreció a Jehová sacrificios que no le costaran nada. El lugar comprado por David fue destinado para el templo (1 Crónicas 21:28 — 22:1). Aunque no se le permitió edificar el templo, él fue el autor de la idea y quien compró el terreno sobre el cual fue levantado.

Una apreciación sobre David: David es uno de los personajes más brillantes de la historia hebrea. Tenía una personalidad de extraordinaria complejidad y versatilidad. Como genio militar, no tuvo rival; como gobernador capaz y justo, no tuvo igual; como poeta, fue sin par. Se destacan los grandes rasgos de su carácter: su valentía, su suprema confianza en Dios, su lealtad, su generosidad y su espíritu dispuesto a perdonar. Siempre puso a Dios en primer lugar y fue declarado "varón según el corazón de Dios". Aunque pecó en un momento de tentación, se arrepintió profundamente. A pesar de todas sus faltas, nunca se apartó de Jehová.

David fue el más grande de los reyes de Israel. Libró a su nación de sus enemigos, unificó el reino, puso a Jerusalén por capital de Israel e hizo céntrica en la vida de los hebreos la religión de Jehová. Cuando David comenzó a reinar, Israel estaba en pésimas condiciones; cuando le entregó la corona a Salomón, las fronteras de su imperio se había extendido desde el Mediterráneo hasta el Eufrates, y desde el Orontes en el norte, hasta el mar Rojo en el Sur. Otros monarcas consideraban el trono como una oportunidad para satisfacer sus propios intereses y ambiciones, pero David lo consideró como la oportunidad de servir a Jehová y a su pueblo.

Dios hizo de su familia la familia del Mesías, cuyo trono se llama "el trono de David". También como rey-pastor, David tiene semejanza con Cristo. Perseguido por sus enemigos sin vengarse, amigo de los desechados y forjador de hombres valientes y útiles, David se asemeja a Cristo, el cual también transforma en buenos a los hombres perversos y tuvo que sufrir el rechazo de los demás antes de ser coronado monarca sobre el reino eterno.

Preguntas
Algunos acontecimientos del reinado de David (2 Samuel 21 — 24)

1. a) ¿Por qué fue especialmente malo el intento de Saúl por exterminar a los gabaonitas?
   b) ¿Por qué fue castigado todo Israel por el crimen de Saúl?
   c) ¿Qué lección moral extrae usted del episodio?
2. a) ¿Cómo se explica usted que 2 Samuel 21:19 diga que Elhanán mató a Goliat geteo?
   b) ¿Qué aplicación espiritual ve usted en el hecho de que David se viera atacado por gigantes hasta el fin de su vida?
3. a) Es evidente que el capítulo 22 de 2 Samuel presenta el mismo salmo que se encuentra en el capítulo 18 de los Salmos. ¿Por qué hay algunas variantes entre los dos?
   b) ¿Cuál es el papel que Dios desempeña en este Salmo?
   c) Mencione algo que David diga acerca de sí mismo, y que no esté de acuerdo con las enseñanzas del Nuevo Testamento.

4. a) En las últimas palabras de David, ¿qué referencia hace éste a la inspiración divina de los Salmos?

   b) ¿Cómo sabemos que David no se refiere a sí mismo cuando habla acerca del justo gobernador? (ver 2 Samuel 23:3-5).

5. ¿Qué lección práctica extrae usted de las hazañas de los valientes?

6. a) De las tres teorías que explican la pecaminosidad del censo de David, ¿cuál es la más acertada según su opinión?

   b) ¿Por qué castigó Dios a Israel por el pecado de David?

   c) ¿Dónde estaba el lugar donde Arauna trillaba trigo?

   d) ¿Qué suceso importante había ocurrido allí previamente? (ver Génesis 22:2; 2 Crónicas 3:1).

   e) ¿Qué importancia tuvo la compra de la era de Arauna?

   f) ¿Qué lección espiritual extrae usted de las palabras de David (2 Samuel 24:24)?

7. a) A su parecer, ¿cuál fue el rasgo más sobresaliente de la personalidad de David?

   b) ¿Cuáles fueron las dos contribuciones más permanentes e importantes de su vida?

   c) Haga una breve comparación entre la vida de David y la de Jesucristo.

Citas y referencias sobre los libros de Samuel

1. Gillis, *op. cit.*, p. 154.
2. R. H. Pheiffer, *Introduction to the Old Testament*, p. 356, citado en Edward J. Young, *Una introducción al Antiguo Testamento*, Versión española, 1977, p. 198.
3. Gillis, *op. cit.*, p. 158.
4. Arnaldich, *op. cit.*, p. 205.
5. Schultz, *op. cit.*, p. 121.
6. D. F. Payne, "1 y 2 Samuel" en *Nuevo comentario bíblico, op. cit.*, p. 224.
7. Ross, *op. cit.*, p. 67.
8. C. F. Keil y F. Delitzsch, *Old Testament comentaries* (seis tomos), tomo 2, s. f., pp. 216.
9. Stanley Horton, *El maestro* (expositor de la escuela dominical), tercer trimestre, 1963, p. 35.
10. D. F. Payne, *op. cit.*, p. 228.
11. Ross, *op. cit.*, p. 228.
12. Stanley Horton, *El maestro* (expositor de la escuela dominical), tercer trimestre, 1963, p. 45.
13. George L. Robinson, "David" en *The international standard Bible encyclopaedia*, tomo 2, *op. cit.*, p. 792.

14. Alexander MacLaren, *Deuteronomy, Joshua, Judges, Ruth and first book of Samuel*, en *Expositions of the Holy Scripture*, tomo 2, s.f., p. 841.
15. Edward J. Young, *My servants the prophets*, 1974, p. 73.
16. Merrill F. Unger, *El mensaje de la Biblia*, 1976, p. 197.
17. L. Thomas Holdcroft, *The Historical books*, 1970, p. 40.
18. Arnaldich, *op. cit.*, p. 264.
19. F. B. Meyer, *David: pastor, salmista, rey*, 1938, p. 118.
20. *Manual bíblico ilustrado*, *op. cit.*, p. 240.
21. Guillermo J. Deane, *David, su vida y sus tiempos*, s.f., p. 79.
22. Nota de la Biblia Nácar-Colunga.
23. Guillermo J. Deane, *Samuel y Saúl*, 1938, pp. 264.
24. Gillis, *op. cit.*, p. 307.

DIVISIÓN DEL REINO, SU DECADENCIA Y RUINA

∾REYES Y CRONICAS ∾

Introducción general a la época

La historia hebrea desde la muerte de David hasta la caída de Jerusalén se encuentra en los libros de los Reyes. En los libros de las Crónicas se describen muchos de los sucesos relatados en Reyes, pero en el relato posterior a la división del reino, el cronista se limita principalmente a la historia de Judá. También presenta su material desde un punto de vista diferente al del historiador que escribió Reyes.

Dado que el cronista proporciona pocos datos históricos que no se encuentran en los libros de Samuel y Reyes, este estudio de los libros históricos no tratará separadamente su obra. Sólo presentará una introducción a las Crónicas. Seguirá la historia hebrea empleando los libros de los Reyes. Los detalles adicionales encontrados en los libros del cronista, servirán como material suplementario.

Introducción a los libros de los Reyes

Tanto los libros de los Reyes como los de Samuel, constituyen una sola obra en la Biblia hebrea; pero en la Versión Griega corresponden a los dos últimos libros de los Reinos. Es obvia la razón por la cual nuestra Biblia los llama "los libros de los Reyes", pues contienen la historia de los reyes hebreos, comenzando por Salomón y terminando por Sedequías.

1. *Autor y fecha.* La tradición judía atribuye la obra al profeta Jeremías. Por más interesante que sea esta teoría, no es probable que fuera escrito por dicho personaje. Aparentemente, el autor estaba cautivo en Babilonia y era miembro de la escuela de Jeremías. El segundo libro de los Reyes termina con la liberación del rey Joaquín por los babilonios, en 562-561 a.C., período en que Jeremías estaba en Egipto. Además, Jeremías tendría alrededor de 86 años, edad poco propicia para escribir libros. Puesto que el libro no menciona el decreto de Ciro (539 a.C.), que hizo posible el regreso de los cautivos

a Jerusalén, es probable que haya sido escrito entre 562 y 539 a.C.[1] Llegamos a la conclusión de que el autor probablemente fuera un profeta desconocido del cautiverio babilónico.

2. *Fuentes.* El escritor inspirado cita tres de sus fuentes: el libro de los hechos de Salomón (1 Reyes 11:41), las crónicas de los reyes de Judá (1 Reyes 14:29), que no deben ser confundidas con los libros bíblicos de las Crónicas y las historias de los reyes de Israel (1 Reyes 14:19). Sin embargo, tendría también acceso a las fuentes personales (escritos de otras personas) que son citadas por el cronista: el profeta Natán, Ahías silonita y el vidente Iddo, de la época de Jeroboam (2 Crónicas 9:29), Isaías (2 Crónicas 26:22; 32:32; ver 2 Reyes 20:1-19; Isaías 38, 39) y el profeta Jehú (1 Reyes 16:1). Puesto que estas fuentes incluían material de naturaleza profética y no anales de los reyes, contienen detalles poco halagüeños sobre ciertos monarcas; cosas que los cronistas de la corte real no se atrevían a escribir.

¿Hay algún conflicto entre el empleo de fuentes oficiales de la corte real, y la doctrina de la inspiración? No, porque creemos que el Espíritu Santo guiaba a los historiadores para elegir los datos importantes y usarlos correctamente.

3. *Propósito.* El designio del autor inspirado no es meramente relatar la historia de Israel, sino dar también el significado religioso de ella. Se presenta el material desde el punto de vista profético, o sea, el punto de vista del escritor del Deuteronomio. Enseña que si los hebreos cumplían la Ley serían bendecidos, pero si desobedecían, serían castigados (cf. 1 Reyes 2:3, 4). El historiador habla también acerca de los mismos pecados que son fuertemente condenados en el Deuteronomio: la idolatría y el culto realizado fuera del santuario central. A los cautivos atónitos y perplejos de Babilonia que preguntaban: "¿Por qué permitió Jehová que los babilonios destruyeran Jerusalén y el templo, y nos llevasen en cautiverio?" les señala que habían dejado a Jehová y se habían dado a toda clase de pecados (2 Reyes 24:2-4). Se cumplen al pie de la letra las advertencias de los profetas. El único camino que conduce a la restauración, a la tierra santa, es arrepentirse de la idolatría, volver a Dios y creer en sus promesas.

4. *Método.* El escritor sagrado emplea el orden cronológico para relatar la historia de los dos reinos en forma paralela, desde la división de la monarquía hasta la desaparición de Samaria. Narra los sucesos del reinado de un rey y luego los hechos de su contemporáneo en el otro reino. Trata cada reinado como una unidad independiente y completa, con su comienzo y su fin, y un juicio sobre la conducta religiosa del monarca. El punto de referencia para juzgar a los reyes de Judá es la obediencia de David, y para juzgar a los reyes de Israel (las diez tribus), la idolatría de Jeroboam. Solamente ocho reyes de Judá son alabados por su fidelidad: dos de estos reciben una

aprobación sin reservas (Ezequías y Josías), y seis, una aprobación parcial (Asa, Josafat, Joás, Amasías, Azarías y Jotam). Se censura severamente a los restantes monarcas del reino sureño. Ningún rey del reino norteño escapa a la condenación del historiador, pues todos anduvieron por los caminos de Jeroboam, rindiendo culto a los becerros de Dan y Bet-el.

5. *Contenido.* Los libros de los Reyes son la continuación de la historia de la monarquía hebrea, que comienza en los libros de Samuel. Abarcan cuatro siglos de la existencia de Israel, empezando con el reinado del poderoso rey Salomón y terminando con la cautividad babilónica. El autor nos cuenta la lamentable historia de un pueblo que se dividió en dos reinos, a menudo en guerra fratricida y casi siempre propensos a prestar culto a dioses paganos. En esta época de crisis espiritual, Jehová levantó poderosos profetas y algunos reyes piadosos para volver al pueblo a la verdadera religión, pero las reformas fueron pasajeras. A pesar de esto, Dios seguía cumpliendo su promesa de perpetuar la dinastía de David. Los dos reinos acabaron finalmente en la deportación: uno a Asiria y el otro a Babilonia.

6. *Tema.* DECADENCIA Y DESTRUCCIÓN DE LOS DOS REINOS HEBREOS.

7. *Bosquejo.*

I. Reinado de Salomón (1 Reyes 1 — 11)
  A. Ascenso de Salomón al trono (1 Reyes 1:1 — 3:2)
  B. Comienzo del reinado de Salomón (1 Reyes 3:3 — 4:34)
  C. Construcción del templo (1 Reyes 5:1 — 6:38; 7:13 — 9:9)
  D. Magnificencia exterior del reino (1 Reyes 7:1-12; 9:10 — 10:29)
  E. Decadencia de Salomón (1 Reyes 11)
II. La división del reino; historia sincrónica de los reyes hasta Omri y Asa (1 Reyes 12:1 — 16:28)
  A. Cisma político y religioso (1 Reyes 12)
  B. Reyes de Israel; desde Jeroboam I hasta Omri (1 Reyes 13:1 — 14:20; 15:25 — 16:28)
  C. Reyes de Judá: desde Roboam hasta Asa (1 Reyes 14:21 — 15:24)
III. Acab y Elías (1 Reyes 16:29 — 2 Reyes 1:18)
  A. La lucha entre Elías y el baalismo (1 Reyes 16:29 — 19:21)
  B. Sucesos del reinado de Acab (1 Reyes 20:1 — 22:40)
  C. Ocozías y Elías (1 Reyes 22:51 — 2 Reyes 1:18)
IV. Eliseo (2 Reyes 2:1 — 8:15; 13:14-25)
  A. Eliseo sucede a Elías (2 Reyes 2)
  B. Eliseo predice la victoria sobre Moab (2 Reyes 3)
  C. Algunos milagros de Eliseo (2 Reyes 4:1 — 6:7)
  D. Guerras sirias (2 Reyes 6:8 — 8:15)
  E. La muerte de Eliseo (2 Reyes 13:14-25)

V. Historia de los reyes de ambos reinos hasta la caída de Samaria (1 Reyes 22:41-50; 2 Reyes 9 — 17)
- A. Josafat, el buen gobernante (1 Reyes 22:41-50)
- B. Jehú y Joacaz: revolución y decadencia (2 Reyes 9, 10; 13:1-9)
- C. Algunos reyes de Judá (2 Reyes 8:16-29; 11:1 — 12:21; 14:1-22; 15:1-7, 32-38; 16)
- D. Los últimos reyes de Israel y la caída de Samaria (2 Reyes 13:10 — 14:16; 14:23-29; 15:8-31; 17:1-41)
VI. Los últimos tiempos del reino de Judá (2 Reyes 18 — 25)
- A. Ezequías: reforma y supervivencia (2 Reyes 18 — 20)
- B. Dos reyes impíos: Manasés y Amón (2 Reyes 21)
- C. Josías: reforma y desvanecimiento de una esperanza (2 Reyes 22:1 — 23:35)
- D. El triunfo de Babilonia y la caída de Jerusalén (2 Reyes 23:36 — 25:30)

Introducción a los libros de las Crónicas

1. *Título.* Originalmente los libros de las Crónicas (anales) formaron un solo volumen, y hay evidencias de que éste estaba unido con Esdras y Nehemías, siendo los tres obra de un solo autor. Tienen afinidad de estilo y el mismo punto de vista. Los libros de las Crónicas se llamaban Paralipómenos (cosas omitidas anteriormente), en la Versión Griega, en la Vulgata y en algunas versiones católicas, porque los traductores creían erróneamente que el propósito del autor había sido señalar las cosas omitidas en los libros de Samuel y de los Reyes. Según las apariencias, el cronista había tomado estos libros para escribir lo que nos parece una repetición de ellos. Más que en cualquier otro libro del Antiguo Testamento, se usan fuentes de los registros oficiales de Israel y las crónicas de los reyes y profetas. Se mencionan veinte fuentes (ver la introducción a los Reyes).

2. *Autor y fecha.* Se desconoce quién pueda ser el cronista, pero algunos estudiosos de la Biblia atribuyen los libros a Esdras. Si los libros de Esdras y Nehemías fueron obra del autor de las Crónicas, entonces este sería por lo menos contemporáneo de Esdras, y la fecha de la obra caería alrededor del 400 a.C. El espíritu con que se escribió el libro parece confirmar esta fecha.

3. *Ocasión, punto de vista y contenido.* En la época del cronista, el remanente de Israel estaba nuevamente en Canaán. Aunque el pueblo no tenía independencia política, gozaba de cierta autonomía y vivía bajo la dirección de los sacerdotes. La vida de los repatriados se concentró en torno al templo y a la Ley mosaica. El cronista se dio cuenta de que la grandeza política de Israel era cosa pasada, y de que

la única esperanza para un porvenir glorioso estribaba en el hecho de que los judíos siguieran siendo el pueblo de Dios.

Sin embargo, la historia pasada de su nación encerraba la lección clave para enfrentarse al futuro. Dios había hecho un pacto con David. La obra más importante de este rey fue establecer a Jerusalén como centro de la vida religiosa de su pueblo. La supervivencia y prosperidad de Israel dependían de que aprendiera la lección histórica de que era necesario servir a Jehová y prestarle culto en el lugar debido, es decir, en el templo de Jerusalén, donde Jehová había decidido manifestarse.

El punto de vista del cronista es sacerdotal. No se interesa en la política, pues ya no existe la monarquía. A él le importan sólo la organización del culto, las ceremonias, las fiestas y la consagración de sacerdotes y levitas. En un espíritu animado por la piedad, insiste en la importancia de obedecer la Ley y de prestar culto a Jehová. Haciendo esto, los judíos aparejarán el camino para la realización de las promesas hechas a David. El autor sagrado juzga a los reyes según su actitud hacia el templo y el culto; se refiere a David como modelo. Presenta una nueva interpretación de la historia de Israel a la luz de los principios que guiaban la vida religiosa del pueblo de la restauración.

Las Crónicas no son una mera repetición de 2 Samuel y los libros de los Reyes. El cronista comienza con las genealogías primitivas, algo que no interesa mucho a la mente moderna. Es que el Espíritu Santo emplea las genealogías para enseñar una verdad: lo que importa son las personas y no los movimientos. Son las personas los instrumentos que usa Dios para llevar a cabo sus sublimes propósitos. Las genealogías les recordaban a los repatriados que tenían el privilegio de aceptar los pactos y de recibir las promesas hechas a sus padres. Además, tienen gran importancia para nosotros porque trazan la línea de antepasados del Redentor.

Luego de presentar las genealogías, el cronista describe la muerte de Saúl y relata la historia de los reyes David, Salomón y sus descendientes en el trono. Termina con la caída de Jerusalén y el edicto de Ciro. Aunque la historia presentada en las Crónicas abarca el mismo período que se describe en 2 Samuel y los libros de los Reyes, el autor no intenta narrar todos los sucesos encontrados en estos libros. Incluye sólo aquellos incidentes que son importantes desde el punto de vista sacerdotal. Guarda silencio sobre los pecados de David, pero relata detalladamente el traslado del arca a Jerusalén y la organización del culto allí, el pacto davídico, y cómo David preparó todo lo necesario para la construcción del templo. El cronista se interesa mucho más en la influencia religiosa de David, que en su poder político. De la misma manera, describe a Salomón, la construcción del templo y la magnificencia de su corte, mientras omite muchos detalles de su política y toda referencia a su caída. Siempre se interesa más en el templo que en el trono.

A partir de la división del reino, el cronista se preocupa sólo del reino de Judá y de la dinastía davídica. Nunca menciona los santuarios de Bet-el y Dan, como si no hubieran existido. ¿Por qué? El reino de las diez tribus fue apóstata desde su comienzo; fue un desvío del plan de Dios. Sin embargo, el cronista mantiene el ideal de que "todo Israel" (una frase que aparece 41 veces en la obra) es el pueblo de Dios.

4. *Tema*. LA HISTORIA DE JUDÁ ESCRITA DESDE EL PUNTO DE VISTA SACERDOTAL.

5. *Bosquejo*.

Libro primero de las Crónicas

I. Tablas genealógicas (1 — 9)
II. Muerte de Saúl (10)
III. Reinado de David (11 — 29)
    A. Ascensión de David al trono (11, 12)
    B. David traslada el arca a Jerusalén (13 — 17)
    C. Guerras de David (18 — 20)
    D. Preparativos para el templo (21, 22)
    E. Organización religiosa del templo (23 — 26)
    F. Organización política de Israel (27)
    G. Advenimiento de Salomón: fin de David (28, 29)

Libro segundo de las Crónicas

I. Reinado de Salomón (1 — 9)
    A. Salomón recibe la sabiduría (1)
    B. La construcción del templo (2:1 — 5:1)
    C. La dedicación del templo (5:2 — 7:22)
    D. La gloria de Salomón (8, 9)
II. Los otros reyes de Judá (10 — 36)
    A. Roboam: la división del reino (10 — 12)
    B. Abdías (13)
    C. Asa y sus reformas (14 — 16)
    D. Josafat y la administración (17 — 20)
    E. Tres reyes impíos: Joram, Ocozías y Atalía (21 — 23)
    F. Joás: restauración del templo y apostasía (24)
    G. Reyes relativamente piadosos: Amasías, Uzías y Jotam (25 — 27)
    H. Acaz: el rey impío (28)
    I. Ezequías: el gran reformador (29 — 32)
    J. Dos reyes malvados: Manasés y Amós (33)
    K. Josías: el último rey bueno (34, 35)
    L. El final de la monarquía (36)

6. *Problemas.* Se acusa al cronista de presentar "noticias incompatibles" con la historia que trazan los escritores de 2 Samuel y los Reyes, o bien, de modificar lo que dicen estos libros. Hemos mencionado ya que el cronista omite las faltas de los reyes David y Salomón. Sin embargo, esto no es evidencia de que el cronista quisiera esconder las faltas de esos personajes, pues los libros de los Reyes existían ya y todos los israelitas sabían las deficiencias de ellos. Los repatriados ya habían aprendido las lecciones de los pecados de los reyes.

No es de extrañarse que el cronista haya elegido para su texto ciertos datos que no se encuentran en los libros de los Reyes, pues interpreta la historia desde otro punto de vista. Es más "teólogo" que "historiador"; elige solamente aquello que cuadra con sus designios; a veces amplifica o acorta, según le interese, lo que han narrado anteriormente los escritores de los libros paralelos y debe ser juzgado a la luz de su intención.[2] Emplea los hechos como ejemplos para enseñar la doctrina, de modo que la narración no necesita ser completa ni detallada. Escribe para satisfacer las necesidades religiosas de los judíos en ese momento de restauración.

No es necesario poner en tela de juicio la veracidad histórica del cronista por el hecho de que parece haber ciertas discrepancias entre los libros de las Crónicas y los de los Reyes. Muchas de estas diferencias son de cifras y fechas, y pueden ser explicadas como distintos modos de contar, o errores de los copistas. Tanto el texto de los libros de los Reyes como el de las Crónicas han sufrido un cierto grado de transformación en su transmisión, especialmente en cuanto a las cifras. Esto es un hecho comprobado por la comparación de los textos de la Versión Griega (siglo III a.C.) y la Vulgata (s. IV d.C.) con el texto masorético que los eruditos judíos prepararon durante el primer milenio después de Cristo.

En los años más recientes, los arqueólogos han descubierto una serie de datos que confirman ciertos relatos del cronista que habían sido considerados anteriormente por muchos como invenciones del autor. ¿No sería probable que empleara como fuentes, unos documentos que fueran desconocidos para los otros historiadores? Un erudito conservador, H. L. Ellison, afirma:"No hay razón para dudar de la exactitud esencial del cronista y sus fuentes."[3]

Los libros de las Crónicas tienen valor para nosotros como relatos suplementarios de los acontecimientos narrados en los libros de Samuel y los Reyes. Aunque el cronista repite mucho la historia encontrada en estos libros, a menudo añade explicaciones espirituales e interpretaciones que enriquecen nuestro conocimiento de las cosas divinas.

Preguntas
Introducción a los libros de los Reyes y a las Crónicas

1. a) ¿En qué difieren la división de los libros de los Reyes y de las Crónicas en la Biblia hebrea, y la división de nuestra Biblia?
   b) ¿Qué implicaciones encierra la división hebrea de estos libros en cuanto a los autores?
2. a) Dé dos razones por las cuales no creemos que Jeremías sea el autor de los libros de los Reyes.
   b) ¿Quién era probablemente el autor?
   c) ¿Qué sabemos de él?
3. ¿Cómo podemos conciliar la doctrina de la inspiración con el hecho de que los autores inspirados emplearon fuentes o anales de la corte y otros escritos no inspirados para escribir sus obras?
4. Haga una comparación entre los libros de los Reyes y la obra del cronista. Debe incluir los propósitos de los autores, las circunstancias de estos, su punto de vista y el contenido de los libros.
5. a) Mencione las diferencias que parecen contradictorias entre los libros de las Crónicas y los de los Reyes.
   b) ¿Cómo explica usted la existencia de estas "discrepancias"?
   c) ¿Cómo se debe explicar a un nuevo convertido la posibilidad de que tal vez haya errores en la Biblia como resultado de que algunos escribas no copiaron bien algunas fechas y cifras?
6. Dado que en las Crónicas hay mucha repetición de los relatos de los libros de los Reyes, ¿qué valor tiene la obra del cronista?

I. Reinado de Salomón
(1 Reyes 1 — 11)

Israel llegó al apogeo de su gloria material en el reinado de Salomón. Las características de su reinado fueron: justicia, paz, prosperidad y prestigio internacional. Así su gobierno se asemeja al cuadro del reino milenario pintado por los profetas (ver Isaías 2:2-4). David había establecido el reino hebreo sobre fundamentos sólidos; había vencido a los enemigos de Israel y extendido los límites de la nación al mayor alcance de su historia. Había formado también un fuerte ejército para conservar la paz. Por lo tanto, Salomón cosechó los beneficios de la labor de su padre, con una brillante posibilidad de éxito.

Se observa un marcado contraste entre el reinado de Salomón y el de David: aquél no fue dinámico como el reinado anterior, sino estático. Salomón conservó, organizó, y aprovechó las circunstancias existentes; recurrió a la vía diplomática para asegurar la paz, dejó la simplicidad del gobierno y de la corte de David para establecer un gobierno altamente organizado y una lujosa corte de estilo típicamente oriental. Floreció el comercio con otros países y aumentaron cada vez más las riquezas y la magnificencia de la nación.

¿Por qué fueron tan diferentes los dos reinados? La respuesta se encuentra principalmente en las distintas circunstancias en que fueron formados ambos reyes durante su juventud. David fue criado en un medio sencillo, conocía la vida de un pastor de ovejas, sabía los sinsabores que traía ser un fugitivo y había vivido los rigores de la guerra. Salomón fue criado en el palacio, protegido de todo peligro, y acostumbrado a recibir todo lo que deseaba. David llegó a ser un caudillo vigoroso, dinámico y capaz de conducir a sus ejércitos a grandes victorias. Salomón fue, en cambio, un monarca pacífico que se contentó quedándose en su palacio y preocupándose por mantener el imperio que su padre había formado. David creó solamente la maquinaria gubernativa suficiente para gobernar su nación; a Salomón le gustaba el esplendor de los reinos orientales y perfeccionó la organización política a fin de cobrar los impuestos necesarios para mantener su numeroso ejército y su lujosa corte. David era un hombre del pueblo; Salomón un hombre de palacio. Sobre todo, David mantuvo una fe profunda en Jehová y fue "varón conforme al corazón de Dios". Salomón, aunque comenzó bien, se apartó paulatinamente del camino de Jehová, y finalmente cayó en varios pecados que trajeron la desgracia a su reino.[4]

A. Ascenso de Salomón al trono (1 Reyes 1:1 — 3:2)

1. *Rebelión de Adonías* (1 Reyes 1). Al aproximarse el fin de sus días, David no había señalado todavía su sucesor. Adonías, el mayor de los hijos que le quedaban, se consideraba el legítimo heredero al trono. Era en realidad el cuarto hijo de David (2 Samuel 3:2-4). Amnón y Absalón habían muerto y Quileab, su tercer hijo, aparentemente había muerto también, ya que no es mencionado. No sabemos si Adonías estaba enterado de que Salomón había sido elegido por Dios para ser el sucesor de David (1 Crónicas 22:9, 10). Si lo sabía, entonces no quiso acatar la voluntad divina. Había sido una persona mimada en su juventud. "Su padre nunca le había entristecido en todos sus días con decirle: ¿Por qué haces así?" (1:6). David se asemejaba a Elí en que no disciplinaba a sus hijos. Los dos personajes eran buenos hombres en cuanto a servir a su pueblo, pero faltaron en sus hogares. Al igual que Absalón, Adonías era una persona vana y ambiciosa. Imitaba la pompa de su hermano haciéndose acompañar por una escolta de 50 hombres con caballos y carros de guerra.

La conducta de Adonías llegó a su colmo cuando resolvió aprovecharse de la enfermedad de su padre y apoderarse del trono por la violencia. Lo más triste de su conspiración se encuentra en la traición de Joab, comandante del ejército, y Abiatar, uno de los principales sacerdotes. Joab era el sobrino y viejo compañero de armas de David, pero había caído en desgracia con David por el hecho de que había dado muerte a Abner, Absalón y Amasa. Tal vez Joab temiera que el jefe de la guardia real, Benaía, tomara su puesto. Abiatar era el único sobreviviente de la masacre de Nob y siempre había sido fiel a David. Se cree que estaba descontento porque David había designado a Sadoc para que ejerciera con él las funciones de sumo sacerdote. Persiguiendo fines personales, estos hombres se pusieron junto a Adonías. Así se vendían después de una vida de lealtad, porque pensaron más en sus propios intereses que en los de Dios.

Cuando Adonías consideró que tenía suficiente apoyo, hizo una fiesta con sacrificios e invitó a sus amigos, a los otros hijos del rey y a los hombres de Judá que eran capitanes en el ejército de Israel. Sin embargo, no invitó al profeta Natán, ni a Benaía, ni a Salomón ni a los grandes héroes de la guardia real que eran los más leales seguidores de David desde su juventud.

Al enterarse del banquete de Adonías, el profeta Natán actuó inmediatamente para atajar desde el comienzo el movimiento subversivo. Envió a Betsabé al rey, tanto para recordarle la promesa que le había hecho de hacer a Salomón su sucesor, como para informarle acerca de la conducta de Adonías. Luego vino Natán para confirmar sus palabras. Despertado de su letargo, David proclamó rey a Salomón. Cuando el ruido de la coronación resonó por el valle de Cedrón, los conjurados quedaron consternados y huyeron. Adonías se refugió en el tabernáculo, acogiéndose al derecho de asilo. El perdón concedido a Adonías fue condicional, y fue un acto de gran benignidad, puesto que otros reyes orientales daban muerte sin misericordia a sus rivales. Por tiempo indeterminado, Salomón fue corregente con David, de manera que el joven rey contó con el consejo y la dirección de David en el principio de su reinado.

2. *Ultimo consejo de David a Salomón* (1 Reyes 2:1-12). Antes de morir, David hizo dos cosas por Salomón. Reunió al pueblo y a los hombres de gobierno para entregarle a su hijo la autoridad real y explicar al pueblo lo que sucedía, y que era Salomón el rey elegido por Dios (1 Crónicas 28, 29). Luego, en el lecho de muerte, le aconsejó que guardara la Ley de Moisés. La fidelidad absoluta a Jehová es el camino que conduce al éxito, y era además la condición imprescindible para perpetuar la dinastía davídica en el trono. También le aconsejó que diera muerte a Joab y Simei. David no había castigado a Joab por derramar sangre, ni a Simei por haberle maldecido. Para anular la maldición sería necesario volverla contra su autor. David no quiso quebrantar su juramento, pero consideró que su promesa no obligaría a Salomón. Además, el reino prosperaría más quitando de en medio a hombres como Joab y Simei, pero necesitaba también la

fortaleza de hombres leales como los hijos de Barzilai. A Salomón le convendría recompensarlos por su fidelidad.

3. *Salomón solidifica su reino* (1 Reyes 2:13 — 3:2). Después de la muerte de David, Salomón tomó con mano firme las riendas del poder. No vaciló en obrar con energía para eliminar los peligros latentes de sedición. Primero ejecutó a Adonías. En las palabras de la petición de éste, se observa su resentimiento contra Salomón. Observó que el reino había sido suyo y luego trató de disimular su pensamiento atribuyendo piadosamente a Jehová el traspaso del reino a su hermano (2:15). Salomón interpretó la petición de Adonías como una aspiración al trono, porque poseer una de las mujeres de un rey muerto o destituido conferiría cierto derecho a la sucesión. Adonías fue ajusticiado por traición.

Luego Salomón destituyó a Abiatar del puesto de sumo sacerdote por haber apoyado a Adonías. Así estableció el dominio de la monarquía sobre el sacerdocio, acto perjudicial para la función sacerdotal. Desde este momento en adelante, los sacerdotes raras veces se oponían a las malas políticas de los reyes: casi siempre estaban dispuestos a conformarse con la voluntad real. Por lo tanto, era necesario que Dios levantara profetas para reprender a los reyes en épocas de apostasía. Joab y Simei fueron ejecutados. A Joab, como asesino, no le correspondía la protección del altar (Exodo 21:14), pero como general venerable, fue sepultado en su propia casa. Con la muerte de Simei, se quitó el último vestigio de oposición, y el reino de Salomón quedó firmemente establecido.

Otro modo de afirmar el reino fue hacer alianzas matrimoniales con las naciones vecinas y así asegurar la paz con ellas. Al casarse con la princesa de Egipto, Salomón demostró confiar más en las alianzas egipcias que en el brazo de Jehová para obtener protección. Además, el matrimonio con esta princesa pone de relieve cuán grande era el imperio de Israel y cuán débiles eran los faraones en aquella época. Charles Pfeiffer observa que en un período en que Egipto fuera más fuerte e Israel más débil, un faraón tal vez hubiera tomado una israelita para su harén, pero nunca hubiera dado una de sus hijas como esposa a un rey israelita.[5]

B. Comienzo del reinado de Salomón (1 Reyes 3:3 — 4:34)

1. *Salomón pide y recibe sabiduría* (1 Reyes 3:3-28; 4:29-34). Animado por el sincero deseo de honrar a Jehová, Salomón le ofreció mil holocaustos en Gabaón, lugar donde estaba el viejo tabernáculo.* Era

---

*Gabaón estaba situado a unos ocho kilómetros al noroeste de Jerusalén, junto al camino que va a Jaffa. Es probable que el altar de Gabaón fuera más grande que el de la tienda que David había erigido en Jerusalén.

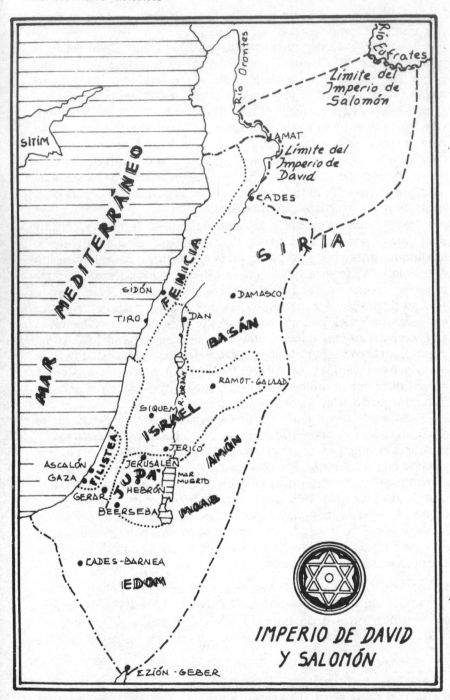

IMPERIO DE DAVID
Y SALOMÓN

una expresión de amor y completa consagración. Su generosidad hacia Dios abrió la puerta a la generosidad de Dios hacia él, pues "Dios ama al dador alegre" y le da mucho más. Luego, mientras esperaba durante la noche, parece que comprendió la magnitud de su responsabilidad y también su juventud y falta de experiencia. Se dio cuenta de que el pueblo no era suyo, sino de Dios. Cuando Dios se le apareció y le dio la oportunidad de pedir lo que quisiera, no pidió riquezas, ni larga vida, ni la derrota de sus enemigos, sino sabiduría para juzgar al pueblo de Dios. Fue el momento más noble de Salomón. La petición agradó tanto a Dios, que le concedió su deseo y también las otras cosas que no había pedido. Sin embargo, la promesa de alargar su vida era condicional y fue anulada más tarde por su desobediencia.

La sabiduría que pidió Salomón no era la sabiduría abstracta de los filósofos, sino una sabiduría práctica para solucionar los problemas del pueblo y gobernar bien. Muy pronto se produjo un caso en que la decisión de Salomón demostró un chispazo de sabiduría otorgado por el Dios que conoce el corazón humano (3:16-28). Se basó su fallo en el instinto maternal de la verdadera madre, la cual preferiría privarse de su hijo que verlo muerto. El pueblo ahora temía obrar mal, sabiendo que sería juzgado con una sabiduría de origen divino.

Es proverbial la sabiduría de los orientales, particularmente de los egipcios (Génesis 41:8; Isaías 19:11), pero Salomón sobrepasó en sabiduría a todos sus contemporáneos, y es conocido como el impulsor de la literatura sapiencial de Israel (1 Reyes 4:29-34). En ninguna otra época de la historia hebrea hubo tanta oportunidad de contactos con otras gentes, ni tanta prosperidad y paz como para inspirar obras literarias. Salomón impulsó este movimiento; coleccionó y compuso miles de proverbios y cánticos. Se atribuyen a Salomón la mayoría de las máximas encontradas en el libro de los Proverbios y también los libros de Eclesiastés y Cantares. Se han puesto bajo su nombre los Salmos 72 y 127. Su conocimiento de los animales y las plantas hizo posible el uso de analogías tomadas de la naturaleza en sus moralejas (ver Proverbios 30:24-33).

2. *Salomón organiza su gobierno* (1 Reyes 4:1-19). Aparentemente, la organización del gobierno de Salomón evolucionó de lo sencillo hasta lo más complejo en el transcurso de los primeros años de su reinado. El monarca mismo constituía el tribunal de apelaciones, como se ve en el famoso caso de la contienda entre las dos mujeres. Era necesario perfeccionar la organización del gobierno para recaudar las contribuciones y poder sufragar los enormes gastos de una corte siempre creciente, de un numeroso ejército y de un gran programa de edificación de ciudades fortificadas en las fronteras. Salomón dividió la nación en doce distritos. De esta forma, cada uno de los distritos tenía que

responsabilizarse del abastecimiento de la casa real un mes al año.
3. *Grandeza y poderío militar de Salomón* (1 Reyes 4:20-28). Las
bendiciones que Dios le otorgaba a Salomón trajeron paz y prosperidad a todo el pueblo. (En el Antiguo Testamento se considera que la
prosperidad es la recompensa a la fidelidad. Entre los creyentes de
aquel entonces no estaba generalizada aún la idea de una retribución
en la vida de ultratumba.) El imperio formado por David abarcó el
territorio situado entre Mesopotamia y Egipto. Tanto las naciones
subyugadas por Israel como sus gobernantes pagaban elevados tributos a Salomón.

Este mantenía un poderoso ejército. Además del ejército formado
por David, Salomón organizó unidades móviles de combate formadas
en total por 1.400 carros* y 12.000 jinetes, los cuales estaban
distribuidos en lugares estratégicos. En las excavaciones de Meguido,
una de las ciudades donde Salomón mantenía sus caballos (1 Reyes
10:26, 28), los arqueólogos han descubierto las ruinas de los establos
de Salomón. Todavía existen las hileras de piedras a las que se
amarraban los caballos y los pesebres de piedra donde comían. Las
caballerizas podían albergar unos 450 caballos. ¿Por qué mantuvo
Salomón fuerzas armadas tan formidables en un reino que vivía en
paz? Creía que era necesario conservar la paz con el respeto que
infunden las armas.

Salomón reconstruyó y fortificó una cadena de ciudades ubicadas
en puntos estratégicos para la defensa de Israel: Hazor en el extremo
norte; Meguido, que dominaba el paso que lleva al valle de Esdraelón;
las ciudades de Gezer, Bet-horón y Baalat que servían como defensa
contra el territorio filisteo, y Tadmar al sur del mar Muerto. También
aumentó las fortificaciones de Jerusalén (cf. 9:15-19). La mayoría de
estas ciudades fortificadas estaban situadas en terreno llano donde los
carros podían ser usados. Es interesante notar que las excavaciones
en Hazor, Meguido y Gezer demostraron que las fortificaciones y
puertas de estas ciudades eran idénticas y así reflejan el diseño
particular de Salomón.[6]

Hemos visto que Salomón mantuvo la paz empleando tres medios de defensa: formando alianzas matrimoniales y diplomáticas con
sus vecinos, manteniendo un poderoso ejército con carros de guerra y
caballería y edificando una cadena de ciudades fortificadas situadas
cerca de las fronteras de Israel.

---

*En 1 Reyes 4:26 se dice que Salomón tenía 40.000 caballos en sus caballerizas, número que no
armoniza con las cifras presentadas en los pasajes paralelos 2 Crónicas 1:14; 9:25. En aquel entonces
había tres caballos para cada carro, dos uncidos y uno de reserva. Así que la cifra de 4.000
caballerizas dada por el cronista es la correcta. Aparentemente un copista cometió un error en 1 Reyes 4:26.

Preguntas
Ascenso de Salomón; comienzo de su reinado (1 Reyes 1 — 4)

1. a) ¿Cómo preparó David el camino para que Salomón tuviera éxito como rey de Israel?
   b) Mencione tres aspectos en que el reinado de Salomón se diferenciaba del de David.
   c) A su parecer, ¿qué circunstancia formativa era la más importante en la vida de David?
   d) En su opinión, ¿qué circunstancia en la vida de Salomón le fue más perjudicial?

2. a) Indique dos faltas de David que contribuyeron al intento de Adonías para usurpar el trono.
   b) ¿Quiénes eran los dos hombres influyentes que apoyaban a Adonías?
   c) ¿Qué podemos aprender acerca de su personalidad?

3. a) Haga una comparación entre las maneras en que David y Salomón trataban a sus enemigos.
   b) ¿De qué manera fue la destitución de Abiatar el cumplimiento de una profecía? (ver 1 Samuel 2:31).
   c) ¿Qué mal resultó de este acto de Salomón?
   d) Extraiga dos lecciones prácticas de la historia de la vida de Adonías.

4. a) ¿Qué impulsó a Salomón a pedirle a Dios que le otorgara sabiduría?
   b) Explique la índole de sabiduría que demostró Salomón.
   c) ¿Qué efecto tuvo la noticia de la sabiduría de Salomón en el pueblo? (ver 1 Reyes 3:28).
   d) Según el Nuevo Testamento, ¿quiénes pueden recibir sabiduría de Dios? ¿Qué condición exige Dios para otorgarla al suplicante? (ver Santiago 1:5, 6).
   e) ¿Cuáles son las contribuciones que hizo Salomón a la literatura hebrea?

5. a) Mencione los beneficios que aportó el reinado de Salomón al pueblo de Israel.
   b) ¿Cuál era la base de estos beneficios?
   c) ¿Por qué perfeccionó Salomón la organización del gobierno hebreo?
   d) Dé las tres medidas que Salomón adoptó para conservar la paz en Israel.
   e) ¿De qué manera violó la ley con dos de estas medidas? (ver Deuteronomio 17:14-20).

C. Construcción del templo (1 Reyes 5:1 — 6:38; 7:13 — 9:9)

La edificación del templo fue la obra maestra en el extenso

programa de construcción de Salomón y el logro más importante de su reinado. Se dedica aproximadamente la mitad del espacio que ocupa la historia de Salomón a la construcción y consagración de este edificio. Al igual que David, Salomón comprendió lo importante que era tener un solo centro de adoración. Mucho antes, Moisés había profetizado que Dios había escogido un lugar en la tierra para poner su nombre (Deuteronomio 12:2-7), es decir, para revelarse. Si se limitaban los sacrificios al templo de Jerusalén, disminuiría la tentación de sacrificar en los numerosos lugares altos. También la centralización del culto en Jerusalén mostraría a las otras naciones que Israel adoraba solamente a un Dios.

1. *Preparativos para la construcción* (1 Reyes 5:1 — 12). Las circunstancias eran propicias para llevar a cabo el anhelo de David, es decir, la construcción del templo. Reinaba la paz en el Medio Oriente, pues las grandes potencias estaban debilitadas y los enemigos de los hebreos habían sido sometidos. Israel gozaba de su período de mayor prosperidad y había entablado buenas relaciones comerciales con sus vecinos. El sitio del templo ya estaba conseguido, pues David había comprado la era de Arauna. Además, había acumulado muchos materiales costosos para la construcción y su hijo agregó más todavía a lo que él había recogido. El proyecto sería enorme, y requeriría la coordinación de muchos equipos de obreros, pero Israel ya tenía un monarca capaz de dirigir la empresa. Además, Salomón estaba agradecido por la paz y prosperidad que Jehová le había concedido. No consideraba tales bendiciones meramente como una oportunidad de emprender un gran proyecto para Dios. Se daba cuenta de que había llegado al trono precisamente para este fin (1 Reyes 5:3-5).

Salomón consiguió la ayuda de Hiram, rey de Tiro. David había establecido una amistosa relación con los fenicios, pueblo mercader que ocupaba ciertas ciudades de la región a lo largo de la costa situada al norte de Israel. Tiro era dueña de unos bosques de cedros en el Líbano, cuya madera era la más fina que existía. Los fenicios la exportaban a diversas naciones para la construcción de edificios suntuosos. Este comercio hizo también que los fenicios desarrollaran el arte de cortar madera y prepararla para su uso. Los israelitas no tenían ni árboles ni la oportunidad de desarrollar este oficio. Salomón e Hiram hicieron un acuerdo de que los fenicios suministrarían madera de cedro y ciprés a cambio de pagos en trigo, aceite y vino. Además el rey de Tiro envió los mejores arquitectos y técnicos a Jerusalén para hacer diseños y dirigir la obra (1 Reyes 7:13, 14). El jefe de esta obra se llamaba Hiram: era procedente de Tiro, pero su madre era una israelita de la tribu de Dan (2 Crónicas 2:14).

2. *La construcción* (1 Reyes 5:13 — 6:38; 7:13-51). Los trabajos se hacían a base de prestaciones forzadas. Sobre los cananeos y ex-

tranjeros residentes recayó principalmente esta carga, pero tampoco quedaron exentos de ella los israelitas, quienes fueron obligados a tributar cuatro meses de trabajo al año. Este sistema contrasta con las ofrendas voluntarias para el tabernáculo. Treinta mil israelitas trabajaron en el Líbano para preparar la madera, turnándose en grupos de 10.000 por mes y volviendo a sus casas durante dos meses. Se utilizó un total de 150.000 obreros extranjeros: como portadores de carga 70.000 y como canteros 80.000, además 3.600 capataces (ver 2 Crónicas 2:17, 18). Puesto que se carecía de todo género de máquinas y medios de transporte, todo el trabajo debía realizarse a fuerza de brazos.

Los constructores usaron en la edificación piedras calizas blancas que deberían brillar con el sol y dar un aspecto hermoso al templo. La mayoría de estas piedras procedían de canteras ubicadas en las cercanías de Jerusalén. Todo el artesonado fue colocado sin ruido de martillos (1 Reyes 6:7). Cada sección había sido prefabricada en otro lugar y las distintas partes se ajustaban con tanta perfección, que el artesonado del techo podía colocarse primero y luego el de las paredes que lo sostenían. Fue edificado en siete años (1 Reyes 6:38).

La obra de construcción tiene interés especial para los que hacen una comparación entre la edificación de Salomón y la de la Iglesia de Jesucristo. Se emplearon distintas personas para los diversos trabajos. Todos los obreros tenían una labor específica, ya fueran especializados o no. El trabajo estaba bien organizado, como debe suceder en la Iglesia. Las piedras fueron cuidadosamente cortadas y cuadradas en las canteras. Así, las "piedras vivas" han de ser cortadas, sacadas del mundo y preparadas para ser colocadas en el templo espiritual. Asimismo, la obra de Dios a veces avanza en silencio. La propaganda y el sensacionalismo no son evidencia del progreso espiritual.

Durante la construcción, Jehová le habló a Salomón advirtiéndole que anduviera en los caminos de David su padre (1 Reyes 6:11-13). Tal vez estaba tan absorto en los detalles de la construcción, que descuidó la comunión con Dios. Salomón construía un magnífico templo, pero Dios buscaba un corazón humilde y obediente. La obra exitosa de un ministro de Dios no es sustituto de una fuerte vida espiritual. Hay pastores que caen en pecado al llegar al apogeo de su ministerio, porque descuidan el mantenimiento de la comunión con el Señor.

3. *Descripción del templo* (1 Reyes 6:1-38; 7:13-51). El templo de Salomón se asemejaba algo a los templos paganos, pero con algunas diferencias importantes. En el templo salomónico, no se encontraba asomo alguno de la idolatría. En el lugar santísimo no había imagen ni representación alguna de Dios, pues Dios es espíritu y no se lo puede representar materialmente. La obra de arte del mar de fundición (el pilón de agua lustral, ubicado en el atrio), era meramente de adorno.

También, si se compara el templo hebreo con los de los griegos y egipcios, resulta relativamente pequeño. Medía alrededor de 30 metros de largo, 10 de ancho y 15 de alto, un tamaño dos veces mayor que el del tabernáculo. (El Partenón, célebre templo de Atenas, medía 72 metros de largo por 34 de ancho y 18 de alto.) No fue edificado para que el pueblo se reuniera dentro, como en el caso de algunos enormes templos paganos; era solamente el sitio de sacrificio y el lugar donde Dios podía manifestar su presencia.

En el patio del templo estaba el gran altar de bronce que medía alrededor de nueve metros cuadrados de superficie y tres metros de alto. Allí también se encontraba la enorme pila de bronce que proveía agua para los sacerdotes y levitas al servicio del templo. Hecha en forma de copa, tenía unos dos metros de altura y cinco metros de diámetro. Estaba sostenida por doce bueyes de bronce.

El templo mismo se hallaba frente al oriente, con un pórtico de casi cinco metros, y a los lados había salas de almacenaje. Las hermosas piedras calizas bruñidas y las atrayentes líneas del exterior del templo le daban una sencilla dignidad. Dos hermosos pilares: Jaquín (El establecerá) y Boaz (en El hay fortaleza), embellecían la entrada prestando una simbólica seguridad en cuanto a la fidelidad y la bendición de Dios.

Las paredes del interior estaban revestidas de madera de cedro. El interior se dividía en dos secciones: el lugar santo y el lugar santísimo. En el lugar santo, donde los sacerdotes ejercían su ministerio, había diez candelabros de oro que señalaban que Israel debía ser luz a las naciones. Altos ventanales suministraban luz adicional. Frente a los candelabros, había una mesa con el pan que se ofrendaba a Jehová, en donde se colocaban todos los sábados doce panes frescos, uno por cada tribu. Los panes representaban la consagración del fruto de sus labores a Dios. Luego, próximo a la entrada del lugar santísimo, se hallaba el altar dorado de incienso, un hermoso símbolo de oración y alabanza.

Entre el pórtico y el lugar santo había un par de puertas plegables, hechas de madera de ciprés, talladas con flores, palmeras y querubines y revestidas con oro. El lugar santo y el santísimo estaban separados el uno del otro por cortinas. El interior del templo estaba saturado de la fragancia del cedro que lo revestía y brillaba con la riqueza del oro y de las joyas. El lugar santísimo era un cubo de unos nueve metros de lado. Dentro de él se encontraba el arca del pacto entre dos querubines, cada uno de ellos de cinco metros de altura.

4. *Dedicación del templo* (1 Reyes 8:1 — 9:9). El relato sobre el proyecto de construcción llega a su punto culminante en la descripción de la dedicación del nuevo edificio. Es significativo que este gran acontecimiento coincidió con la fiesta de los tabernáculos, ocasión que

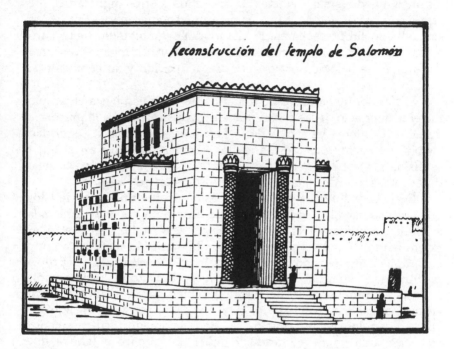

Reconstrucción del templo de Salomón

recordaba a los israelitas que en otra época habían sido peregrinos. Ahora la dedicación simbolizaba la transición de la morada de Jehová desde el tabernáculo, habitación de un pueblo nómada, hasta una casa permanente para El, en medio de un pueblo sedentario. Las festividades de la dedicación duraron dos semanas, y asistieron todos los ancianos de Israel, los jefes de las tribus y otros dignatarios que representaban al pueblo. Millares de animales fueron sacrificados en esta ocasión sin precedentes. El historiador sagrado menciona cuatro etapas en la dedicación: la colocación del arca en el templo, el discurso preliminar de Salomón, su oración de dedicación y su bendición al pueblo.

El traslado del arca desde la tienda de Jerusalén hasta el templo fue el primer acto de las ceremonias. El arca simbolizaba la presencia de Dios. Contenía las tablas de la Ley y así constituía la seguridad visible del pacto. Cuando los levitas instalaron el arca en el lugar santísimo, la nube de la gloria llenó el templo. Así Dios puso su sello de aprobación en el templo y lo santificó con su presencia.

En la ceremonia de dedicación, Salomón fue un siervo de Dios que representaba la nación elegida. Le dirigió un breve discurso a la asamblea reunida en el atrio, y luego se arrodilló ante el altar extendiendo las manos al cielo. Su sublime oración manifiesta tanto su amplia comprensión de la naturaleza divina, como su propia profundidad espiritual. Alabó a Jehová atribuyéndole incomparable majestad e infinita gracia. Reconoció también que, aunque la presencia divina residiría en el templo, Dios no se limitaría a él: "He aquí los cielos, los cielos de los cielos, no te pueden contener; ¿cuánto menos esta casa que yo he edificado?" (8:27). Le suplicó a Jehová que atendiera las oraciones de los extranjeros en el templo, para que volviesen a sus tierras a divulgar allí el conocimiento del verdadero Dios (8:38-43). Así demostró que se daba cuenta de que la vocación de Israel era testificar acerca de Dios a todos los pueblos, un concepto avanzado que pocos israelitas entendían.

Salomón oró por la casa real (8:23-26), pero pidió principalmente por la nación, empleando conceptos saturados con las enseñanzas de Deuteronomio 29. Rogó que Jehová oyera y respondiera cuando los hombres cometieran pecado, cuando fueran heridos por enemigos, y en épocas de sequía, hambre, plagas, guerras y cautiverio. Luego la oración terminó con acciones de gracias y alabanzas a Dios.

Después de la dedicación se apareció Jehová a Salomón para decirle que había escuchado sus plegarias. Renovó el pacto davídico, pero también le advirtió solemnemente sobre las consecuencias de la desobediencia. Si Salomón y sus hijos se alejaban de Dios, quedaría sin efecto todo lo que Dios les había prometido, Israel sería cortado de la faz de la tierra y el templo llegaría a ser espanto para todos los que lo vieran. Las palabras dichas a Salomón se cumplieron al pie de la letra.

¿Por qué Dios le hace esta advertencia en este momento? Muchos grandes siervos de Dios son tentados fuertemente después de haber logrado grandes cosas para la causa de Dios. A veces velan menos en tales circunstancias y están más propensos a satisfacer sus propios deseos. Dios, en su misericordia, obra para ayudar a sus siervos en los momentos de tentación.

D. Magnificencia exterior del reino (1 Reyes 7:1-12; 9:10 — 10:29)
1. *Programa de construcción* (1 Reyes 7:1-12; 9:10-25). Además del templo, Salomón construyó un magnífico palacio para sí mismo y una gran cantidad de obras públicas. El palacio estaba situado en la falda del monte Moríah entre el templo y la ciudad de David. Ocupaba un área aproximada de 45 metros por 23 y por 14 y fue construido en 13 años. El rey también amplió las murallas existentes en Jerusalén para encerrar dentro de su protección los nuevos edificios y barrios. Entre las obras se incluye la del Milo ("terraplén", Nácar-Colunga), que parece haber estado en el lugar del valle que separaba la colina de Sion del monte Moríah. David había comenzado a llenar este valle con relleno y lo acabó Salomón. Así se unió la nueva zona con la vieja ciudad.

Salomón llevó a cabo un extenso programa de construcción de caminos, de ciudades fortificadas donde se mantenían las guarniciones, y de ciudades de almacenamiento para propósitos administrativos. Estas obras fueron realizadas principalmente poniendo en trabajos forzados a los cananeos que todavía vivían en Palestina. Parece que Salomón los convirtió en esclavos permanentes. No obstante esto, también obligó a los israelitas a pasar parte de cada año trabajando para el estado. Pero también parece que eximió del trabajo a su propia tribu, Judá.

2. *Salomón y el comercio* (1 Reyes 9:26-28; 10:22, 26-29). Salomón era un hábil comerciante que sabía bien cómo aprovechar la situación estratégica de su país, que era un verdadero puente entre Egipto y Asia. Controlaba las principales rutas caravaneras que unían a estas ricas regiones. Una fuente de riqueza para Salomón eran las minas de cobre y hierro que se encontraban en la región del Arabá, situada al sur del mar Muerto. Se edificaron fundiciones para refinar estos metales en Ezión-geber, puerto marítimo situado en el extremo norte del golfo de Acaba.

Animado por el ejemplo de los navegantes fenicios, construyó una flota de naves que traficaba hasta el sudoeste de Arabia y hasta la costa africana de Etiopía. Fue la primera vez que un israelita había construido naves, y los fenicios enviaron marineros que conocían el mar para enseñarles el arte de navegar. Los barcos llamados "naves de Tarsis" (término que probablemente se refiere a "naves de fundición" o "navíos de alta borda") llevaron metales a otras naciones y volvieron con oro, plata, marfil, madera de sándalo y hasta monos y pavos reales. También los fenicios, que eran los grandes comerciantes de aquel entonces, traficaban en el mar Mediterráneo y aumentaban el comercio de Israel.

Salomón importaba caballos de Cilicia, de los heteos (hititas), y costosos carros de combate de Egipto. Fue el primer rey de Israel que empleó caballos y carros como armas de guerra. David había desjarretado la caballería de sus enemigos vencidos, con la excepción de un centenar (2 Samuel 8:4). Las rentas y los tributos de Salomón serían aumentados por las numerosas caravanas, empleadas en el comercio de las especias procedentes del sur de Arabia y enviadas a Siria y Palestina, al igual que a Egipto.[7] El comercio y los tributos, contribuyeron para hacer de Salomón el más rico de todos los reyes (1 Reyes 10:11-22; 2 Crónicas 9:22). En cambio, el floreciente comercio con las naciones paganas trajo consigo la introducción de muchos males que tenderían a corromper a Israel.

3. *Fama de Salomón* (1 Reyes 10:1-13). Las noticias de la sabiduría de Salomón y la magnificencia de su corte se divulgaron en muchas naciones. Entre los gobernantes que vinieron a Salomón para escuchar su sabiduría y recibir sus consejos sobre sus problemas, estuvo la reina de Sabá, la región meridional de Arabia que actualmente se llama Yemen, a 2.400 kilómetros de Jerusalén. Quedó abrumada por el esplendor y la extraordinaria magnificencia de la corte de Salomón, y por su sabiduría. Era obvio que esa sabiduría no podía explicarse sin reconocer que era otorgada por el Creador. Jesús usó el ejemplo de la reina para reprender la indiferencia de los judíos (Mateo 12:42). La reina tuvo que superar los prejuicios nacionales, las desventajas de ser mujer, y la tentación de orgullo que acompañaba a su cargo, y hacer un largo viaje. Todo esto para escuchar a alguien inferior al Hijo del Hombre.

4. *Materialismo y egoísmo de Salomón* (1 Reyes 10:14-25). Con el transcurso de los años, las riquezas continuaron acumulándose hasta que el oro era muy común en Jerusalén y la plata perdió su importancia. Pero, a medida que crecía su fama y aumentaban sus riquezas, Salomón se dejó arrastrar por los sentimientos hasta cegar su gran sabiduría. No supo administrar sus riquezas ni su grandeza con moderación. Hizo centenares de escudos de oro que sólo servían como objetos de ostentación. No estuvo contento con un trono sencillo, como el que tenía su padre David, sino que quiso tener para sí un trono superior al de cualquier otro rey de la época. Todo lo que hacía, lo hacía extravagantemente a gran escala. Se calcula que hasta

15.000 personas se sentaban a la mesa real, entre las 1.000 mujeres del harén* de Salomón, los funcionarios de la corte, los embajadores de otras naciones y las visitas.

E. Decadencia de Salomón (1 Reyes 11)

1. *Las mujeres de Salomón desvían su corazón* (1 Reyes 11:1-13). Salomón se casó con muchas princesas paganas para cimentar alianzas políticas. También los monarcas orientales formaban grandes harenes con el objeto de ostentar su poder y riqueza. Aparentemente, quería superar a sus vecinos en todo. Al entregarse a la sensualidad y al orgullo, se fue debilitando su voluntad y se enfrió su amor a Dios. Además, las mujeres apartaron el corazón del monarca de los caminos de Jehová. Edificó santuarios paganos donde ellas y los comerciantes extranjeros pudieran rendir culto a sus dioses, y finalmente él mismo participó en la adoración idolátrica.

Era necesario que Jehová castigara severamente al rey que había abusado tan abiertamente de las grandes bendiciones con las cuales había sido colmado. Es probable que empleara al profeta Ahías para pronunciar la sentencia de su juicio. El reino sería quitado de la dinastía de David, pero no todo. Un remanente sería perdonado "por amor a David mi siervo, y por amor a Jerusalén, la cual yo he elegido". Salomón había rechazado a Dios, y Dios lo rechazó a él.

2. *Enemigos y ocaso de Salomón* (1 Reyes 11:14-43). No se menciona nada acerca de la gloria de Salomón en sus últimos años. Al alejarse de Dios, perdió su sabiduría y dejó de ser importante. Dios levantó adversarios contra Salomón: Hadad de Edom en el sur, Rezón de Damasco en el norte y Jeroboam en su propia nación. Salomón, el rey apóstata, fue hostigado por sus enemigos durante el resto de su vida.

Por medio del profeta Ahías, Dios designó a Jeroboam, el capataz de los trabajos de construcción, para gobernar a las diez tribus que se separaron después de la muerte de Salomón. La capa nueva que fue rasgada simbolizó la división del reino, que tenía solamente unos cien años de existencia. El Eclesiastés nos muestra cuán vacía fue la vida del anciano y corrompido rey. Murió cuando tenía alrededor de 60 años. El hombre más sabio del mundo se hizo insensato y dejó que el orgullo, los placeres y el materialismo lo arrastraran a la ruina. El peso de los impuestos para mantener a la corte y el costo enorme del sostenimiento del ejército y el desarrollo de las obras públicas eran opresivos para el pueblo y causaron el descontento. Al morir, Sa-

---

*Según 1 Reyes 11:3, Salomón tenía 700 reinas y 300 concubinas. Sin embargo, muchos eruditos piensan que los copistas han hecho un error en la transmisión de la cifra. Cantares habla de 60 reinas y 80 concubinas (Cantares 6:8). Se ha comprobado el hecho de que existen algunas glosas en las cifras que presentan los libros de los Reyes y los de las Crónicas (ver la introducción a estos libros).

lomón dejó el tesoro vacío, el pueblo desilusionado y un reino a punto de dividirse.

Se destacan en la historia de Salomón su sabiduría, el reinado de paz y prosperidad, la construcción del templo y el esplendor de su reino. Comenzó bien, pero parece que carecía de la espiritualidad de su padre. La Ley había declarado que los reyes no debían multiplicar para sí riquezas, caballos ni esposas (Deuteronomio 17:14-20), pero Salomón multiplicó las tres cosas. Se convirtió en un déspota oriental que consideraba que el reino existía para beneficio del rey. Así se cumplió la predicción hecha por Samuel de que el rey oprimiría a Israel (1 Samuel 8:10-18).

Preguntas
Desde la construcción del templo hasta la decadencia de Salomón (1 Reyes 5 — 11)

1. a) Dé dos razones importantes que justificaron la construcción del templo.
   b) ¿Cuáles eran las circunstancias o condiciones propicias para la edificación del templo que existían al comienzo del reinado de Salomón?
2. a) ¿Qué podemos aprender acerca del evangelismo personal observando el trato de Salomón con Hiram? (ver 1 Reyes 5:2-5).
   b) Consulte un diccionario bíblico para averiguar datos sobre los fenicios. Indique algunas características de ellos.
   c) ¿Por qué buscó Salomón la madera fina de los fenicios?
   d) ¿Cómo consiguió Salomón los obreros que necesitaba para la construcción?
   e) ¿Qué le parece a usted este método de Salomón? ¿Por qué le parece así?
3. a) ¿Qué tipo de arquitectura tuvo el templo? (ver 6:1-38).
   b) ¿Cómo difería el templo de los templos paganos?
   c) A su parecer, ¿convendría que nosotros construyéramos templos imponentes? Explique las razones de su respuesta.
4. a) ¿En qué sentido fue muy apropiada la dedicación del templo en la fecha de la fiesta de las cabañas?
   b) ¿Qué significó que la gloria de Dios llenara el templo cuando el arca fue instalada en el lugar santísimo?
   c) Indique la parte de la oración dedicatoria que señala la misión de Israel para con las demás naciones.
5. a) ¿Qué tenía de malo el programa de obras públicas?
   b) ¿Qué peligro significó el comercio de Israel?
   c) ¿Qué gran oportunidad favorable proporcionaría este comercio con el extranjero?

6. a) Haga una comparación entre la reina de Sabá y un creyente que busca a Cristo.

   b) ¿Qué paralelo ve usted entre Salomón y Cristo en este episodio?

7. Use el ejemplo de Salomón para mostrar el peligro que puede correr el creyente que prospera materialmente.

8. a) ¿Cuál fue la acusación principal de Dios contra Salomón?

   b) ¿En qué sentido mezcló Dios misericordia con juicio al pronunciar la sentencia contra el rey?

   c) Dé tres lecciones prácticas acerca de la caída de Salomón.

9. a) ¿Quién era Jeroboam?

   b) Señale la importancia que tuvo su tribu a través de la historia de Israel narrada en el libro de los Jueces, y relaciónela con el hecho de que Jeroboam se levantó contra la casa de David.

   c) ¿Qué simbolizaba el gesto del profeta de rasgar su capa nueva en 12 pedazos?

II. La división del reino: historia sincrónica de los reyes hasta Omri y Asa (1 Reyes 12:1 — 16:28)

A. Cisma político y religioso (1 Reyes 12)

1. *Causas de la división*. El cisma tuvo sus raíces en la rivalidad entre Judá y Efraín. Judá era la tribu más grande de Israel y había llevado la posición delantera en la peregrinación en el desierto. Efraín era una tribu poderosa y siempre celosa de la supremacía de Judá. Jacob no se dio cuenta de que había sembrado la semilla de división. en Israel cuando, en su favoritismo, le confirmó la primogenitura a Efraín (Génesis 48).* Dos veces, Efraín dio muestras de que se consideraba de especial importancia: primero ante Gedeón (Jueces 8:1-3) y luego ante Jefté (Jueces 12:1-6), quejándose en ambas ocasiones de no haber sido reconocido debidamente.

La divergencia entre las diez tribus del norte y Judá se hizo evidente en la elección de Saúl, que pertenecía a Benjamín, una pequeña tribu neutral ubicada entre las poderosas tribus de Judá y Efraín. Luego, se destaca de nuevo cuando Saúl fue muerto y Judá solo coronó a David. Otra evidencia de esta tendencia se observa en la sublevación de Seba que comenzó con la discordia entre las tribus

---

*Jacob mismo fue elegido divinamente para recibir la primogenitura a pesar de que era el hermano menor de Esaú. Sin embargo, no existe evidencia en la historia posterior de Israel, de que Jacob fuera guiado por Dios para entregar la posición privilegiada a Efraín, descendiente de su hijo favorito, José. Es incongruente que el hombre que fuera víctima del favoritismo paterno hacia su hermano Esaú (Génesis 27), cayera en el mismo pecado, primero mostrando parcialidad a favor de José cuando era joven y luego de los hijos de José cuando estaba cerca de la muerte.

del norte y Judá en cuanto a la escolta del rey cuando iba rumbo a Jerusalén (2 Samuel 19:41 — 20:22).

La política de Salomón dio ímpetu al espíritu de escisión. En vez de tratar de cerrar la brecha, Salomón la agravó. La pesada carga de los impuestos y las repetidas demandas de obreros para que realizaran trabajos forzados en los proyectos de construcción, produjeron descontento en el interior de la nación. Para empeorar las cosas, al parecer, Salomón eximió a su propia tribu del trabajo.

Sobre todo, fue la debilidad espiritual de Salomón la que aparejó el camino para la ruptura. El secreto de la unidad nacional se encontraba siempre en el vínculo del culto común a Jehová. Si el rey no mantenía a la nación fiel a su Dios, tanto Israel como su monarca caerían. Salomón edificó templos paganos en Jerusalén para sus esposas extranjeras y los mercaderes de otros países, y luego les rindió culto a Astoret, la impura diosa de los fenicios, a Quemos, el dios de los moabitas, y a Moloc, el cruel dios de los amonitas. Así sembró confusión religiosa en Israel y debilitó el vínculo espiritual que unía las tribus. Además, este pecado debía traer sobre Salomón un castigo ejemplar. Dios había advertido cada vez más claro que la infidelidad les traería la ruina (ver 1 Samuel 12:14, 15; 1 Reyes 9:6-9). El cisma del reino fue consecuencia directa de la idolatría de Salomón (1 Reyes 11:9-11).

2. *La política insensata de Roboam* (1 Reyes 12:1-24). La intransigencia de Roboam ante las diez tribus precipitó la latente ruptura. Poco después de la muerte de Salomón, se convocó en Siquem una reunión de los ancianos de Israel. Estos le querían poner condiciones al nuevo rey antes de coronarlo. Es probable que Jeroboam fuera el vocero de las tribus, pues tan pronto como supo que Salomón había fallecido, volvió de Egipto, donde residía. Al parecer, los ancianos ya sabían que Ahías le había anunciado que sería rey de las diez tribus, pero le dieron a Roboam la oportunidad de rectificar las injusticias de su padre. Todo lo que deseaban era el alivio de los pesados impuestos y de la carga de los trabajos forzados.

A Roboam le faltaba la sensatez que nace con la disciplina en el hogar y la experiencia en el trabajo. Fue criado en el harén, separado de la vida del pueblo común y probablemente mimado por su madre y por los siervos de palacio. No se compadecía de su pueblo; más bien tenía el mismo espíritu egoísta que había mostrado su padre. Ante las demandas de los ancianos, Roboam consultó primero con los consejeros de avanzada edad. Pero el consejo que ellos le dieron era contrario a sus propias ambiciones, e hizo llamar a los compañeros de su juventud, quienes eran hijos de nobles o meros parásitos de la corte. Ellos sabrían decirle las cosas que él quería escuchar. Estuvieron de acuerdo con Roboam en que cualquier concesión sería interpretada como debilidad y sería seguida de nuevas exigencias. La respuesta dura y arrogante de Roboam provocó la separación permanente de diez de las doce tribus. El hijo de Salomón se quedó sólo con el apoyo de Judá y de la tribu de Benjamín. El reino septentrional tomó el nombre de "Israel" y a veces "Efraín", mientras que el reino del sur se llamó "Judá".

3. *La división religiosa* (1 Reyes 12:25-33). ¿Qué haría Jeroboam con la oportunidad que se le presentaba como nuevo monarca de las diez tribus de Israel? Sabía bien que el cisma del reino no se debía a las amenazas imprudentes de Roboam, sino a la idolatría de Salomón (1 Reyes 11:31-39). Dios le había prometido que si andaba en los caminos rectos sería un gran rey y su dinastía sería firme. Pero Jeroboam temía más el retorno del pueblo a la adhesión a la casa de David, que la voz de Dios. Entonces decidió levantar barreras religiosas para que sus súbditos no fuesen a Jerusalén para rendirle culto a Dios. Substituyó el culto del templo en Jerusalén por la adoración a los becerros de oro que él colocó en Bet-el y Dan. Bet-el estaba en la ruta que conducía a Jerusalén, y Dan se encontraba en el extremo norte. Es probable que se le ocurriera la idea de fundir imágenes en forma de becerro, por lo que observó cuando estuvo en Egipto. Los egipcios adoraban al toro Apis, símbolo de la fuerza generadora. Aunque probablemente él quisiera que los becerros fueran sólo símbolos de Jehová, pronto se hicieron objetos de idolatría. Además, rebajó el concepto acerca de Dios, que es espíritu, al representarlo en forma material y mucho más en forma de bestia.

Jeroboam instituyó también un nuevo sacerdocio, empleando hombres que no eran de la tribu de Leví, e introdujo cambios en las fiestas y las leyes religiosas. Muchos levitas y sacerdotes, perseguidos por Jeroboam, se pasaron a Judá (2 Crónicas 11:13-17). Desgraciadamente, el ejemplo idolátrico motivado por la ambición egoísta y mundanal de Jeroboam, fue imitado por todos los reyes de Israel.

4. *El reino dividido.* El cisma del reino del norte fue una de las tragedias más grandes de la historia de Israel. Un reino poderoso se convirtió en dos estados débiles y hostiles entre sí. Sostuvieron guerras intermitentes entre ellos que los debilitaron aún más a ambos. Como consecuencia, ni uno ni otro pudieron resistir al empuje de las grandes potencias que surgieron en el Medio Oriente. A los 209 años de la ruptura, las diez tribus fueron llevadas cautivas a Asiria y nunca volvieron. El reino del sur sobrevivió solamente 136 años más y fue transportado a Babilonia. Durante los 209 años de existencia del reino del norte, ninguno de sus reyes hizo lo que era recto a los ojos de Jehová.

Aunque el reino del norte era más grande y poderoso que Judá, era menos estable. El espíritu de revolución quedó en Israel como una

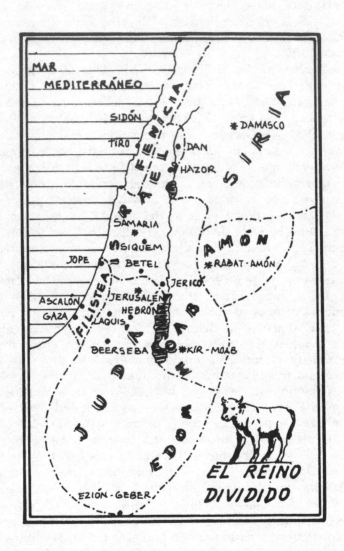

EL REINO DIVIDIDO

debilidad permanente. En sus dos siglos de existencia, tuvo ocho dinastías y diecinueve reyes, con un promedio de un poco más de diez años por cada reinado. También, el reino del norte cambió de capital tres veces: primero fue Siquem, luego Tirsa, y finalmente Samaria. En contraste, el reino del sur, más pequeño, mantuvo la dinastía de David y pudo superar muchas crisis. Aunque la mayoría de sus reyes eran indignos, también hubo algunos de ellos que sirvieron a Jehová, y de tiempo en tiempo hubo en Judá grandes reformas. La casa de David, elegida por Jehová, constituyó un vínculo de unidad que le permitió al reino del sur sobrevivir por un período más largo que el reino hermano del norte.

Las fechas importantes en la historia del reino dividido son:

El cisma de la nación hebrea	931 a.C.
La destrucción de Samaria	722 a.C.
La caída de Jerusalén	586 a.C.

B. Reyes de Israel: desde Jeroboam I hasta Omri (1 Reyes 13:1 — 14:20; 15:25 — 16:28)

1. *Jeroboam* (1 Reyes 13:11 — 14:20). Jehová no fue indiferente al triste estado espiritual del reino del norte. Envió a un profeta anónimo para condenar el culto a los becerros. Este profeta alzó su voz para anunciar la suerte que correría el altar en el futuro lejano. Su asombrosa profecía, que menciona el nombre de Josías 300 años antes de que naciera, fue cumplida al pie de la letra (2 Reyes 23:15, 16).* Jeroboam en seguida ordenó que fuera detenido, pero Dios intervino, paralizando el brazo del rey y rompiendo el altar. Pero ni aquellos milagros ni la sanidad de su mano hicieron recapacitar al monarca idólatra.

¿Por qué castigó tan duramente Dios al profeta por haber comido con el anciano hombre de Dios? La misión del profeta era severa; debía ayunar como símbolo de tristeza por la idolatría. Su muerte y las circunstancias de ella habrían de servir como señal al rey y sus súbditos de que Dios castigaba inexorablemente la desobediencia. El aspecto milagroso de la señal se encontraba en el hecho de que el león estaba junto al cadáver sin tocarlo ni atacar al asno. La tumba del profeta en Bet-el serviría como un recuerdo al reino del norte de que Jehová desaprobaba el culto a los becerros y castigaba la desobediencia.

El juicio más duro contra Jeroboam fue pronunciado por Ahías, el profeta que le había prometido que gobernaría sobre las diez tribus.

---

*Es fuera de lo común que la profecía mencione nombres. Se encuentran solamente dos casos así en el Antiguo Testamento; el otro es Ciro (Isaías 45:1). Por regla general, la profecía presenta principios generales y no detalles tan específicos.

Esta fue la ocasión en que la mujer de Jeroboam llegó disfrazada al profeta para consultarlo acerca de la suerte de un hijo muy enfermo. Ahías la reconoció y predijo el exterminio de todos los varones de la casa de Jeroboam, y también que Israel sería transportado más allá del Eufrates, profecía que se cumplió en la conquista del reino del norte por Asiria. Nadab, el hijo de Jeroboam, reinó solamente dos años y fue asesinado por Baasa, que reinó en su lugar.

A pesar de todas las advertencias proféticas, las señales del profeta anónimo, y la repentina muerte de su hijo, Jeroboam siguió practicando la idolatría. Hubo una continua lucha entre Judá e Israel en esta época, e Israel fue debilitándose. Se describe a Jeroboam así: "pecó, y ha hecho pecar a Israel" (1 Reyes 14:16).

2. *Nadab, Baasa, Ela, Zimri y Omri* (1 Reyes 15:25 — 16:28). En pocas palabras, el escritor sagrado narra la historia de cinco reyes del reino del norte: tres de ellos murieron violentamente. Baasa cumplió el juicio divino contra la casa de Jeroboam, pero durante los 24 años de su reinado, continuó el mismo mal proceder. Pasó por alto la terrible profecía de Jehú.

Hubo guerra entre Judá e Israel durante todo el reinado de Baasa. Aparentemente, muchos súbditos del reino del norte se pasaron al reino del sur porque vieron que Jehová bendecía a Judá durante el reinado de Asa, rey piadoso (2 Crónicas 15:9). Para contrarrestar esa emigración y controlar las rutas que conducían a Jerusalén, Baasa avanzó su frontera hasta Ramá, nueve kilómetros al norte de Jerusalén (1 Reyes 15:17). Viéndose en gran aprieto, Asa consiguió la ayuda militar de Siria, y el reino del norte fue derrotado. Siria se apoderó de la totalidad del territorio de Neftalí y obtuvo el control de las lucrativas rutas de las caravanas, las cuales conducían a Aco, ciudad comercial de los fenicios.

A la muerte de Baasa, su hijo Ela le sucedió y reinó dos años. Zimri, jefe de la mitad de los carros de combate, asesinó a Ela y luego exterminó "toda la casa de Baasa". Así se cumplió la profecía de Jehú. Es interesante notar que la dinastía de Baasa no fue castigada solamente por las malas obras de éste, sino también por haber destruido la casa de Jeroboam (1 Reyes 16:7). Aunque Dios emplea a ciertos hombres para hacer justicia sobre los malos, no los inspira a conspirar, ni a asesinar; sólo les permite hacerlo por la propia voluntad de ellos. Luego tiene que castigar a los instrumentos de su justicia (ver Isaías 10:5-12).

Zimri no había obtenido el apoyo de Omri, el general del ejército del reino del norte. Cuando las noticias sobre el rey llegaron al ejército, que había emprendido una campaña contra la ciudad filistea de Gibetón, las tropas hicieron rey a Omri. Este puso sitio a Tirsa, capital de Israel. En su desesperación, Zimri incendió el palacio y pereció en las llamas. Había reinado solamente siete días. Al principio, Omri no fue reconocido como rey por todo Israel, pero sus partidarios derrotaron a su rival Tibni, después de cuatro años de guerra civil.

Omri fue uno de los reyes más poderosos de Israel y fundador de la dinastía más notable del reino norteño, que duró cuatro generaciones. Sus sucesores fueron Acab, Ocozías y Joram. La "piedra moabita", descubierta en 1868, relata cómo Omri "humilló a Moab muchos días". Moab fue sometido por Omri y estuvo bajo el dominio de Israel por 40 años. El acto más notable fue edificar la nueva capital en Samaria ("monte de atalaya"). La elección del lugar, por su centralidad y facilidad para la defensa, demuestra el buen criterio político-militar del monarca. Omri, y luego su hijo Acab, construyeron murallas muy fuertes alrededor de la ciudad. Se considera que la obra de construcción y los materiales empleados en estos muros son superiores a los de cualquier otra muralla encontrada en Palestina. Como resultado de las buenas fortificaciones, Samaria resistió muchos sitios; y aun a los asirios, quienes tenían el ejército más poderoso de aquel entonces, les costó tres años de sitio penetrarla. Omri fortaleció a su país militar y comercialmente hasta el punto que los asirios llegaron a llamar a Israel "la tierra de Omri", y lo siguieron haciendo 150 años después de la muerte de éste.

Para consolidar su posición y fomentar el comercio, Omri estableció buenas relaciones con los fenicios. Las cimentó con una alianza matrimonial entre su hijo Acab, y Jezabel, princesa fenicia. Así se introdujo la religión notoriamente impura del Baal fenicio en el reino del norte, al cual le trajo funestas consecuencias por largos años. Por esto, el historiador inspirado dice acerca de Omri que "hizo peor que todos los que habían reinado antes de él" (16:25). También mantuvo buenas relaciones con el reino del sur, política que culminó con el matrimonio entre las familias reales de los dos reinos (2 Crónicas 22:2).

C. Reyes de Judá: desde Roboam hasta Asa (1 Reyes 14:21 — 15:24)

1. *Reinados de Roboam y Abiam (Abías)* (1 Reyes 14:21 — 15:8; 2 Crónicas 11 — 13). Durante los tres primeros años de su reinado, Roboam sirvió a Jehová (2 Crónicas 11:17). Fortificó 15 ciudades de Judá y Benjamín, mayormente las del sur hacia Egipto. Al igual que su padre Salomón, tomó muchas mujeres para su harén, incluso tres que eran parientes cercanas. Pero dio sabiamente trabajo a sus hijos, dispersándolos entre las distinas poblaciones de provincias, y asignando a cada uno un cargo.

Consolidado el reino del sur, el rey y su pueblo abandonaron a

Jehová, y se dieron al desenfreno del culto cananeo (1 Reyes 14:22-24). Una vez más se veían las llamas de los altares y las orgías frenéticas en los lugares altos de todo Judá. La madre de Roboam era amonita (1 Reyes 15:14), y es probable que llevara a su hijo cuando era pequeño a los cultos cananeos y le enseñara que Jehová era meramente uno de los muchos dioses que existían. Además, el cronista comenta que Roboam "hizo lo malo porque no dispuso su corazón para buscar a Jehová" (2 Crónicas 12:14).

Dios castigó a Roboam, y a Judá permitiendo que Sisac de Egipto tomara muchos pueblos y ciudades en Judá y en Israel.* Roboam había preferido confiar en sus fortificaciones y no en el apoyo del Altísimo, y ahora les habían fallado. Los egipcios acamparon delante de Jerusalén y la amenazaron, cuando el profeta Semaías anunció que la invasión era el castigo de Dios sobre la tierra. Roboam y los príncipes se humillaron, y Dios perdonó a Jerusalén. Sin embargo, Roboam tuvo que entregar a Sisac rey de Egipto los tesoros del palacio y del templo acumulados por Salomón, para que no tomara la ciudad. Sisac no mantuvo su dominio sobre Palestina, pero grabó en el muro sur del gran templo de Amón en Karnac, el relato de la conquista, y una figura le representa entregando a su dios Amón 150 ciudades de Palestina.

En el reinado de Roboam, Judá declinó. La idolatría de este rey indigno, la situación de guerra intermitente entre los dos reinos y la devastadora invasión egipcia, se combinaron para debilitar notablemente al reino del sur.

Abiam (Abías), el hijo de Roboam, siguió los pasos idólatras de su padre. No perjudicó el culto a Jehová, pero permitió la adoración de dioses ajenos. "Mas por amor a David, Jehová su Dios le dio lámpara en Jerusalén", y no apagó su dinastía. El cronista relata un episodio en que Jehová le concedió a Abiam una gran victoria sobre Jeroboam porque señaló que Jehová había prometido el reino a David para siempre: Jeroboam era un rebelde y un usurpador. Además, en esta ocasión Abiam y sus súbditos le rindieron culto al verdadero Dios. Abiam reinó solamente tres años.

---

*Muchos estudiosos de la Biblia creen que Sisac invadió Palestina porque Jeroboam pidió su ayuda en sus guerras contra Judá. Es posible que Sisac ya hubiera conspirado contra los hebreos en la época de Salomón. Por esto habría recibido en su corte a los enemigos exiliados de éste, Habad el edomita y Jeroboam (1 Reyes 11:14-40). Sisac es Sheshonk I de Egipto (c. 945-925 a.C.), fundador de la XXII dinastía, cuya momia recubierta de oro fue descubierta en Tanis. Sisac era un noble libio y su enorme ejército estaba formado principalmente de bárbaros procedentes de Libia y Etiopía. Las tropas de Sisac devastaron la región por donde pasaron y destruyeron completamente ciudades tales como Debir y Ezión-Geber. Llegaron hasta Meguido, donde los arqueólogos han excavado parte de la estela de Sisac. Si el reino del norte realmente pidió la ayuda militar de Egipto, aprendió una lección muy dura: muchas de sus ciudades fueron saqueadas también por los mercenarios. Los hebreos no fueron más a Egipto para recibir ayuda, salvo en momentos de extrema crisis, cuando los asirios y luego los babilonios amenazaron su misma existencia.

2. *Asa, el primer rey reformador* (1 Reyes 15:9-24; 2 Crónicas 14 — 16). Asa reinó 41 años y fue el primero de los reyes buenos en el reino del sur. Su largo reinado (910-870 a.C.) coincidió con los de siete reyes de Israel, desde fines del reinado de Jeroboam hasta comienzos del de Acab. Aunque Asa no terminó bien, su reinado comenzó muy bien.

Asa sirvió a Jehová en su juventud a pesar de haber sido criado en un ambiente de idolatría e inmoralidad. Tuvo por padre a Abías (Abiam), rey idólatra, y a Maaca por abuela. Esta, como reina madre, tenía gran influencia en la corte y era adoradora de Asera, la diosa del amor sexual. En todas partes los israelitas le daban culto en los lugares altos y menguaba el culto a Jehová en el templo situado en Jerusalén. George Rawlinson comenta: "Jehová era adorado nominalmente en estos sitios, pero más bien como un dios local; no como el Dios universal, y con ritos que no eran autorizados y estaban quizá un tanto mezclados con el paganismo."[8] Los hebreos también adoraban a Baal y Astarte, dioses de la fertilidad, en estos lugares cúlticos de los antiguos cananeos. Sus ritos lascivos incluían actos antinaturales, empleando tanto mujeres como hombres para la prostitución "sagrada". ¿Cómo es que Asa servía a Jehová, cuando su ambiente era idolátrico? Es posible que ciertos profetas, o tal vez miembros de las compañías de profetas, contrarrestaran la influencia pagana sobre el príncipe durante sus años de formación.

Asa llevó a cabo una reforma quitando los ídolos y muchos lugares altos y expulsando a los sodomitas (hombres prostituidos). Es probable, sin embargo, que no tocara los lugares altos donde se practicaba el culto a Jehová (ver 2 Crónicas 14:3; 15:17). Mandó a Judá que buscase a Jehová y pusiera por obra la Ley divina. Se atrevió a destituir a la reina madre, Maaca, que había sido el espíritu imperante en la corte durante dos reinados. Dios lo recompensó dándole un período de paz. Asa aprovechó este período para fortificar las ciudades de Judá y reforzar el ejército.

En el décimo cuarto año del reinado de Asa, Judá fue invadido por un numerosísimo ejército de Etiopía probablemente organizado y enviado por el faraón Osorkon I, sucesor de Sisac. Asa clamó a Jehová pidiendo su ayuda. Luego, envió sus tropas sobre la hueste mercenaria. La gran victoria de Asa sobre fuerzas dos veces más numerosas que las suyas, pone de relieve la intervención divina. Los judíos y benjamitas volvieron a Jerusalén con un gran botín. Derrotado decisivamente, Egipto no se atrevió a invadir a Palestina por siglos.

Animado por la victoria militar y las exhortaciones del profeta Azarías, Asa continuó con más vigor su gran reforma en todo el reino del sur. También restauró el altar de Jehová. Muchas personas del reino del norte, al ver cómo Dios estaba con Asa, emigraron a Judá. Asa reunió en una gran asamblea a su propio pueblo, así como el pueblo que se había unido al reino del sur. Se celebró una gran fiesta, se sacrificó el ganado tomado del ejército invasor, y Asa exhortó a los asistentes a que renovaran su pacto con Dios para servirlo con todo su corazón.

La emigración de sus súbditos hacia Judá, no fue del agrado de Baasa, monarca del reino septentrional, como ya se contó. Este resolvió fortificar Ramá, nueve kilómetros al norte de Jerusalén, y cortar las rutas que conducían del norte a esta capital. Así pondría fin a la emigración de su pueblo. Alarmado por el peligro, Asa pensó que necesitaba ayuda para desalojar a su enemigo de este puesto tan fuerte, pero no la pidió a Jehová como había hecho en la invasión de los etíopes. Solicitó más bien la intervención de Ben-adad, de Siria, el rey más poderoso en la región situada entre Egipto y el río Eufrates. Compró la amistad de este monarca, regalándole los tesoros que se habían acumulado en el templo desde que lo había saqueado Sisac. Siria pronto invadió Israel, y conquistó todo el extremo septentrional de los dominios de Baasa.

Asa probablemente se felicitara a sí mismo por haber solucionado el problema de Ramá sin perder una gota de sangre de sus soldados, pero fue grande su disgusto cuando el profeta Hanani lo reprendió por no haberse apoyado en Jehová. Reaccionó fuertemente, encarcelando al profeta y oprimiendo a algunos del pueblo. Es la primera vez que se menciona que un rey hebreo persiguiese a un profeta, y es una mancha en la persona de Asa.

En su vejez, Asa enfermó de los pies, pero prefirió confiar en los médicos en lugar de confiar en Dios. Este incidente nos revela que era costumbre de los hebreos consultar a Dios en cualquier eventualidad de la vida, incluso en la enfermedad.

Al hacer alianza con Ben-adad, Asa no solamente demostró desconfianza en Jehová sino que también se colocó bajo compromiso con un rey pagano. Los profetas siempre se oponían a las alianzas con los países vecinos, pues los paganos creían que sus dioses controlaban sus asuntos y los protegían, de modo que los dioses paganos eran inseparables del estado. Por regla general, los reinos hebreos eran inferiores militarmente a aliados tales como Siria, Egipto o Asiria. Buscar una alianza con una nación pagana era como reconocer que sus dioses eran más poderosos que Jehová. Las alianzas con otras naciones casi siempre fueron acompañadas por la introducción del culto a sus divinidades. Además, solicitar ayuda a un monarca pagano para solucionar las disputas entre los dos reinos hebreos, era meter a los paganos en los asuntos del pueblo de Dios. El apóstol Pablo les presenta algo paralelo a los creyentes de Corinto al señalar la vergüenza que trae al Evangelio el llevar los pleitos entre cristianos ante jueces incrédulos (1 Corintios 6:1-11).

Preguntas
La división del reino: los reyes hasta Omri y Asa
(1 Reyes 12:1 — 16:28)

1. a) Mencione las causas indirectas de la división del reino.
   b) ¿Cuál era la causa más importante? Explique por qué lo considera así.
2. a) ¿Por qué Roboam se negó a atender las peticiones de las diez tribus?
   b) Mencione dos lecciones prácticas acerca de la crianza de los hijos que se aprenden estudiando la historia de Roboam.
   c) ¿Qué papel desempeñaría Jeroboam en la ruptura del reino?
3. a) Indique las tristes consecuencias del cisma del reino del norte.
   b) ¿Cuál reino duró más tiempo? ¿Por qué?
   c) Señale los resultados de la división en una iglesia local.
   d) En su opinión, ¿cuál sería un motivo digno de escisión en su congregación o en su denominación?
4. a) Dios llamó tanto a Ahías como a Jeroboam, a uno para que fuera profeta y al otro para que fuera rey. Mencione las cualidades de Ahías que lo llevaron a cumplir la voluntad de Dios y las de Jeroboam que lo hicieron ser un tropiezo al reino del norte.
   b) A su parecer, ¿cuál fue el peor defecto de Jeroboam?
   c) ¿Qué parte de la profecía contra el altar idólatra fue muy diferente a muchas otras profecías?
   d) ¿Por qué castigó Dios tan severamente al profeta desconocido que comió en la casa de otro profeta?
5. a) Señale cuatro características del reino del norte en el período que transcurrió entre la escisión y el reinado de Omri.
   b) Mencione el gran logro de Omri, y luego su gran maldad.
6. a) Haga un contraste entre Roboam y Asa.
   b) ¿Qué defecto de carácter se ve en Asa cuando reaccionó negativamente a la reprensión del profeta?
   c) A su parecer, ¿cuál es la mayor lección práctica que ofrece la vida de Asa?

III. Acab y Elías
(1 Reyes 16:29 — 2 Reyes 1:18)

A. La lucha entre Elías y el baalismo (1 Reyes 16:29 — 19:21)

1. *Acab y Jezabel* (1 Reyes 16:29-34). Para los lectores asiduos de la Biblia, Acab y Jezabel son los soberanos más conocidos del reino del norte. Acab era una extraña combinación de elementos buenos y malos. Era un gobernante capaz y caudillo militar valiente. Sostuvo guerras con los sirios y a menudo los venció. Mantuvo la política de tener relaciones amistosas con Judá y éstas culminaron con el enlace

matrimonial entre su hija Atalía y Joram, hijo de Josafat, rey de Judá. Por estar casado con Jezabel de Sidón, Acab promovía el comercio con Fenicia. Los pesados tributos en ganado que recibía de Moab, le proporcionaban un equilibrio favorable en el comercio con Fenicia y Siria. Bajo Acab, Israel prosperó materialmente.

Por todo el reino septentrional, Acab fortificó las ciudades existentes y construyó nuevas. Las excavaciones realizadas en Samaria revelan que edificó dos murallas concéntricas de defensa alrededor del recinto del palacio en Samaria: la exterior tenía seis metros de espesor y la interior, metro y medio. La famosa casa de marfil (su palacio) tenía las paredes revestidas de mármol blanco, lo que les daba la apariencia de marfil. En un cuarto de almacenaje del palacio de Acab, los arqueólogos han encontrado más de 200 figuras de adorno, placas y cuarterones de bajorrelieves, todas hechas de marfil.

Por otra parte, Acab era una persona muy débil en lo espiritual y moral. Aunque nunca dejó públicamente de ser adepto de Jehová; edificó para Jezabel un templo dedicado Baal-Melqart, el dios fenicio de las tormentas y las cosechas. También él sacrificó a esta deidad pagana con lo que demostraba que no reconocía a Jehová como único y verdadero Dios, sino que pensaba que estaba al mismo nivel de los dioses paganos. Acab permitía que su inescrupulosa y dominante esposa propagara en Israel la impura religión de Baal-Melqart. Lo que Jezabel ambicionaba era desarraigar el culto de Jehová e instituir el culto a Baal como religión oficial de Israel. Persuadió a Acab para que introdujera también el perverso culto a Asera y le permitiera perseguir a los profetas de Jehová que se le opusieran. Por esto, el historiador sagrado considera que Acab fue el peor de los reyes del norte.

La decadencia espiritual llegó a tal punto, que Hiel desafió la maldición de Josué (Josué 6:26), reconstruyendo a Jericó. La maldición sobre Jericó significaba que esa ciudad quedaba borrada del número de las ciudades de Canaán. Hasta entonces, ningún israelita se había atrevido a reedificarla. Es probable que Hiel fuera comisionado por Acab para llevar a cabo el proyecto. No se sabe si Dios castigó a Hiel quitándole la vida de sus dos hijos, o si los ofreció como sacrificio a los dioses cananeos. Los ritos cananeos exigían el sacrificio de un niño al poner la primera piedra y de otro al colocar la última. El reino del norte había llegado a tal crisis espiritual, que la religión de Jehová estaba en peligro de desaparecer.

2. *Elías y la gran sequía* (1 Reyes 17). Ante la crisis religiosa del reino del norte, Dios respondió levantando un poderoso profeta. La misión de Elías fue la de contrarrestar la corriente de baalismo fenicio que amenzaba barrer por completo la religión de Jehová. El nombre de Elías significa "Jehová es Dios". Aunque designa a Elías como

"profeta", la expresión que se emplea con más frecuencia para describirlo es "varón de Dios". Elías es uno de los personajes más grandes e interesantes de la historia hebrea. Tenía aspecto rústico, con el pelo largo y los lomos ceñidos por un cinturón de cuero, sobre el cual a veces echaba una piel de oveja. Se destacó por sus apariciones y desapariciones repentinas, su "valor inquebrantable y celo fogoso".[9]

Con autoridad, Elías le anunció a Acab que Jehová castigaría a Israel. No habría más rocío ni lluvia hasta que él lo permitiera. Este era el cumplimiento de la profecía de Moisés de que Dios disciplinaría a su pueblo apóstata: "Por lluvia a tu tierra polvo y ceniza" (Deuteronomio 28:23, 24). Esto demostraría también que Baal-Melqart, el dios de las tormentas y las cosechas, era impotente ante la mano de Jehová. Aparentemente, Acab recibió con indiferencia el mensaje de Elías. . . hasta que llegó la estación de lluvias y no llovió. Dios envió al profeta a un lugar solitario para salvarle la vida, pues Jezabel había comenzado ya una campaña para exterminar a los profetas de Jehová.

Elías aprendió junto al arroyo Querit la importancia que tiene obedecer completamente la palabra de Jehová y confiar incondicionalmente en El. Allí Dios lo alimentaba abundantemente enviándole cuervos con carne y pan dos veces al día. Sin embargo, con el transcurso del tiempo, se secó el arroyo. Aún cuando estamos en el lugar de obediencia, a menudo se seca el arroyo: el arroyo de salud, de apoyo o de amistad. Elías estaba dispuesto a sentarse junto a un arroyo que se secaba y seguir confiando en Dios hasta que oyera la voz divina.

También necesitaba conocer el sufrimiento humano y compadecerse de los que sufrieran. De modo que, cuando el arroyo se secó, Dios lo envió a Sarepta, ciudad fenicia donde se rendía culto a Baal-Melqart. Pero Dios protege a los suyos aun a la sombra de sus enemigos. Elías debía depender de una viuda muy pobre, que le suministraría el alimento. En aquel entonces se descuidaba a las viudas, como clase, y muchas morían de hambre. Una viuda era una de las personas con menos probabilidad de proveer alimentos para sostener al profeta. La viuda fue puesta en una prueba muy difícil. Elías le pidió que tomara el último puñado de harina y el poco de aceite que le quedaba para prepararle a él un pan cocido. Por su confianza en la promesa y su obediencia a la petición del profeta, la viuda recibió un continuo abastecimiento de alimentos, abundancia en lugar de escasez, y vida en lugar de muerte. ¡Cuánto necesitamos aprender a poner a Dios en primer lugar y estar dispuestos a entregarle todo lo que nos pida! Luego Dios permitió que muriera el hijo de la viuda, para que ella supiera mediante su resurrección cuán bueno es Jehová, y para que se le quitaran todas sus dudas.

La frecuencia de los milagros en este momento de la historia de Israel, algo que no se veía desde el éxodo y la conquista de Canaán, señala que Israel se enfrentaba a una profunda crisis y que Dios tomaba medidas extraordinarias para que su pueblo volviera a la fe verdadera.

3. *Elías y los profetas de Baal* (1 Reyes 18). La sequía duró tres años y medio, y llevó al reino del norte al borde de la ruina absoluta. Al ordenárselo Jehová, Elías se enfrentó a Acab. Este rey debía haber reconocido la sequía como el juicio de Dios sobre su idolatría, pero obstinadamente echó la culpa sobre el profeta. Con denuedo, Elías le señaló la verdadera causa del desastre y le mandó al monarca a convocar al pueblo de Israel y a los profetas de Baal en el monte Carmelo.

El profeta informó al pueblo que había llegado el momento de la decisión. La prueba propuesta por Elías no trataba de decidir cuál de los dos, Jehová o Baal, era más poderoso, sino cuál de ellos era Dios. Les hizo ver que no podían servir a Jehová y a Baal al mismo tiempo; tenían que elegir entre los dos. Baal, el dios de tormentas, había fracasado ya, puesto que no había enviado las lluvias. ¿Podría mandar fuego para quemar el sacrificio?

Desde la mañana hasta la tarde, los profetas de Baal gritaron frenéticos y se entregaron a sus danzas salvajes alrededor del altar. Exacerbados hasta el paroxismo por la mofa y el sarcasmo del profeta, se sajaban el cuerpo con cuchillos. Pero ni sus chillidos ni el castigo personal que se infligían, obtuvieron respuesta de Baal.

Elías edificó un altar de doce piedras, las cuales representaban a las doce tribus. Así protestó contra la división del reino hebreo y el hecho de que el reino septentrional se llamara Israel. Su oración revela el secreto de la fe del profeta. Había actuado por mandato de Dios y con el propósito de que su pueblo conociera que Jehová era Dios. Jehová respondió mandando un fuego que no solamente consumió el sacrificio sino también las piedras, el polvo y el agua. Todo Israel reconoció a Jehová como el único y verdadero Dios. Inmediatamente los 450 falsos profetas y 400 sacerdotes de Asera, fueron ejecutados por orden de Elías. Aunque parece brutal, la Ley demandaba la muerte de los falsos profetas en Israel (Deuteronomio 13:10).

El gran drama terminó con la aplastante vindicación divina del profeta. Elías subió a una altura donde oró fervientemente siete veces, con la cabeza entre las rodillas. La lluvia largamente esperada cayó. El profeta pensó que habría una gran reforma en Israel, pero pronto se desilusionó.

4. *Elías en el monte Horeb* (1 Reyes 19). El fuego que cayó del cielo y la lluvia que vino por la oración de Elías, no convencieron a Acab ni a Jezabel con respecto a la verdad. Esto nos enseña que los más

portentosos milagros no llevan a la conversión a la gente que no quiere creer. La reina, enfurecida por la matanza de sus profetas, envió aviso al profeta de que pronto lo mataría, y el débil Acab no hizo nada para ponerle freno. Elías huyó para salvar su vida. No paró hasta alcanzar un lugar en el desierto situado al sur de la frontera con Judá. Allí, completamente desanimado, se sentó debajo de un enebro.

Estamos frente a un hombre "sujeto a pasiones semejantes a las nuestras" (Santiago 5:17). Después de estar en la cumbre de un triunfo brillante, cayó al valle de la desesperación. Todas sus luchas parecían carecer de significado permanente. La reina Jezabel mantenía el poder y, sin duda, el pueblo se volvería a la idolatría. La vida misma parecía inútil e intolerable; Elías quería morir. Pero Dios no procedió con apresuramiento ni severidad en el trato con su siervo. Sabía que necesitaba descanso y renovación. Lo hizo dormir, y después le proveyó una comida que lo sostuvo milagrosamente por 40 días.

Elías viajó hasta Horeb, que es el mismo Sinaí. Allí Jehová se había manifestado a Moisés, y había hecho su pacto con Israel. Sin duda alguna, quería estar solo con Dios y saber por qué no produjeron buenos resultados el fuego y la lluvia; quería renovar su fe en Jehová. No siempre podemos evitar las pruebas y las desilusiones, pero siempre podemos presentarlas al Señor y permanecer firmes hasta que El nos enseñe la respuesta (ver Habacuc 2:1). Es probable que la cueva (19:9) donde se metió el profeta, fuera la "hendidura de la peña" en la cual Moisés vio la gloria de Jehová (Exodo 33:21-23).

Allí Dios le enseñó algunas lecciones admirables. Jehová no estaba en los elementos naturales más potentes: el viento huracanado, el terremoto y el fuego, los cuales concordaban bien con la naturaleza de Elías. Le habló en un suave susurro. Sin duda, quería enseñarle que gran parte de la labor espiritual no se realiza por lo sensacional y la manifestación externa del poder divino, sino mediante la suave voz de la Palabra obrando a través de la conciencia.

Las palabras del profeta revelan un dejo de compasión por sí mismo, e insinúan un suave reproche a Jehová por no haber intervenido más activamente en contrarrestar la obra destructiva de Jezabel y Acab. Parece que Elías pensaba que Jezabel era la que determinaba el destino de Israel. Dios curó el desánimo del profeta desviando sus ojos de sí mismo y dándole trabajo que hacer: debía ungir a Hazael como rey de Siria, a Jehú como rey del reino septentrional, y a Eliseo para ser su sucesor. Estos tres personajes serían los instrumentos que traerían el juicio divino sobre la casa de Acab a su debido tiempo. La obra que Elías había comenzado, continuaría. Jehová señaló también que Elías no estaba realmente solo, sino que había 7.000 personas que no habían cedido a la idolatría.

Vemos una lección permanente en esto. Como era necesario que Elías supiera estas cosas, así conviene que, en los momentos de desánimo, nosotros nos demos cuenta de que Dios es el que rige los destinos de las naciones, de que siempre tiene su remanente fiel, y de que es capaz de levantar a otros siervos para continuar la obra que hemos comenzado. Ninguno de nosotros es indispensable.

Cuando Elías volvió a Israel, le comunicó el llamado de Dios a Eliseo, echando su manto sobre él. Aunque parece que Eliseo pertenecía a una familia pudiente (era algo insólito tener doce yuntas de bueyes), renunció a su vida de terrateniente para ponerse a las órdenes del profeta. Los dos colaboraron unos ocho años, oponiéndose a la influencia idólatra de Jezabel y Acab.

B. Sucesos del reinado de Acab (1 Reyes 20:1 — 22:40)

1. *Guerras entre Acab y Ben-adad* (1 Reyes 20). Existía tensión entre Siria y el reino del norte. Omri, o tal vez Baasa, se había visto obligado a ceder algunas ciudades de la frontera septentrional a los sirios y otorgarles privilegios comerciales en Samaria (20:34). Es probable que Siria en esta ocasión quisiera tomar las rutas comerciales que pasaban por Israel y Judá y buscó un pretexto para guerrear contra Acab. Acab reconocía la superioridad de Siria, pero las demandas de Ben-adad eran tan insultantes y crudas, que Acab y sus consejeros prefirieron la guerra a rendirse. Apoyado por 32 reyes vasallos, Ben-adad puso sitio a Samaria. Dios empleó un profeta para animar a Acab y guiarlo en un ataque por sorpresa. Los sirios fueron derrotados y sufrieron grandes pérdidas. Jehová no dio la victoria a Israel como aprobación a Acab, sino para castigar el orgullo del rey sirio y por amor hacia Israel.

Los sirios volvieron a luchar contra el reino septentrional en la siguiente primavera, pensando que los dioses de Israel eran de los montes y no de la llanura. Se aferraban a la superstición de aquel entonces, de que cada dios tenía su esfera de acción. También pensaban emplear los carros de guerra en el terreno llano de Afec, cinco kilómetros al oriente del mar de Galilea, punto estratégico en el camino de Damasco a Betsán. Jehová demostró que era el Dios universal, dando una victoria decisiva al ejército de Israel.

Es improbable que los 27.000 soldados muertos en Afec (20:30), cuando cayó el muro, fuesen eliminados por el muro mismo al caer, pues esto querría decir que había una enorme cantidad de soldados junto a él. Sanford La Sor sugiere que la destrucción de los muros sería la que abrió el camino para aniquilar estas fuerzas que se habían refugiado en Afec.[10]

La aplastante derrota de los sirios, le presentó a Acab la

oportunidad de acabar con Ben-adad y el poderío sirio, pero puso en libertad al rey enemigo y se contentó con recobrar las ciudades hebreas antes perdidas, y con un trato comercial favorable a Israel. Probablemente quería que Siria siguiera siendo un estado poderoso que resistiera ante el avance asirio. Grande fue su disgusto cuando fue reprendido por un profeta, el cual juzgó las cosas desde el punto de vista espiritual. Dios pensaba en la protección de su pueblo. Ben-adad ya había causado extenso daño y muchas muertes, y tenía que ser castigado. Acab pagaría con su propia vida su desobediencia a Dios, y su nación sufriría cosas indecibles en guerras futuras contra Siria.

Aunque la Biblia no menciona la batalla de Qarqar sobre el río Orontes, 853 años antes de Jesucristo, el Obelisco Negro de Salmanasar III, rey asirio, la narra. Durante la tregua de tres años entre Siria e Israel (1 Reyes 22:1), los sirios y once reinos más, incluyendo a Israel, formaron una fuerte coalición para detener el avance asirio. Acab suministró 2.000 carros y 10.000 soldados de infantería, y el total de los soldados de infantería de la coalición llegó a la cifra de 62.900. Se libró batalla contra 70.000 asirios. Salmanasar se jactó de haber obtenido una gran victoria, pero el hecho de que los asirios no avanzaran más en esta región durante los cinco o seis años siguientes, parece indicar que la batalla no fue decisiva.

2. *Acab y la viña de Nabot* (1 Reyes 21). Acab tenía todo aquello que podía proporcionarle el mundo de su tiempo, pero codiciaba el pequeño viñedo que pertenecía a su vecino Nabot. Por esto le propuso a Nabot que le cediera su viña a cambio de otra mejor en otro lugar, o entregándole su precio en dinero.

Nabot se indignó al oír la oferta del rey, porque reconocía la responsabilidad otorgada por Dios, de mantener la herencia que había recibido de sus padres, y legarla a sus descendientes (ver Levítico 25:23-28; Números 36:7). También en Israel el pueblo era pueblo de Dios y la tierra le pertenecía a Dios. Acab también había aprendido que debía respetar los derechos de propiedad de los ciudadanos. Sin embargo, ante la negativa de Nabot, Acab se comportó como un niño consentido. Le faltaba autodominio y esto muy pronto lo llevó a la maldad.

Jezabel no tenía los escrúpulos de Acab, pues provenía de una tierra donde la voluntad del monarca era absoluta. Puesto que Acab no había aprendido a decir "no" a sus deseos, dejó que Jezabel llevara a cabo un plan diabólico, y así se convirtió en su cómplice. Jezabel mandó, en el nombre de su marido y con el sello real, cartas convocando a un ayuno general, probablemente para demostrar tristeza y arrepentimiento por un sacrilegio cometido en el reino. La reina sobornó a dos personas perversas para que acusaran a Nabot de blasfemia y de traición. El inocente Nabot fue sentenciado, y apedreado junto con sus hijos (ver 2 Reyes 9:26). Su herencia fue entregada al rey. El hecho de que los ancianos y magistrados carecieran de suficiente integridad como para defender el derecho de un conciudadano, demuestra cuán triste era la situación por la que Israel pasaba en aquel entonces.

El rey se trasladó con alegría a la viña de Nabot, pero Elías apareció repentinamente ante él. Como si fuera la voz de la conciencia, el mensajero de Dios le hizo ver su pecado. Pero Acab lo consideró como su peor enemigo y a Jezabel, que era en verdad su peor enemiga, como su mejor amiga. Con palabras que deben haber traspasado el corazón de Acab, el profeta pronunció el terrible juicio contra él y contra su casa. Los perros lamerían la sangre del rey en el mismo lugar en que lamieron la de Nabot; la posteridad de Acab sería barrida a su debido tiempo y Jezabel sería comida por los perros. Así Dios intervino a favor del pequeño, contra la injusticia del poderoso. Ante aquella amenaza, Acab se arrepintió de su pecado. Demuestra esto que Acab era más débil que malvado. Dios, como padre misericordioso, hizo menor el castigo. No sería Acab quien sería devorado por los perros, sino su hijo Joram (2 Reyes 9:25, 26).

3. *La muerte de Acab* (1 Reyes 22:1-40). Se observa que Ben-adad no había cumplido el pacto de Afec, o al menos no había devuelto Ramot de Galaad (ver 1 Reyes 20:34). Desvanecida la amenaza asiria mediante la batalla de Qarqar, se disolvió la coalición de los reinos. Acab pensaba recuperar la ciudad hebrea que quedaba en manos de los sirios. Josafat, el buen rey de Judá, lo apoyó en la campaña militar, porque se habían establecido relaciones amistosas entre los dos reinos hebreos. Siendo un hombre que temía a Jehová, Josafat le pidió a Acab que consultara a Jehová antes de entrar en batalla. Acab reunió a los profetas de Jehová. Estos en realidad eran falsos profetas que lisonjeaban al rey anunciando siempre las cosas que el monarca quería oír. Al igual que Acab, a la gente de hoy le gusta ser apoyada por los predicadores en su decisión de actuar según su propia voluntad.

Josafat sin duda, percibió la falsedad del mensaje de los 400 profetas a sueldo. Pidió entonces otro profeta. Acab admitió que había uno al que no había llamado, porque no le gustaban sus mensajes. Acab era orgulloso y odiaba a todo aquel que no lo adulara. Era Micaías. Este al principio, le contestó con sarcástica cortesía. Le dijo, en otras palabras, lo siguiente: — Puesto que no estás interesado en la verdad, sino en la mentira y quieres ser engañado, te diré exactamente lo que quieres oír. — Acab se dio cuenta de la burla del profeta y simuló desear que le dijese la verdad.

La valentía de Micaías ante los 400 profetas falsos no es menos digna de elogio que la de Elías. Es extraña la representación que se hace del consejo de Jehová, en el cual hasta un demonio toma parte. "Dios, que todo tiene en sus manos, se vale hasta de los malos para realizar sus planes de misericordia y justicia."[11] También el incidente señala un principio bíblico: a los que no quieren recibir la verdad divina, Dios a veces los castiga quitándoles la luz o enviándoles "un espíritu engañoso para que crean la mentira" (2 Tesalonicenses 2:10, 11; ver Juan 9:39; Romanos 1:28).

Acab rechazó la palabra de Jehová y subió junto con Josafat a Ramot. Pensaba que podía evitar el peligro despojándose de sus vestiduras reales y disfrazándose como un soldado raso. Pero ningún disfraz ni armadura pudo proteger al rebelde de la flecha del juicio divino y así fue muerto en la batalla. De esta forma se cumplieron tanto la profecía de Micaías de que Israel quedaría sin pastor, como la de Elías de que los perros lamerían la sangre de Acab (ver 1 Reyes 22:17; 21:19; 22:38).

C. Ocozías y Elías (1 Reyes 22:51 — 2 Reyes 1:18)

A Acab lo sucedió Ocozías, quien reinó durante los últimos meses del año 853 a.C. y los seis primeros del año siguiente. No tuvo éxito en sus empresas; no pudo recuperar a Moab cuando éste sacudió el yugo de la dinastía de Omri (ver 2 Reyes 1:1; 3:5), y fue repudiado por Josafat como socio en el proyecto de formar una flota mercante en el golfo de Acaba (1 Reyes 22:48, 49; 2 Crónicas 20:35-37). Ocozías continuó la idolatría de Acab y Jezabel. El hecho de que consultara al dios de los filisteos, Baal-Zebub ("Señor de las moscas", nombre despectivo de Baal-Zebal "Baal, el príncipe"), demuestra que se había apartado de la religión de Jehová aun más que su padre. Los hebreos solían consultar a Jehová en todo momento difícil. Camino de Filistea, los mensajeros de Ocozías se encontraron con Elías, quien les profetizó la muerte del rey por haberlos enviado a consultar con un dios pagano en vez de acudir a Jehová.

¿No era acaso un acto demasiado severo por parte de un profeta, mandar que descendiera fuego del cielo para destruir a los dos capitanes y sus soldados? La demanda de los capitanes era insolente, y era necesario enseñar al rey que debía respetar la autoridad de un profeta de Jehová. Dios demostró que Elías era verdaderamente un "varón de Dios", castigando a sus soldados con prodigios terribles. En cierta ocasión, los discípulos de Jesús hicieron recordar este episodio, expresando su deseo y pidiendo que descendiera fuego del cielo para destruir a algunos samaritanos que los habían rechazado. El Señor les indicó que les faltaba el verdadero espíritu de Aquel, que no vino para perder almas, sino para salvarlas (Lucas 9:51-56). Ya ha pasado el tiempo del juicio; ha llegado la época de la gracia.

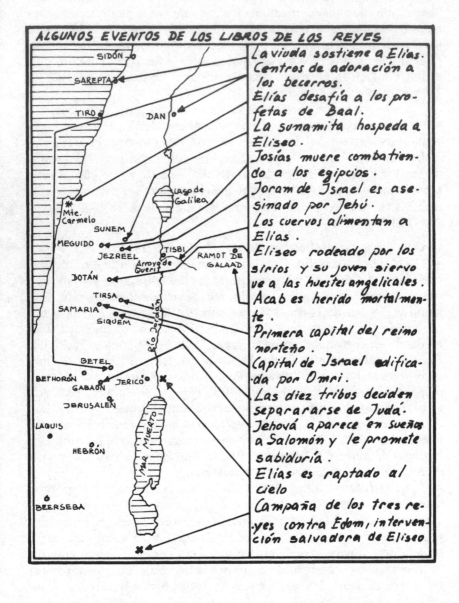

ALGUNOS EVENTOS DE LOS LIBROS DE LOS REYES

La viuda sostiene a Elías.

Centros de adoración a los becerros.

Elías desafía a los profetas de Baal.

La sunamita hospeda a Eliseo.

Josías muere combatiendo a los egipcios.

Joram de Israel es asesinado por Jehú.

Los cuervos alimentan a Elías.

Eliseo rodeado por los sirios y su joven siervo ve a las huestes angelicales.

Acab es herido mortalmente.

Primera capital del reino norteño.

Capital de Israel edificada por Omri.

Las diez tribus deciden separararse de Judá.

Jehová aparece en sueños a Salomón y le promete sabiduría.

Elías es raptado al cielo

Campaña de los tres reyes contra Edom, intervención salvadora de Eliseo

Preguntas
Acab y Elías (1 Reyes 16:29 — 2 Reyes 1:18)

1. a) ¿Qué pecado de Acab provocó más la ira de Dios?
   b) ¿Qué lo impulsó a hacerlo?
   c) Indique las buenas cualidades de Acab.
   d) ¿Cuál fue su peor debilidad?
2. a) Describa la crisis espiritual y moral de Israel en la época de Acab y haga una comparación entre los pecados de aquel período y los de hoy.
   b) Indique el doble significado que tuvo el gesto de cerrar los cielos por tres años y medio.
   c) A su parecer, ¿por qué envió Dios a Elías a una viuda pobre y pagana que vivía en Fenicia, en vez de enviarlo a una casa rica y piadosa de Israel?
   d) ¿Qué lecciones aprendió Elías en Querit y Sarepta?
3. a) ¿Qué buenas cualidades ve usted en la persona de Abdías?
   b) ¿Cuál era su debilidad?
4. a) ¿De qué se trataba la prueba propuesta por Elías?
   b) ¿En qué sentido claudicaban los israelitas? (ver 1 Reyes 18:21).
   c) Haga un paralelo moderno entre los israelitas que claudicaban en la época de Elías y los creyentes que claudican en la Iglesia de hoy.
   d) ¿Cuál era el significado del altar que edificó Elías?
   e) Mencione tres características de la oración de Elías en el monte Carmelo.
   f) ¿Por qué no fue permanente la reforma de Elías?
5. a) ¿Qué diferencia observa usted entre la huida de Elías en 1 Reyes 19 y su huida a Querit en el capítulo 17?
   b) Indique tres factores que contribuyeron a la depresión que experimentó el profeta debajo del enebro.
   c) ¿De qué manera ayudó Dios a su profeta desanimado?
   d) ¿Por qué fue Elías a Horeb?
   e) A su parecer, ¿cuál fue la lección más importante que Dios le enseñó a Elías en Horeb?
6. a) ¿Cuál fue la respuesta proverbial que Acab le hizo a Ben-adad cuando éste lo amenazó con convertir Samaria en polvo?
   b) ¿A qué antigua superstición se apegaban los sirios al hacer preparativos para la segunda invasión de Israel?
   c) ¿Qué lección práctica ve usted en el hecho de que Dios ayudara a un rey malo como Acab? ¿Cómo puede relacionarlo con el hecho de que Dios a menudo emplea pastores o evangelistas cuyas vidas son indignas de su vocación?
   d) ¿Por qué perdonó Acab la vida de Ben-adad?

e) Estudie el método del profeta que reprendió a Acab por perdonar a Ben-adad. ¿Qué puede aprender el pastor moderno de tal método?

f) ¿Qué podemos aprender de su mensaje?

7. a) ¿De qué se valió Jezabel para conseguir la viña de Nabot para Acab? (ver 1 Reyes 21:4-15). (Mencione más de una cosa.)

b) Considere los papeles representados por Acab, Jezabel y los ancianos de Israel. Indique el pecado de cada uno de ellos.

8. a) Compare el motivo de Acab con el de Josafat al consultar los profetas antes de hacer la campaña militar contra Ramot de Galaad.

b) ¿Qué podemos aprender acerca de un verdadero hombre de Dios, estudiando el ejemplo de Micaías?

c) ¿Cómo se puede conciliar la bondad de Dios con el hecho de que envió un espíritu malo para engañar a Acab?

d) ¿Cuál fue la debilidad de Josafat? Haga una aplicación práctica de este defecto, relacionándolo con el pastor cristiano.

9. a) ¿Cómo se puede justificar el hecho de que Elías llamara fuego del cielo para destruir a las compañías de soldados?

b) ¿Cómo podemos aplicar mal este episodio a las situaciones en que las personas les faltan al respeto a los siervos de Dios? (Ver Lucas 9:54.)

IV. Eliseo
(2 Reyes 2:1 — 8:15; 13:14-25)

Eliseo fue el sucesor de Elías y continuó la labor de este intrépido profeta. Al parecer fue ungido unos ocho años antes de que Elías fuera llevado al cielo. Dejó su hogar, sus parientes y todo lo que tenía para seguir al profeta. Ocupaba un humilde lugar, prestaba servicios a Elías (2 Reyes 3:11), y aprendía de él. Su ministerio profético duró unos 50 años (aproximadamente 850-800 a.C.), y estuvo lleno de manifestaciones milagrosas del poder de Dios. Así Eliseo continuó la obra de Dios iniciada por su maestro, recogiendo los frutos del ministerio de Elías.

Ambos profetas presentan un marcado contraste. Ambos tenían una gran y profunda consagración a Jehová, pero actuaban de manera muy diferente. Elías vivía aislado en el campo; a Eliseo le gustaba estar con la gente en las ciudades. Elías parece no haber tenido más posesiones que su manto y su cinturón de cuero: Eliseo era un agricultor adinerado que tenía 12 yuntas de bueyes. Elías aparecía repentinamente ante los reyes de vez en cuando con un mensaje de juicio; Eliseo era amigo y consejero de reyes. Elías era un profeta de fuego; Eliseo era como un pastor espiritual. Muchos de los milagros de Elías fueron destructivos; los de Eliseo en su mayoría fueron obras de misericordia. Elías se asemeja a Juan el Bautista; la ternura de Eliseo nos hace recordar la compasión del Salvador. [12] Los truenos y el fuego del ministerio de Elías prepararon el camino para el sereno ministerio de su sucesor.

A. Eliseo sucede a Elías (2 Reyes 2)

1. *Elías es transportado al cielo* (2 Reyes 2:1-18). Al parecer, Elías pasó sus últimos años preparando a los "hijos de los profetas" y estableció escuelas en Gilgal, Bet-el y Jericó. Estos jóvenes, agrupados en hermandades, vivían juntos y trabajaban para contrarrestar la influencia del baalismo y divulgar la religión verdadera. Al desaparecer Elías, su sucesor Eliseo continuó y amplió el movimiento.

Sabiendo que la hora de su partida había llegado, Elías se dirigió hacia el oriente del Jordán, región donde había sido sepultado Moisés. No deseaba que Eliseo lo acompañara, tal vez porque no quería que él presenciara su fin. La reacción de Eliseo nos lleva a conocer bastante acerca de su personalidad. Había caminado siempre en estrecha comunión con el profeta y no dejó que nada ni nadie, ni siquiera los hijos de los profetas, le impidiese seguir y acompañar a Elías hasta el fin.

¿Por qué Elías separó milagrosamente las aguas del río Jordán? Es posible que quisiera señalar a Eliseo el hecho de que el mismo poder de Jehová que había apartado el mar Rojo en la época de Moisés y dividido las aguas del Jordán en el período de Josué, todavía estaba a disposición de los hombres de fe. Eliseo pidió una doble porción del espíritu que reposaba sobre Elías. La "porción doble" no significa una doble medida del poder que tenía Elías, sino una parte doble en la herencia paterna que el primogénito recibía (Deuteronomio 21:17). Eliseo quería ser el principal heredero espiritual de Elías, a fin de prepararse para continuar la obra de éste. Era una petición difícil, pues sólo Dios puede transmitir el espíritu profético.

Terminada la obra de Elías, Dios envió un carro de fuego con caballos, que separó a los dos profetas. La partida de Elías armoniza con su ministerio. Observa MacLaren: "Vino como un torbellino, ardió como fuego y desapareció en fuego y torbellino." [13] El modo en que es llevado a los cielos, es evidencia de que hay vida más allá. La exclamación de Eliseo: "¡Padre mío, carro de Israel y su gente de a caballo!" indica que le consideraba una defensa aun más poderosa contra los verdaderos enemigos de Israel, que todo el ejército de su nación. Rasgó sus vestidos, no sólo como expresión de dolor, sino también porque desde ese instante tendría que hacer frente a la batalla sin Elías. Pero no se quedó allí, llorando y mirando al cielo. Recogió el manto del desaparecido profeta y demostró que había recibido el espíritu de Elías, abriendo un camino en el río Jordán. No sería nunca otro Elías; sin embargo, aceptaba el reto de llevar adelante la empresa comenzada por él. Los hijos de los profetas reconocieron que Eliseo era el sucesor de Elías.

Los estudiosos de la Biblia hacen una comparación entre la subida de Elías y la ascensión de Jesús, pero también señalan algunas diferencias. La subida de Elías se realizó por poder externo; la de Jesús, por poder interno. El torbellino y el fuego llevaron a Elías a un lugar que le era anteriormente desconocido; mientras que Jesús ascendió a su propio hogar. La ida del profeta fue repentina y sin despedidas; en tanto que la otra fue tranquila, pues Jesucristo bendecía a los suyos mientras ascendía. No obstante, ambos sucesos fueron seguidos por una investidura de poder divino para quienes los presenciaron.

Elías ocupa una posición única entre todos los profetas de Jehová. Solamente un personaje más del Antiguo Testamento, Enoc, fue llevado al cielo sin ver la muerte (Génesis 5:24). Malaquías profetizó que Elías sería el precursor del "día de Jehová, grande y terrible" (4:5, 6). Se cumplió esta predicción en el ministerio de Juan el Bautista, el cual vino con el espíritu y la autoridad del profeta de fuego (Lucas 1:17; Mateo 11:14). La reaparición de Elías con Moisés en la transfiguración de Jesús (Mateo 17:1-13), le da un lugar especial en el movimiento profético. Elías habló con Jesús acerca de su partida (muerte en Jerusalén) y este mensaje es eterno. Se menciona más el nombre de Elías en el Nuevo Testamento, que el de cualquier otro de los profetas (ver Marcos 9:13; Lucas 9:54; 4:25, 26; Romanos 11:2-4; Santiago 5:17, 18). Como precursor de los escritores de los libros proféticos, Elías desempeñó un papel importante en la preparación para la venida del Redentor.

2. *Eliseo comienza su ministerio* (2 Reyes 2:19-25). El ministerio de Eliseo empezó con un milagro: el saneamiento de las aguas del manantial cercano a Jericó. Algunos expositores ven un paralelo simbólico entre esas aguas malas y la fuente de la vida de Israel, su religión corrompida, que produjo esterilidad en la nación. Si la nación escuchaba la voz del profeta, Dios la sanaría. Sin embargo, es probable que este milagro, como la mayoría de los prodigios de Eliseo, no tenga significación teológica, sino que muestre la solícita actitud de Dios para ayudar a los suyos en los problemas de la vida diaria.

El segundo milagro presenta un problema moral. ¿Por qué fueron castigados tan severamente los muchachos que salieron de Bet-el? Este lugar era uno de los dos centros de culto a los becerros, y sus habitantes se oponían al mensaje de los profetas. Los adolescentes, probablemente reflejando las conversaciones de sus padres idólatras, se burlaron de la ascensión de Elías con su grito de "¡Calvo, sube! ¡Calvo sube!" En otras palabras: "Sube de la misma manera que dices que subió Elías. Enséñanos cómo se hace." No es probable que Eliseo fuese calvo, pues era un hombre relativamente joven, y por consiguiente la burla era insultante y también afectaba a Jehová mismo. Tanto los muchachos como los padres sufrieron por su falta de respeto al representante de Dios.

Debemos observar que Eliseo no mandó que dos osos lastimaran a los adolescentes; solamente los maldijo. Dios fue quien los castigó. Sin embargo, la conducta de Eliseo en esta ocasión queda lejos del ideal apostólico. "Nos maldicen, y bendecimos; padecemos persecución, y la soportamos. Nos difaman, y rogamos" (1 Corintios 4:12, 13). Es que vivimos en la época del nuevo pacto.

B. Eliseo predice la victoria sobre Moab (2 Reyes 3)

Aunque Joram, el hijo de Acab y Jezabel, no le rindió culto al baal fenicio de sus padres, continuó practicando la religión de los becerros, los cuales eran falsos símbolos de Jehová. Al comienzo del reino de Joram, Mesa, rey de Moab, trató de aprovecharse de esta época de transición, y se rebeló contra Israel. Joram obtuvo la colaboración de Josafat, rey de Judá, y el vasallo de éste, el rey de Edom, para reconquistar a Moab.

A fin de tomar a Moab por sorpresa, los tres monarcas prepararon su ataque desde el sur. Anduvieron rodeando la frontera del desierto en la parte sur del mar Muerto. Desgraciadamente, no encontraron agua durante los siete días de camino, por lo que estaban al borde de la desesperación. Joram exclamó con fatalismo que Jehová los había condenado a la destrucción en manos de Moab. Creía en Jehová, pero lo consideraba un Dios lejano que arbitrariamente castigaba o prosperaba a la nación, según su voluntad. En contraste con Joram, el buen rey Josafat se negó a darse por vencido. Pidió un profeta que les trajera un mensaje de Dios. Felizmente para Josafat y para todos ellos, los profetas no estaban excluidos del servicio militar en aquellos días, y Eliseo se hallaba en el campamento.

¿Por qué rechazó Eliseo a Joram y respetó a Josafat? La religión de Joram era formalista, ritualista y llena de ideas paganas. Pero en Josafat, el profeta encontró a un hombre que había comprendido el amor y la grandeza de Jehová.

La música del tañedor tranquilizó el alma del profeta y le ayudó a abrir las puertas de su corazón a Dios. Pronto recibió la palabra profética, la cual exigió profunda fe y obediencia. El ejército debía cavar zanjas en el desierto a fin de recibir una gran cantidad de agua. Pero no vería ni la lluvia ni el viento. Parecía una empresa inútil, salvo para los que abrigaban fe.

Es probable que lejos del campamento de los israelitas, en las montañas de Edom, se desatara un violento aguacero que llenó de agua el valle, sin que los israelitas vieran la lluvia o sintieran el viento. Esto no sólo abasteció de agua a los ejércitos aliados, sino que también engañó a los moabitas. Estos, al ver las aguas heridas por el sol, creyeron que era sangre de dichos ejércitos, que habían luchado entre sí. Así cayeron fácilmente en una emboscada de los tres reyes y sufrieron una derrota aplastante. El hecho de que el rey Mesa sacrificara a su hijo al dios Quemos nos revela lo que era la religión de aquellos pueblos por los cuales Israel se dejaba fascinar. No sabemos si la retirada de los reyes se debió al horror que infundió la idea de tal sacrificio, o más bien al temor supersticioso en cuanto a la eficacia del acto. Así perdieron la oportunidad de restablecer su dominio sobre Moab.

El relato bíblico de la rebelión de Moab queda confirmado por el descubrimiento de la famosa "piedra moabita", una roca erigida por Mesa, rey de Moab, alrededor del año 840 a.C. Es una piedra de basalto azulado, de 1,20 metro de alto y 60 centímetros de ancho. Dice la leyenda: ". . .Omri rey de Israel oprimió a Moab muchos días, y su hijo (Acab) después de él. Pero yo (Mesa) hice guerra contra el rey de Israel y le eché fuera. . , Dediqué el botín a Quemos y las mujeres y las niñas a Astar. . ."

C. Algunos milagros de Eliseo (2 Reyes 4:1 — 6:7)

Eliseo podía ser firme y enérgico cuando la ocasión lo requería, pero en general era un hombre benévolo y tierno, que sentía compasión por aquellos que sufrían. Se hallaba siempre en el lugar donde se le necesitaba. Los milagros relatados en esta sección no tienen gran significado teológico, pero ilustran lo solícito que es Dios en ayudar a los suyos en los problemas de la vida cotidiana. También le enseñaron a la nación que había un Dios viviente en Israel, y este Dios era Jehová.

1. *El aceite de la viuda* (2 Reyes 4:1-7). La pobre viuda no poseía absolutamente nada que pudiera utilizar para pagar sus deudas, y, según la ley, los acreedores tenían el derecho de tomar a sus hijos como esclavos. La solución de Eliseo exigía que la viuda hiciera un acto de fe. La cantidad de aceite que recibió se vio aumentada solamente por su fe, recogiendo las vasijas de sus vecinos como el profeta le había indicado. Al principio, ella había pedido solamente lo suficiente para pagar su deuda. Pero Dios le dio lo suficiente para que pudiera comenzar un negocio al por mayor. La abundancia de aceite le serviría de sustento hasta que sus hijos crecieran y cuidaran de ella.

¿Qué aplicación tiene este relato? Dios busca todavía "vasijas desocupadas", para llenarlas. Debemos despojarnos de lo mundano, del egoísmo y del orgullo y presentarnos al Señor. El Espíritu Santo sigue llenando vasijas. Debemos hacer que nuestros vecinos se acerquen al Señor para que ellos también sean receptores de la plenitud de Dios.

2. *Eliseo y la sunamita* (2 Reyes 4:8-37). Eliseo había llegado a ser profeta y pastor de la nación de Israel. No se radicó en un lugar determinado, sino que se estableció un radio de acción y lo recorrió con regularidad para ser accesible a la gente que lo necesitaba y buscaba. Una piadosa mujer de Sunem notó que pasaba por allí y lo invitó a detenerse y almorzar en su casa. Tan bondadosa fue su hospitalidad, que este lugar se convirtió en una parada habitual del profeta, cada vez que sus actividades le llevaban por ese camino. La sunamita estaba tan agradecida de la bendición que Eliseo traía a su casa, que hizo construir un aposento alto en su casa, en el cual el hombre de Dios gozaría de las comodidades de su propio hogar. Todo esto lo hizo desinteresadamente.

Cuando el profeta llamó a la sunamita y le profetizó el nacimiento de un hijo, ésta apenas se atrevía a creer que ese milagro pudiera ser posible. Pero la promesa se cumplió infaliblemente, porque era Palabra de Dios. La trágica muerte del niño cuando éste tenía pocos años, fue provocada probablemente por la insolación. Ella acudió inmediatamente al "varón de Dios". El niño había sido una respuesta a la oración, una bendición para llenar el vacío que había en la vida de la mujer. Ni Eliseo ni la madre podían creer que Dios le diera un hijo como recompensa, para luego quitárselo antes de que pudiera ver perpetuada su familia. Al igual que Moisés y Samuel, Eliseo era un verdadero intercesor. Se tendió sobre el cuerpo del pequeño, probablemente con el objeto de identificarse enteramente con el niño. Dios recompensó la fe del profeta y de la madre, resucitando al hijo de la sunamita.

3. *Milagros en beneficio de los profetas* (2 Reyes 4:38-44; 6:1-7). Al parecer, Eliseo dedicó gran parte de su tiempo a preparar a los hijos de los profetas, formando algo semejante a una escuela bíblica. Samuel había fundado esos grupos de jóvenes, y los había dirigido; pero no se oye ni se sabe más de ellos después de su muerte, hasta que Elías vuelve a establecer agrupaciones de este tipo en Gilgal, Bet-el y Jericó.

Eliseo continuó y amplió el programa de su predecesor. Los hijos de los profetas vivían en comunidades, y parece que comían en un lugar común (2 Reyes 4:38), se alimentaban de hierbas del campo (2 Reyes 4:38-41), construían sus propias habitaciones (2 Reyes 6:1-7) y algunos de ellos, a lo menos, se casaban (2 Reyes 4:1). Algunos creyentes piadosos de Israel, desilusionados con la idolatría y la prohibición de ir al templo de Jerusalén, les traían los primeros frutos de la cosecha a Eliseo y a las comunidades de los profetas (2 Reyes 4:42). De estas escuelas salían los "profetas" a otros lugares para celebrar cultos, impartir enseñanzas y contrarrestar la influencia del baalismo. La enseñanza religiosa era responsabilidad de la clase sacerdotal y la levítica; pero éstas no cumplían su misión. Por lo tanto, se encomendó el ministerio docente a los profetas.

A través de la historia de la Iglesia cristiana, los centros de enseñanza bíblica han desempeñado un papel importantísimo preparando obreros espirituales para el avance del Evangelio y la consolidación de los frutos del evangelismo.

Los tres milagros realizados en favor de los hijos de los profetas — la destrucción del veneno que había en el potaje, la multiplicación de los panes y el hacha que hizo flotar — demuestran de qué manera Dios interviene a través de su profeta para hacer frente a las necesidades de sus siervos. No debemos suponer que la harina sirviese por sí sola para quitarle el veneno al alimento, ni que el palo echado en el agua haya hecho flotar el hierro; sino que todos ellos fueron milagros de Dios. También esto encierra lecciones para nosotros. La gracia de Dios puede convertir lo venenoso en una bendición y multiplicar lo poco para alimentar a muchos. El milagro del hacha nos enseña que hasta en las cosas insignificantes de la vida, se manifiesta la gracia de Dios.

Como Elías se asemeja a Juan el Bautista, Eliseo nos hace pensar en Jesucristo. Por su carácter apacible y suave, por sus muchos viajes y hechos misericordiosos, Eliseo se asemeja más al Maestro que cualquier otro profeta.

4. *La curación de Naamán* (2 Reyes 5). El caso de Naamán le dio la oportunidad a Eliseo de ejercer su ministerio a favor de uno de los enemigos de su país. Sin embargo, el general sirio estuvo a punto de perder la oportunidad de ser sanado a causa de su orgullo, sus prejuicios y su falso concepto del patriotismo.

La muchacha judía que servía como esclava en la casa de Naamán, mantenía firme su fe en Dios a pesar de haber perdido todo contacto con los de su religión y estar rodeada de idolatría. No vaciló en testificar acerca del poder de Jehová, y en sugerir que Naamán debía acudir al profeta de Dios. Cuando el rey sirio oyó el testimonio de la joven, envió a Naamán para que se presentara ante el rey de Israel con obsequios valiosos y con mucha pompa.

El monarca de Israel interpretó la petición de Naamán como un intento de crear dificultades, una excusa para iniciar una nueva guerra. Cuando Eliseo tuvo noticias de los temores del rey, le pidió a éste que le enviara a Naamán. Pero cuando Naamán llegó con su séquito ante la puerta del profeta, Eliseo no le permitió pompa ni homenaje alguno al leproso. En cambio, por medio de un sirviente, le envió algunas instrucciones. La fe sencilla y la obediencia son las cosas que agradan a Dios. Esto enojó a Naamán, pues quería ser centro de atención y tenía sus ideas preconcebidas respecto a la manera en que debía ser curado. Entonces los criados de Naamán se dieron cuenta de que su señor estaba muy lleno de orgullo y le aconsejaron obedecer al profeta. Cuando obedeció la palabra de Eliseo, quedó completamente sanado. El profeta se negó a aceptar los obsequios del agradecido general sirio, para demostrarle que Jehová sanaba gratuitamente.

Es interesante conocer cómo Naamán se convirtió a la fe de Jehová (5:17). Eliseo le permitió llevar un poco de tierra israelita para erigir un altar en Siria, y rendir allí culto a Jehová. En ese tiempo se pensaba que cada dios pertenecía solamente a su país y únicamente podía ser adorado en su tierra de origen. Eliseo le dio permiso a Naamán para simular que daba culto a Rimón, porque se daba cuenta de que, dada su posición, tenía la obligación de aparecer junto al rey en el culto oficial y porque creía en su sinceridad. No debemos considerar que estas concesiones de parte del profeta indiquen que él creyera en la existencia de Rimón, ni que se limitara a Canaán el culto a Jehová.

Giezi fue enceguecido por su avaricia. Al tomar la recompensa que el profeta había rehusado, no se dio cuenta del daño que causó al testimonio de Eliseo. Fue castigado, puesto que, junto con los obsequios de Naamán, recibió también la lepra de él.

Se desprenden algunas lecciones de este relato. La conversión de Naamán demuestra cuán fácil era para Dios convertir a los adversarios de Israel en creyentes si eran tratados con amor y se manifestaba ante ellos el poder milagroso de Dios. Hasta hoy, el amor del mensajero y la manifestación de los prodigios de sanidad, son factores importantes para convertir a los mundanos en creyentes. Jesús citó la curación de Naamán como señal de que el pueblo de Dios a veces es menos receptivo al mensajero enviado del cielo, que los mismos paganos. También sirve para demostrar la actitud divina hacia los paganos (Lucas 4:25-27). Sobre todo, la muchacha hebrea nos pone un ejemplo de cómo debemos aprovechar las oportunidades para testificar que el amor de Dios está disponible a todos los que creen.

La lepra nos proporciona un claro símbolo del pecado y de la muerte. No hace diferencia entre personas; ataca por igual a pobres y a ricos, a grandes y a humildes. También el remedio para el pecado es el mismo para todos. Al igual que Naamán, el pecador tiene que vencer su orgullo y sus prejuicios para ser sanado espiritualmente. Tiene que creer y obedecer. El siervo de Dios que dirige a los pecadores a las aguas sanadoras, no debe aceptar ninguna recompensa ni gloria, sabiendo que de gracia recibe y de gracia debe dar (Mateo 10:8).

D. Guerras sirias (2 Reyes 6:8 — 8:15)

Durante la última parte del ministerio de Eliseo, los israelitas sufrieron mucho por causa de los ataques de los poderosos sirios. Eliseo fue el centinela puesto por Dios para defender a su pueblo. El era en verdad una protección aun más eficaz que los carros de Israel y su gente de a caballo (2 Reyes 13:14). Al parecer, no es cronológico el orden de los relatos que aparecen en esta sección.

1. *Eliseo captura un ejército sirio* (2 Reyes 6:8-23). Durante el tiempo en que el rey de Israel estuvo dispuesto a escuchar a Eliseo, Dios liberó a los israelitas de Siria. Por medio del profeta, Dios advirtió al rey de Israel sobre los complots, las incursiones y las trampas de los sirios. De esta manera fueron derrotados. Finalmente, un siervo del rey de Siria informó a éste que era Eliseo quien proporcionaba la información de sus incursiones en contra del rey de Israel.

Eliseo era solamente un hombre y, sin embargo, el rey de Siria envió un ejército para capturarlo. Esto demuestra el miedo que le tenía el rey al profeta y la extraña ceguera de los mundanos, que no se dan cuenta de que es imposible tomar a Dios por sorpresa. La desesperación del siervo del profeta contrasta con la fe tranquila de Eliseo. "Más son los que están con nosotros que los que están con ellos." El milagro que siguió no fue que los ángeles llegaran para socorrerlos sino que fueran manifestados al joven. Los ángeles siempre rodean al creyente (Salmo 34:7; 91:11; Daniel 6:22), pero están ocultos a los ojos humanos. Al igual que el joven, necesitamos que Dios abra nuestros ojos espirituales para desviarlos de los peligros físicos y fijarlos en los recursos divinos.

La manera en que Eliseo logró una tregua entre Siria e Israel es digna de ser imitada en el siglo XX. En vez de vengarse, Eliseo dio de comer a sus enemigos, y ellos se convirtieron en amigos. Así venció con el bien el mal (Romanos 12:21).

2. *Eliseo y el sitio de Samaria* (2 Reyes 6:24 — 7:20). Después de la derrota de Dotán, los sirios dejaron de hacer incursiones en Israel por un tiempo. Luego, un poderoso monarca, Ben-adad, reanudó el conflicto y puso sitio a Samaria. El relato nos muestra hasta qué extremo llegaban los horrores del hambre en esos asedios. La cabeza de un asno, un animal considerado inmundo, se vendía por el equivalente de diez meses de trabajo, y un poco más de una taza de estiércol de paloma (probablemente el nombre común de una hierba comestible), se vendía al precio de dos semanas de trabajo.

El rey de Israel, al oír la historia de canibalismo narrada por la mujer, rasgó sus ropas y se vistió de saco y ceniza. Luego, al igual que tantos gobernantes, buscó a quién culpar, a fin de que la culpa no recayese sobre él. ¿Por qué Eliseo no le había advertido nada al rey acerca de la invasión siria? ¿Por qué no hizo nada para liberar a la ciudad? Les había faltado al rey y al pueblo. Merecía la pena de muerte. Es probable que pensara así. Tal vez Eliseo le hubiera prometido también que Dios liberaría Samaria y había animado al rey para resistir a los sirios. Parece que Eliseo atribuyó la responsabilidad de todos los sufrimientos al rey, llamándolo "este hijo de homicida". Se esfumó la valentía del rey ante la represión de Eliseo. Así que cambió de idea en cuanto a quién echarle la culpa. Ahora no era Eliseo, sino Jehová, quien había dejado caer el mal sobre ellos. Pero si esto era así, ¿qué podía esperar de El? No valía la pena servirlo.

Dios no se había olvidado de su pueblo. Eliseo profetizó que habría abundancia de alimentos, a bajo precio, en un período de veinticuatro horas. El alto funcionario del rey que se burló de la promesa, probablemente se consideró a sí mismo como un hombre con sentido común. Parece que no creía ciertos relatos de las Escrituras de la historia de Israel (aparentemente la expresión "ventanas en el cielo" se refiere al diluvio o tal vez al maná). Tampoco creía en la promesa de Dios para el futuro. Cerró sus ojos espirituales y pagó un precio elevado por su incredulidad (2 Reyes 7:17).

Las circunstancias angustiosas de cuatro leprosos los empujaron a entregarse al enemigo con la esperanza de recibir alimentos. Mientras tanto, Dios había sembrado el pánico en el corazón de los sirios y estos habían huido, dejando todos sus víveres y animales en el campamento. La observación de uno de los leprosos al reflexionar sobre su egoísmo, debe causar vergüenza a los creyentes que disfrutan de las bendiciones de Dios, pero no se preocupan de la salvación de otros: "Hoy es día de buena nueva, y nosotros callamos. . . Vamos pues. . . y demos la nueva" (7:9).

3. *La devolución de los bienes de la sunamita* (2 Reyes 8:1-6). No se sabe si Eliseo aconsejó a la sunamita a migrar para que escapara del hambre o bien de los merodeadores que deambulaban por el país en el período de hambruna. Pero no es el hambre lo principal del relato, sino el testimonio de la sunamita en cuanto a la resurrección de su hijo. El rey respetaba tanto a Eliseo, que ordenó que le devolviesen los bienes a la mujer.

4. *Eliseo y Hazael de Siria* (2 Reyes 8:7-15). Parece que Eliseo fue a Damasco para llevar a cabo la misión dada por Jehová a Elías: ungir a Hazael como rey de Siria (1 Reyes 19:15). Por medio de este sanguinario rey guerrero, Dios castigaría a Israel por haber persistido en sus pecaminosas acciones. La predicción de Eliseo encendió las ambiciones del general Hazael, el cual la cumplió asesinando a Ben-adad y tomando el trono hacia el año 841 a.C. Su sucesión se confirma en una inscripción asiria que dice así: "Adadidri abandonó su país. Hazael, hijo de nadie, se apoderó del trono." Hazael sentía un rencor implacable contra Israel, por no haberle ayudado militarmente contra

los asirios, y lo atacó muchas veces durante su reinado. Se considera que Hazael fue el más poderoso de los monarcas de Siria.

El profeta también llevó a cabo la misión dada a Elías de ungir a Jehú para destruir la casa de Acab (2 Reyes 9:1-13). Este envió a un hijo de los profetas, en un momento oportuno para hacerlo, y se puso en marcha la purga del baalismo fenicio en Israel. Aunque Eliseo no pudo salvar a su nación de la corrupción, hizo lo posible para que pudiese sobrevivir un remanente fiel.

E. La muerte de Eliseo (2 Reyes 13:14-25)

Eliseo murió después de un largo ministerio de más de cincuenta años, desarrollado durante el reinado de seis reyes. Se calcula que ya tenía unos noventa años. Aunque careció de la espectacularidad que tuvieron la personalidad y el ministerio de Elías, sirvió al pueblo en forma serena, fiel y útil. Su ministerio era el de pastor, maestro y consejero. Siguió fiel a Dios hasta el fin. Más aún, la influencia de su vida continuó siendo una poderosa fuerza para Israel muchos años después de su muerte.

El joven monarca Joás lloró al lado del lecho de muerte de Eliseo. Recordaba las victorias que Dios le había dado a Israel a través del profeta, y las comparaba a las obtenidas por el ejército de su nación. Por su parte, Eliseo no prestó atención a las lágrimas del rey. Quería que él levantara sus ojos al futuro y que reconociera que Dios seguía siendo el mismo. El acto simbólico de hacer que el rey disparara las saetas mientras la mano de Eliseo se posaba sobre él, tenía el propósito de demostrarle al monarca que él podía lograr victorias sobre Siria si dejaba que la mano de Jehová reposara sobre él. Después le dijo al rey que tomara las flechas y golpeara con ellas el suelo. Joás necesitaba ejercitar la fe por sí mismo. Aquellos golpes simbolizaban las victorias del rey sobre los sirios.

¿Por qué golpeó Joás el suelo sólo tres veces en vez de hacerlo cinco o seis? Al igual que Acab, Joás no quería que Siria fuese destruida, pues quería que se interpusiera entre Israel y Asiria como defensa contra esta última nación. Es decir, depositaba su confianza en el concepto humano del equilibrio de poder, en vez de confiar en Dios. Pronto se sentirían en Israel las consecuencias de la incredulidad de Joás. Los sirios no fueron los únicos que se aprovecharon de la debilidad de Israel. Los merodeadores moabitas recorrían el territorio de Israel robando y haciendo daño.

El hecho de que un muerto reviviera al tocar los huesos de Eliseo, tenía el propósito de enseñar a la nación apóstata en su undécima hora, que el poder que había tenido Eliseo todavía permanecía a disposición de Israel si se arrepentía. Fue un milagro de Dios; no que tuvieran poder alguno aquellos huesos.

Preguntas
Eliseo (2 Reyes 2:1 — 8:15; 13:14-25)

1. a) ¿De qué manera preparó el ministerio de Elías el camino para el ministerio de Eliseo?
   b) Haga un contraste entre la personalidad de Elías y la de Eliseo. (Limite el contraste a la personalidad de los dos.)
   c) A su parecer, ¿cuál característica de Eliseo produjo los resultados más permanentes?

2. a) Mencione tres cualidades del carácter de Eliseo que se manifiestan en 2 Reyes 2:1-14, las cuales necesitan hoy los siervos de Cristo.
   b ¿Por qué quiso Eliseo recibir una doble porción del espíritu que reposaba sobre Elías, o sea, el poder del profeta de fuego?
   c) ¿Qué motivo tenemos para buscar el poder del Espíritu?

3. a) Haga un contraste entre el primer milagro de Eliseo y el primer milagro de Elías. Interprete el ministerio de cada uno según la naturaleza de su primer milagro.
   b) ¿Qué relación ve usted entre la actitud de los muchachos irreverentes y la ciudad de donde provenían? (ver 1 Reyes 12:28, 29).
   c) Mencione los milagros de Eliseo y de Jesucristo que tienen cierta semejanza entre sí.

4. Mencione tres lecciones prácticas que usted encuentra en el relato acerca de la sunamita.

5. a) ¿Cuál era la misión de los hijos de los profetas?
   b) Indique un ministerio paralelo al de los hijos de los profetas que existe en la Iglesia de hoy.

6. ¿Por qué se negó Eliseo a aceptar los obsequios de Naamán?

7. Haga tres comparaciones entre los cuatro leprosos de Samaria (2 Reyes 7) y las personas de hoy, señalando la lección práctica de cada comparación.

8. a) Haga una lista de los encuentros de Eliseo con los reyes, e indique en cada caso si esta relación produjo efectos positivos o negativos.
   b) ¿Hasta qué punto debe relacionarse el pastor evangélico con los políticos?

9. a) ¿Cuál fue la principal preocupación de Eliseo en su lecho de muerte?
   b) Extraiga una lección práctica de la actitud de Joás al golpear el suelo con la saeta.
   c) ¿Cómo puede usted explicar la resurrección del muerto que tocó los huesos de Eliseo, y a la vez llegar a la conclusión de que las reliquias y los huesos de santos no tienen poder sobrenatural?

V. Historia de los reyes de ambos reinos hasta la caída de Samaria
(1 Reyes 22:41-50; 2 Reyes 9 — 17)

A. *Josafat, el buen gobernante* (2 Crónicas 17 — 20; 1 Reyes 22:41-50). Josafat fue el rey más hábil y enérgico que reinó sobre Judá desde los tiempos de Salomón. Su reino duró 24 años (873-848). Fue regente tres años junto a su padre Asa, pues éste enfermó de los pies en la última parte de su reinado. Entabló buenas relaciones con Israel. Fue un hombre muy piadoso e hizo siempre lo correcto, exceptuando su alianza con los reyes de Israel.

1. *Los logros de Josafat* (2 Crónicas 17:1-19; 19:4-11). Al comenzar su reinado, Josafat temía que Acab, rey de Israel, invadiera sus territorios para recobrar las ciudades tomadas por su padre en el límite septentrional. Así que fortificó las ciudades fronterizas, colocando fuertes guarniciones permanentes en ellas.

Josafat siguió los pasos de su piadoso padre, dedicándose a desarraigar de Judá todos los restos de culto idolátrico en lugares altos y bosques que se habían salvado del celo reformador de Asa. No pudo extirparlos completamente, pues no todo el pueblo "había enderezado su corazón al Dios de sus padres" (2 Crónicas 20:33).

El buen rey reconoció que había necesidad de enseñarle al pueblo la Palabra de Dios. Esta sería la única forma segura de realizar una reforma verdadera. Organizó entonces equipos dirigidos por altos funcionarios, acompañados por levitas y sacerdotes. Estos se dedicaron a visitar todos los lugares del reino, donde le enseñaban al pueblo la ley de Jehová. Sus reformas surtieron efecto y el temor de Jehová cayó sobre las naciones vecinas. Cesaron las guerras contra Judá. Los filisteos y los árabes traían presentes a Josafat para mantener buenas relaciones con él. Floreció el comercio con otras naciones y Judá prosperó de gran manera.

También, Josafat estableció un sistema para administrar justicia. En cada ciudad nombró un juez o unos jueces, aparentemente laicos, para juzgar causas de todas clases. Estableció en Jerusalén un tribunal de apelaciones. Esta institución estaba compuesta por sacerdotes, levitas y laicos de edad madura y alto rango, en quienes el pueblo podía confiar que administrarían la justicia sin temor, sin favores ni cohecho.

2. *Josafat hace alianza con la casa de Acab* (2 Crónicas 18:1 — 19:3). El buen rey terminó la larga enemistad entre Judá e Israel, haciendo una alianza con Acab y arreglando el matrimonio entre Joram, su hijo, y Atalía, la hija de Acab y Jezabel. Esta era la fenicia que había tratado de eliminar el culto a Jehová. Se hizo una confederación política del reino dividido. No obstante los grandes beneficios inmediatos de esta

alianza, fue una gran equivocación de Josafat, pues con el transcurso del tiempo tuvo consecuencias desastrosas.

Josafat ayudó a Acab en el intento de tomar Ramot de Galaad de manos de los sirios, y faltó poco para que muriera en la batalla. Colaboró con Ocozías, el hijo de Acab, en la construcción de naves en Ezión-geber, en el golfo de Acaba. Estas se construyeron para ir a Ofir en busca de oro, pero fueron destruidas por una tempestad poco antes de salir del puerto. Josafat también tomó parte en una campaña junto a Joram, el segundo hijo de Acab, contra Moab, y en ella por poco muere de sed. Pero lo peor fue que Atalía asumió el poder del gobierno de Judá, profanó el templo, llevó a Israel a la apostasía por seis años y estuvo a punto de destruir a la familia de David, pero se logró salvar un príncipe que había sido escondido. Es una lección que nos enseña el peligro que encierra unirse en yugo desigual con los incrédulos.

3. *La victoria sobre Moab y Amón* (2 Crónicas 20). La prueba más grande de fe que tuviera Josafat, y su victoria más brillante, tuvieron lugar cuando Judá fue invadida por un gran ejército formado por las naciones vecinas, encabezadas por Moab y Amón. Josafat sintió temor, pero aun así no reunió a su ejército para tomar las armas. Pregonó ayuno y juntó al pueblo de Jerusalén para que orase a Jehová. El mismo lo dirigió en oración, reconociendo que los hebreos no tenían suficiente fuerza contra tan gran multitud y no sabrían qué hacer. "A ti volvemos nuestros ojos." El Espíritu de Jehová vino sobre un levita, y éste profetizó que la batalla no sería de Judá, sino de Dios. "Paraos, estad quietos, y ved la salvación de Jehová." El rey y su pueblo creyeron, y marcharon alegremente hacia el sur, donde estaba el enemigo. "Cuando comenzaron a entonar cantos de alabanza", Jehová volvió a los aliados, los unos contra los otros y así fueron destruidos. Los habitantes de Judá encontraron la tierra de allí cubierta de cadáveres, cargados de adornos de oro y ricas joyas. Pasaron tres días recogiendo los despojos.

El gran expositor británico Alejandro MacLaren encuentra algunas verdades prácticas en el relato:[14]

(1) La oración de Josafat nos enseña que cuando existe verdadera confianza en Dios, ésta va acompañada siempre por la desconfianza en los recursos humanos.

(2) Alabar al Señor es la mejor manera de prepararse para el conflicto. Las armas más poderosas son las de la hermosura de santidad (las vestiduras de los sacerdotes) y la de la alabanza de Dios.

(3) La verdadera fe proporciona la victoria, y Jehová bendice por medio de ella. Si alabamos a Dios en medio de las aflicciones, el valle de la batalla se convertirá en el valle de Baraca ("bendición") y nos llevaremos un gran despojo para enriquecer nuestra vida.

B. *Jehú y Joacaz: revolución y decadencia (2 Reyes 9, 10; 13:1-9)*

Jehú era el comandante del ejército de Israel que se encontraba en Ramot de Galaad, la ciudad fronteriza recién liberada del dominio de los sirios. Mediante una revolución sangrienta, Jehú estableció la cuarta dinastía real de Israel. Su casa reinó más tiempo (aproximadamente noventa años) que cualquier otra dinastía del reino septentrional. Se extendió por cinco generaciones: Jehú, Joacaz, Joás, Jeroboam II y Zacarías (841-743 a.C.). El baalismo fenicio fue erradicado, pero Israel se debilitó y perdió mucho territorio durante esa época. En cambio, llegó al apogeo de su prestigio bajo el hábil gobierno de Jeroboam II, y luego decayó paulatinamente frente a la agresión asiria.

1. *Jehú destruye la casa de Omri* (2 Reyes 9:1 — 10:17). Eliseo envió a un profeta para cumplir la misión divina dada a Elías de ungir a Jehú como rey de Israel (1 Reyes 19:16, 17). Intrépido, implacable y despiadado, Jehú fue el hombre designado por Jehová para destruir la casa de Acab y desarraigar el baalismo fenicio de Israel. Como miembro de la guardia de Acab, Jehú había visto los crímenes de este monarca y es posible que escuchara las palabras de juicio dichas por Elías (2 Reyes 9:25, 26). No demoró en levantar una revolución contra Joram. Marchó impetuosamente a Jezreel, la ciudad invernal de la realeza, donde Joram se encontraba curando sus heridas de guerra.

Tomado por sorpresa, Joram fue muerto inmediatamente. También el rey de Judá, Ocozías, quien visitaba a Joram, fue asesinado. ¿Por qué? La casa de David en Judá se hallaba emparentada con la de Acab, y tenía íntima relación con ella. Jehú, deseoso de asegurarse el trono, no quería dejar ningún rastro de la casa davídica, ante el temor de que desde allí pudiera venir una reacción. Así que, mandó dar muerte tanto a los hijos de Acab como a los parientes de Ocozías. Jezabel, la reina-madre que había introducido el baalismo en Israel, se pintó los ojos y adornó su cabeza, probablemente preparándose para la muerte. Sus palabras de escarnio insinuaron que Jehú era otro Zimri, un despreciable asesino de reyes. Esto estimuló la furia de Jehú, quien mandó que fuera echada de la ventana. Luego se cumplió la profecía de Elías de que los perros la comerían en el campo de Jezreel. (1 Reyes 21:23).

2. *Jehú extermina el culto de Baal* (2 Reyes 10:18-36). El nuevo rey fingió ser adorador de Baal y reunió a sus sacerdotes y adherentes en el templo del dios fenicio. En un momento propicio se retiró y mandó a sus soldados que mataran a todos los reunidos allí. También se destruyeron los objetos relacionados con el baalismo. De este modo, Jehú acabó con el culto introducido por Jezabel.

Jehú se había jactado de tener "celo por Jehová" (10:16), pero se nota que no era un celo puro, ya que no quitó el culto a los becerros.

Jehú dando tributo al rey Salmanasar III de Asiria (detalle de un bajorrelieve asirio)

Al igual que muchos hombres en la historia de la Iglesia, que han actuado con violencia pensando que así servían a Dios, Jehú aparentemente era motivado por el interés propio. Si fue así, ¿por qué es elogiado por el profeta? (10:30). No es porque actuó con astucia ni por ser tan brutal. Dios lo empleó como instrumento para ajusticiar a la malvada casa de Acab y erradicar la vil y cruel religión de Baal. Además, la revelación de Dios es progresiva. Dios se da a conocer primero como el Dios de justicia y luego se revela como el Dios perdonador.

3. *El reinado de Jehú.* Cuando Jehú exterminó la casa de Acab, perdió todo el apoyo de Judá y de Fenicia, cuyas familias estaban ligadas a Jezabel. Tampoco podía contar con la ayuda de Siria, pues se había negado a aliarse con Hazael para detener el avance asirio. Aplacó al rey de Asiria pagándole tributo. Por haber llegado al trono por medio de una revolución sangrienta, posiblemente Jehú no pudo unificar su nación lo suficiente como para enfrentarse en la forma debida a los ataques sirios. Estos ocuparon los territorios situados al oriente de Jordán, Galaad y Basán, que pertenecían a Israel y hostigaron a la nación durante todos los días de Jehú. Pagó así Jehú un elevado precio por no haber quitado el culto a los becerros y por no tener el cuidado de caminar bajo la Ley de Jehová (10:31, 32).

En el año 1845, se encontró el Obelisco Negro de Salmansar III en Calah, cerca de Nínive, la antigua capital asiria. La inscripción relata que Asiria sometió a Israel. En uno de los bajorrelieves aparece la figura de Jehú arrodillado ante el rey asirio, y sobre ella la inscripción: "El tributo de plata, oro, un tazón de oro, tacitas de oro. . . he recibido de él." Este obelisco tiene para nosotros un interés especial, pues es una de las más antiguas representaciones relacionadas con el pueblo hebreo, de las que se tenga noticia.

4. *Joacaz* (2 Reyes 13:1-9). Dios empleó a Hazael y luego a Benadad para castigar a Joacaz, hijo y sucesor de Jehú, debido al culto a los becerros. Estos reyes sirios invadían repetidamente el reino septentrional. Hazael extendió el dominio sirio hasta las colinas de Efraín. El ejército de Israel quedó reducido a 50 jinetes, 10 carros de guerra y 10.000 soldados. (En la época de Acab, el reino del norte había aportado 2.000 carros para la batalla de Qarqar.) Hazael llegó a ser tan poderoso, que tomó la ciudad filistea de Gat y amenazó con sitiar a Jerusalén (2 Reyes 12:17). Joacaz quedó tan debilitado, que tampoco pudo resistir las incursiones de los edomitas, amonitas filisteos y sirios (Amós 1:6-15; Isaías 9:12). Israel estuvo a punto de ser destruido completamente. En su desesperación, Joacaz se arrepintió y pidió ayuda a Jehová. Dios le mandó alivio, pero el rey no se apartó del culto a los becerros ni destruyó la imagen de Asera en Samaria. ¿Quién era el "salvador" del versículo 5? Es probable que se refiera al

monarca asirio Adadmirari, el cual invadió a Siria en 803 a.C. Todo el reino de Siria fue saqueado y cercada su capital, Damasco. Así Israel fue aliviada por un tiempo de la presión de Damasco. Sin embargo, la verdadera liberación de Israel fue efectuada por el hijo de Joacaz, Joás, y principalmente por su nieto, Jeroboam II (2 Reyes 14:26, 27). Joacaz reinó 16 años (814-798 a.C.).

Preguntas
Josafat, Jehú y Joacaz
(1 Reyes 22:41-50; 2 Reyes 9; 10; 13:1-9)

1. Dé las razones por las cuales Dios bendijo a Josafat e indique los versículos que las afirman (2 Crónicas 17).
2. a) ¿Qué método empleó Josafat para enseñar al pueblo de Judá?
   b) ¿Qué resultado dio el programa de instrucción en Judá?
   c) ¿Ve usted algo en ese método que se pueda emplear hoy?
3. a) ¿Cuál fue la nueva política de Josafat hacia Israel?
   b) Mencione algunas consecuencias de esta política.
   c) ¿Cómo expresó Dios su desagrado con la política de Josafat hacia Israel?
4. a) ¿Qué fue lo primero que hizo Josafat cuando Judá fue invadida por una formidable coalición de naciones?
   b) ¿Qué cosa le impresiona más a usted en este relato?
5. a) ¿Cuáles fueron los dos propósitos de Dios al dar a Jehú el trono de Israel?
   b) Mencione los dos aspectos en que falló Jehú.
   c) A su parecer, ¿cuál fue el principal motivo que tuvo Jehú al exterminar a la familia real de Israel? Justifique su respuesta con los hechos de Jehú.
6. Indique las lecciones que se encuentran en la historia de Joacaz:
   a) En cuanto al pecado y el juicio.
   b) En cuanto al arrepentimiento causado por la desesperación.
   c) En cuanto a la misericordia de Dios.

C. *Algunos reyes de Judá (2 Reyes 8:16-29; 11, 12; 14:1-22;*
15:1-7, 32-38; 16; 2 Crónicas 21:1 — 28:27)
   1. *Joram: apostasía y desgracia (2 Reyes 8:16-24; 2 Crónicas 21).* El sucesor de Josafat en el trono de Judá fue su indigno hijo Joram. Josafat había cometido el error de tomar a Atalía, hija de Acab y Jezabel, para esposa de Joram, y éste siguió con los pecados de su suegra y de su esposa. Su reinado de ocho años fue sangriento y desdichado en extremo.
   Poco después de llegar al trono, Joram asesinó a sus seis hermanos (probablemente para apoderarse de sus posesiones), y dio muerte a algunos de los principales nobles o "príncipes" de Judá.

Restauró los lugares altos y la idolatría que su padre había suprimido. El profeta Elías le escribió una carta reprochándoselo severamente y pronunciando una maldición sobre él, su casa y su reino. Pronto se desató una serie de desastres en Judá. Edom se rebeló contra Judá y sacudió su yugo; los filisteos y árabes que habían pagado tributo a Judá, se levantaron e invadieron el reino del sur y también saquearon el palacio de Joram, llevando cautivos a varios miembros de la familia real. Dos años antes de su muerte, el mismo rey contrajo una dolorosa e incurable enfermedad. Se enfatiza el hecho de que sus súbditos lo despreciaban: nadie lamentó su fin, y a la hora de su muerte, tampoco fue honrado como rey, pues no recibió sepultura en las tumbas reales.

2. *Ocozías: debilidad y baalismo* (2 Reyes 8:25-29; 2 Crónicas 22:1-9). Ocozías, el hijo menor de Joram, reinó solamente un año. Era débil y fue hábilmente dominado por su malvada madre Atalía. Seguía la política idolátrica de su padre y también hizo alianza con Joram de Israel. Estaba con éste en Jezreel cuando estalló la revolución en Israel y los dos reyes fueron asesinados por Jehú. El reinado de Ocozías carece de importancia.

3. *Atalía: el reinado del terror* (2 Reyes 11:1-21; 2 Crónicas 22:10 — 23:21). La dinastía de David en Judá fue interrumpida y estuvo a punto de extinguirse en 841 a.C., cuando la despiadada reina-madre Atalía tomó el trono de Jerusalén. Josafat había sellado una alianza política con Israel, mediante un matrimonio entre su hijo Joram y Atalía, la hija de Acab y Jezabel. Atalía era otra Jezabel. Más aún, superó a su madre en dureza y crueldad y también en una influencia perniciosa sobre su esposo e hijos.

Cuando Ocozías, heredero del trono de Joram, fue muerto por Jehú, Atalía dio órdenes de destruir a todos los herederos del trono, incluyendo a sus propios nietos. Así afirmó su poder. Puesto que era una fanática baalista, introdujo el culto fenicio en Jerusalén. Reinó seis años. Así se demuestra la insensatez de las alianzas matrimoniales con paganos.

Sin embargo, Dios no permitió que se extinguiera la casa de David y que fallara su promesa de que siempre habría un descendiente suyo en el trono. Josaba (Josabet), hermana de Ocozías, raptó y escondió a Joás, el hijo de Ocozías, que tenía tan sólo un año. Cuando el niño cumplió los siete años, el sacerdote Joiada levantó una insurrección y lo puso en el trono. Atalía reaccionó gritando: "¡Traición, traición!" Dice el comentarista Stanley Horton: "No había dicho semejante cosa cuando hizo asesinar a los hijos del rey. Había violado todo principio justo. Había pasado por alto todo derecho. Y ahora decía que poner en el trono al verdadero rey era injusto. ¡Cómo se parece a los malvados de todos los siglos! Hacen lo malo como si fuera justo y decente, y luego se comportan como si estuviesen muy asombrados cuando otros hacen lo justo y trastornan sus planes malvados."[15]

4. *Joás: reforma y recaída* (2 Reyes 12; 2 Crónicas 24). Joás reinó cuarenta años (835-796 a.C.). Puesto que era niño cuando fue coronado, el peso verdadero del gobierno recayó sobre los hombros de Joiada, el sumo sacerdote. Fueron realizadas algunas reformas. Se extirpó el baalismo fenicio, se renovaron el pacto y el culto de Jehová y se reparó el templo que Atalía había descuidado. "Joás hizo lo recto. . . todos los días de Joiada, el sacerdote." Pero después de la muerte de éste, fue seducido por los príncipes, cayó en la idolatría y aun dio muerte al hijo de Joiada, su benefactor. Fue castigado con la invasión de Siria. Sus siervos se volvieron en su contra por la injusticia que había cometido contra la casa de Joiada, y le dieron muerte. Así se ilustra el curso del carácter débil, que depende de la buena o mala influencia de otros. Ser débil conduce al mal tarde o temprano, y el mal lleva al desastre.

5. *Amasías: victoria y derrota* (2 Reyes 14:1-22; 2 Crónicas 25). El noveno rey de Judá, Amasías, se condujo bien al principio, pero no con un corazón perfecto. Una vez confirmado en su trono, ejecutó a los asesinos de su padre, pero perdonó la vida de los hijos de éstos, siguiendo la Ley mosaica (Deuteronomio 24:16). La muerte de Hazael en Damasco alivió a Judá de las invasiones sirias. Amasías emprendió la conquista de Edom, una nación que había hecho incursiones continuas en el sur de Judá (Amós 1:11). Contrató a un contingente numeroso de israelitas para la guerra. Entonces, un profeta se interpuso, señalándole la iniquidad que conlleva hacer causa común con un pueblo idolátrico. Se nota la insensatez de preferir la prudencia humana en vez de tener fe en Jehová (2 Crónicas 25:9). En esencia, lo que preguntó fue: "¿Cómo recupero lo gastado en los israelitas?" De todos modos, despidió a los mercenarios.

Amasías derrotó decisivamente a Edom y la saqueó. Luego trajo los dioses de los edomitas a Jerusalén para adorarlos, cosa absurda, pues éstos no habían podido proteger a sus propios devotos. El vanidoso rey no prestó atención a la represión del profeta. Se enorgulleció por su éxito militar y pensó castigar a Israel por el saqueo hecho por los mercenarios israelitas. Joás, rey del reino del norte, contestó a la amenaza de Amasías con tono de escarnio, sin intención alguna de aplacar a su antagonista. Después lo derrotó y lo hizo prisionero, destruyendo parte de la muralla de Jerusalén y despojándola de la plata y el oro. Aunque Amasías volvió a reinar en Judá 14 años, nunca recobró el prestigio que tenía antes de guerrear en contra de Israel. Sus súbditos lo menospreciaban, y finalmente lo asesinaron.

6. *Uzías (Azarías): prosperidad y grandeza* (2 Reyes 15:1-7; 2 Crónicas 26). Uzías fue el líder más fuerte y capaz de Judá desde el reinado de Salomón. Reinó 52 años (791-740 a.C.). Cuando tomó las riendas de Judá, las esperanzas de este reino habían llegado a su punto más bajo desde el cisma. La derrota de Judá frente a Israel fue una enorme catástrofe, pues el reino del sur sufrió mucho con la desastrosa política de Amasías. Pero Uzías cambió su futuro. Al final del reinado de Uzías, Judá había extendido su dominio sobre sus vecinos y era una nación próspera y fuerte.

Uzías reedificó los muros de Jerusalén, organizó y equipó un formidable ejército, venció a filisteos, árabes y amonitas, y extendió los límites de su nación hasta el golfo de Acaba. La minería del cobre y del hierro que había florecido bajo Salomón fue renovada en la península de Sinaí. La expansión territorial de Judá le permitió tomar el control de una serie de ciudades estratégicas y de las rutas de comercio que conducían a Arabia, Egipto y otros países. La extensión de Judá y su influencia durante este reinado, sólo fueron inferiores a las que el reino unido había disfrutado en la época de David y Salomón. Sin embargo, las esperanzas de Uzías de restaurar todo el imperio de Salomón se vieron frustradas finalmente con el surgimiento del poder asirio.

Los logros nacionales del rey Uzías fueron igualmente impresionantes. Realizó grandes obras públicas, promovió el desarrollo de la agricultura y la crianza de ganado. Bajo su dirección, el reino de Judá prosperó materialmente. El secreto de su éxito se encuentra explicado en 2 Crónicas 26:5: "Persistió en buscar a Jehová en los días de Zacarías. . . buscó a Jehová, él le prosperó."

Sin embargo, el largo y brillante reinado de Uzías, que llevó a Judá al apogeo de su poder y prosperidad, no dio buenos resultados espirituales. La prosperidad alimentó el orgullo, la corrupción, el lujo, la crueldad y un fatal olvido de Dios. A pesar de que imperaba la religión de Jehová en la época de Uzías y luego en la de su hijo Jotam, el culto había degenerado en ceremonias muy elaboradas, pero carentes de sinceridad y piedad. No estaban acompañadas de las obras de justicia (Isaías 1:11-17). El pueblo no se daba cuenta de que la benignidad de Dios tenía el propósito de llevarlo al arrepentimiento (Romanos 2:4).

Cuando "ya era fuerte su corazón, éste se enalteció para su ruina". Uzías se arrogó prerrogativas sacerdotales, entrando en el templo para ofrecer incienso en el altar. Los sacerdotes no quisieron que entrara, y el rey, irritado, los desafió. Dios lo castigó hiriéndolo con la lepra. Uzías se vio obligado a aislarse en una casa apartada hasta el fin de sus días. Jotam, su hijo, fue corregente durante los años de su enfermedad.

7. *Jotam: otro buen rey* (2 Reyes 15:32-38; 2 Crónicas 27). Jotam reinó aproximadamente 20 años, pero principalmente como corregente de su padre. Después de reinar solo tres o cuatro años, el partido pro-asirio de Jerusalén elevó a Acaz al trono de David como regente con él. Jotam siguió la política de Uzías, construyendo defensas y estimulando la agricultura. Sofocó la revuelta de los amonitas. Sin embargo, con la amenaza de una invasión de los temibles asirios, encontró problemas para mantener su política anti-asiria. Promovió la religión de Jehová, "pero el pueblo continuaba corrompiéndose" (2 Crónicas 27:2).

8. *Acaz: apostasía y política pro-asiria.* (2 Reyes 16; 2 Crónicas 28). Acaz fue uno de los reyes más indignos de la casa de David. Rawlinson observa que "no tenía valor, patriotismo, energía, prudencia, piedad, ni aun respeto por las tradiciones de su casa y nación." [16] Restauró la idolatría, incluso el sacrificio de los niños a Moloc, y ofreció a su propio hijo en sacrificio.

Siria, bajo la dirección de Rezín, e Israel, gobernado por Peka, invadieron a Judá. Dios permitió que derrotaran a Acaz, matando a 120.000 soldados de Judá en un solo día. Sitiaron a Jerusalén, pero no pudieron tomarla. Luego devastaron el país. En esta profunda aflicción de Judá, también sus antiguos enemigos, Filistea y Edom, se levantaron en su contra. Judá perdió mucho territorio en las guerras. Isaías animaba a Acaz a confiar en que Jehová los liberaría. Le dijo que pidiera una señal de Jehová para confirmar su palabra. Pero Acaz, con piedad fingida, contestó que no la pediría ni tentaría a Jehová (Isaías 7:12), pues estaba resuelto a pedir ayuda a la poderosa Asiria. Reunió todos los tesoros que pudo, y los envió al rey asirio, Tiglat-pileser II. Este se alegró de tener una excusa para librar una guerra contra Siria e Israel. En el año 733 a.C., marchó contra Siria, conquistando y devastando el territorio de esta nación. Acto seguido, arremetió contra Samaria. Encontrando un partido que le apoyaba dentro de los muros de la ciudad, y que prometió quitar a Peka, el monarca asirio tomó pacíficamente el poder, y nombró a Oseas como rey tributario en el reino septentrional.

Así Acaz fue liberado de sus enemigos, pero el precio que pagó era mucho más que los tesoros del templo y del palacio. Perdió la independencia de su reino y se hizo un simple súbdito de Asiria; tenía que pagarle tributo año tras año. También, tenía que enviar al rey asirio ricos regalos y comparecer delante de él para hacerle homenaje, siempre que estuviese en la vecindad.

Al encontrarse con Tiglat-pileser en Damasco, Acaz quedó impresionado con un altar sirio. Mandó que el sacerdote Urías hiciera uno similar en Jerusalén. Así introdujo en Judá el culto de un país enemigo y derrotado por los asirios.

Bajorrelieve del rey Asurbanipal

Preguntas

Algunos reyes de Judá (2 Reyes 8 — 16; 2 Crónicas 21 — 28)

1. a) ¿Ve usted una relación entre los males de los reinados de Joram y Ocozías y la afirmación bíblica de que Dios visita la maldad de los padres sobre los hijos hasta la tercera y cuarta generación (Exodo 20:5)? ¿Cuál es?

   b) ¿Por qué Dios destruía las dinastías de reyes perversos en el reino del norte, pero soportaba a los de Judá? (ver 2 Crónicas 21:7; 1 Crónicas 17:11-14).

   c) Indique cuál es el ejemplo de este trato especial que se encuentra en 2 Reyes 11.

   d) ¿Cuál gran lección ve usted en este trato de Dios hacia la casa de David?

   e) A la luz de estos principios divinos de conservar la línea davídica, ¿por qué describe el cronista todos los detalles horribles de la enfermedad de Joram (2 Crónicas 21:18-20)? (¿Cuál principio divino quiso ilustrar?)

2. a) Se ve un paralelo entre la acción de Josabet y la de una pareja hebrea en Egipto durante la estadía de los hebreos en la tierra del Nilo. ¿Quiénes fueron estas personas?

   b) ¿Cuál atributo de Dios se pone de manifiesto en el rapto de Joás?

   c) Haga un contraste entre Atalía y Josabet.

3. Observe el procedimiento de Joiada, su paciencia y luego la preparación para el golpe de estado. ¿Qué podemos aprender de él, en cuanto a la obra de Dios?

4. a) ¿Cuál indicio observa usted en 2 Crónicas 24, que demuestra que la idolatría había penetrado tan profundamente en Judá, que las reformas de Joiada y Joás no pudieron erradicarla?

   b) Mencione la lección de mayordomía que se encuentra en el relato acerca de Joás.

5. a) Señale cuál era la gran virtud de Joás. Después, señale cuál era su mayor debilidad.

   b) ¿Qué lección nos enseña su historia?

6. ¿Por qué fracasó Amasías después de comenzar bien?

7. a) ¿Cómo se manifestó en Uzías la misma debilidad que tenía su padre?

   b) ¿Cómo fortaleció Uzías económicamente a Judá?

   c) Describa la situación religiosa durante los reinados de Uzías y Jotam.

8. a) ¿Cuál fue el principal pecado de Acaz?

   b) ¿Cómo afectó su pecado (1) a Dios? (2) a su nación? (3) a él mismo?

D. Los últimos reyes de Israel y la caída de Samaria: recuperación, decadencia y ruina (2 Reyes 13 —17)

El reino septentrional disfrutó de un período de recuperación territorial y de prosperidad económica casi inigualado en su historia, durante los reinados de Joás y Jeroboam II, tercer y cuarto monarcas de la dinastía de Jehú. Tanto Judá como Israel ya no tuvieron que temer a Siria, pues Hazael había muerto y Damasco quedó debilitada por la invasión de los asirios. Sin embargo, la seguridad política y la prosperidad en el reino del norte se vieron acompañadas de grandes males sociales. La sociedad comenzó a desmoronarse, y el gobierno se hizo inestable y caótico. Rey tras rey fue asesinado y reemplazado por su homicida. Luego las invasiones de los temibles asirios pusieron fin a toda esperanza de que sobreviviesen las diez tribus. El juicio divino las había alcanzado.

1. *Joás: la recuperación de territorio* (2 Reyes 13:10 — 14:16; 2 Crónicas 25:17-25). Al principio del reinado de Joás (798-782 a.C.), Israel todavía sentía la presión siria. Pero Hazael murió alrededor del año 796 a.C., y su sucesor, Ben-adad II, no era tan poderoso como su padre. Animado Joás por los consejos de Eliseo, combatió a los sirios, venciéndolos tres veces y recuperando ciertas ciudades perdidas durante la época de Hazael. No es probable, sin embargo, que Joás recobrara la región situada al oriente del Jordán, siendo ésta reconquistada por Jeroboam II, su hijo.

A la provocación hecha por Amasías, rey de Judá, respondió Joás derrotándolo en Bet-semes, invadiendo Judá y rompiendo una parte de la muralla de Jerusalén. Saqueó los tesoros del templo y del palacio, pero perdonó la vida del insensato rey. Lamentó la muerte de Eliseo, pero no existe indicio alguno de que quisiera servir a Jehová, pues continuó con la idolatría de Jeroboam.

2. *Jeroboam II: prosperidad y corrupción moral* (2 Reyes 14:23-29). Jeroboam, biznieto de Jehú, reinó 41 años en Samaria, doce de los cuales fueron en regencia con su padre (793-753 a.C.). En aquella época, siria estaba debilitada. Había sido saqueada por los asirios y pagaba fuertes tributos a sus vencedores. También Zakir de Hamat formó una coalición que derrotó a Ben-adad II y liberó a Hamat (ciudad situada al norte de la frontera con Israel), del dominio sirio. Jeroboam continuó las victoriosas guerras de su padre contra Siria y recuperó el territorio del oriente del Jordán que Siria había ocupado desde hacía más de un siglo. Durante este período, los asirios estaban tan ocupados con problemas internos de su país, que dejaron de enviar ejércitos contra Canaán.

El reinado de Jeroboam II fue primero de gran expansión y luego de paz y prosperidad. Jeroboam fortificó las murallas de Samaria, que en algunos lugares llegaron a tener más de diez metros de espesor.

Así Dios le dio a Samaria (Israel) un gran libertador, pero a la vez le daba a la nación la última oportunidad de arrepentirse (14:27, 28). Podría ser que la prosperidad lograra lo que no pudo lograr la aflicción. Los escritos de los profetas contemporáneos, Amós y Oseas, muestran que produjo solamente corrupción. La vida religiosa estaba plagada de hipocresías y la gente seguía rindiendo culto a los becerros. Los adinerados mercaderes y grandes hacendados se apoderaban de los terrenos de los pobres y obligaban a éstos a trabajar en las mismas propiedades que eran de ellos. Frente al lujo extravagante de los ricos, las masas populares vivían extorsionadas y en la mayor miseria. Después de la muerte de Jeroboam II, el reino del norte se desintegró rápidamente.

Aunque Jeroboam II fue probablemente el más grande de los reyes del reino del norte, y reinó más años que los otros, el historiador sagrado le dedica sólo siete versículos. ¿Por qué? "El hombre mira lo que está delante de sus ojos, pero Jehová mira el corazón" (1 Samuel 16:17). Jeroboam "hizo lo malo ante los ojos de Jehová"; no quitó el culto a los becerros de Dan y Bet-el.

3. *Los profetas escritores*. Dios había levantado profetas en Israel desde el período de Moisés en adelante. Entre los más grandes figuran Samuel, Natán, Gad, Elías y Eliseo, pero hubo muchos otros a quienes sólo conocemos por alusiones como portavoces de Jehová e intérpretes de la Palabra divina. Se dirigían, por regla general, a los reyes y a otros personajes, reprendiéndolos por sus pecados. Sin embargo, en el reinado de Jeroboam II, se inició una nueva etapa de profecía. Aparecieron los primeros "profetas escritores", los autores de la literatura profética. (Algunos eruditos piensan que Joel profetizó en la época de Joás, alrededor del 830 a.C., pero otros creen que ministró 80 años después, y otros lo sitúan siglos después.) Continuaron combatiendo las transgresiones y llamando a los reyes al arrepentimiento mediante amenazas y promesas; pero ahora se dirigían más a la colectividad del pueblo, reprendiendo más los pecados sociales y nacionales, que los males personales.

Los profetas escritores hicieron un gran esfuerzo para salvar a su pueblo, tratando de volverlo a la Ley de Moisés y al monoteísmo. Al fracasar en su intento de volver al pueblo a Dios, anunciaban la destrucción de la nación. Sin embargo, el horizonte de los profetas escritores fue más vasto que el de los profetas orales. Los profetas anteriores predicaban; los escritores predecían. Vieron más allá del juicio: se libraría un remanente fiel y éste sería restaurado a la tierra santa. De la familia de David, Dios suscitaría un gran rey, y se extendería por toda la tierra la influencia de la nación restaurada. Así, animaban a los creyentes a permanecer fieles a pesar de las desgracias nacionales.

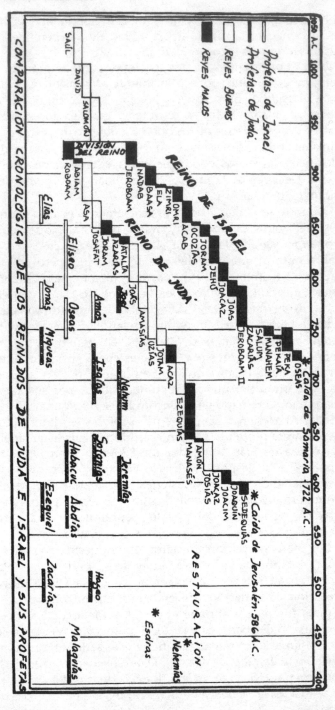

COMPARACIÓN CRONOLÓGICA DE LOS REINADOS DE JUDÁ E ISRAEL Y SUS PROFETAS

El período anterior a la caída de Jerusalén fue el tiempo de mayor actividad profética, ya fuera para tratar de evitar la calamidad o para explicarla. Aunque Dios mismo trajo la destrucción sobre aquella ciudad, humanamente hablando, hizo lo posible para salvarla, levantando profeta tras profeta para volver a su pueblo a sí. Tres de los profetas escritores profetizaron durante la época de Jeroboam II: Jonás (enviado a Nínive), Amós y Oseas. Los últimos dos mencionados senalaron que la prosperidad de aquel entonces conduciría al lujo egoísta, la pereza de los adinerados y la opresión de los pobres, males fuertemente reprendidos por ellos.

4. *La rápida desintegración de Israel* (2 Reyes 15:8-31). La gente que escuchaba las profecías de Amós y Oseas no se daba cuenta de que, en un plazo de tres décadas, Samaria sería juzgada e Israel dejaría de existir como nación. Después de la muerte de Jeroboam II, las cosas fueron de mal en peor; un rey sucedió a otro, habiendo subido al trono cinco reyes que representaban cinco dinastías, y los cinco reinaron solamente 41 años en total. La mayoría de los que subieron al trono dieron muerte a su antecesor.

5. *La sombra de Asiria y la caída de Samaria* (2 Reyes 15:19-31; 17; 18:9-12). Dios empleó al imperio asirio como instrumento para castigar a Israel. La historia de Asiria se remonta a tiempos muy antiguos. Según Génesis 10:10-12, Asiria había sido fundada por emigrantes babilonios. Sus principales ciudades eran Cala, Nínive y Asur. A través de los siglos y los milenios, Asiria tuvo épocas alternas de gloria y de decadencia. En el apogeo de su poder, en los siglos VIII y VII a.C., el imperio asirio abarcaba los territorios de Media, Anatolia del Sur, Cilicia, Siria, Palestina, Arabia, Egipto, Elam y Babilonia.

El último y más brillante período de expansión asiria comenzó con la consolidación nacional de los reinados de Asurdán II (932-910) y Adad-Nirari II (909-889). Durante esa etapa, casi todos los reyes asirios aumentaron sus territorios, llenando de gloria el imperio.

Los asirios eran grandes guerreros; pero también eran muy crueles con los sometidos. Cuando los reinos tributarios se rebelaban reiteradamente u ofrecían una resistencia obstinada en su contra, descuartizaban vivos a prisioneros importantes, cortándoles las manos, los pies, las orejas o la nariz, o arrancándoles los ojos o la lengua y ponían a la vista pública sus cráneos para despertar el terror.[17]

Tiglat-pileser III (745-727 a.C.) inauguró la política de incorporar al imperio como provincias, los territorios conquistados. Anteriormente los asirios habían conquistado países, los habían saqueado y obligado a pagar tributo, pero no los habían ocupado. Tiglat-pileser introdujo también la política de exiliar a los pueblos conquistados que persistían en sublevarse, llevándoselos a otras provincias de tierras asirias, repoblando el territorio con colonos de otras regiones. Así trataban de desarraigar de los pueblos derrotados sus sentimientos de nacionalismo e independencia.

Durante el reinado de Salmanasar III (858-824), comenzó el período de conflictos entre Asiria y los reinos hebreos. Acab había participado en la coalición que detuvo el avance asirio en Qarqar (853 a.C.), pero Jehú evitó enfrentarse con los asirios, pagando un fuerte tributo. Hazael, el rey sirio, vio saqueado su país por los invasores, pero logró resistirlos en el sitio de Damasco. En sus anales, Tiglat-pileser III menciona que libró batalla contra Azarías (Uzías) rey de Judá, en Arpal. Aunque se jacta de haber aplastado a su ejército, no afirma haber tomado tributos procedentes de Judá. En cambio, Manahem, rey del reino del norte, abrazó la causa de Asiria, apresurándose a formar parte de la corte de vasallos de Tiglat-pileser III. Algo de esto se muestra en un bajorrelieve asirio en el cual se ve a unos escribas asirios recibiendo el tributo de Manahem.

Mientras que Tiglat-pileser realizaba campañas en el oriente contra los medos y Urataru, los países siro-palestinos formaron una coalición para hacer frente a las pretensiones territoriales de Asiria. Peka de Israel y Rezín de Damasco trataron de obligar a Judá a aliarse con ellos. Al fracasar en el intento, invadieron Judá, causándole grandes pérdidas. Viéndose en grandes apuros, Acaz pidió la intervención de Asiria. Tiglat-pileser III (Pul o Pulu) devastó Siria e Israel, mató a Rezín y reemplazó a Peka por Oseas, el cual le rindió acto de sometimiento y lealtad. Las tribus de Neftalí y las de la Transjordania fueron llevadas a Asiria (1 Crónicas 5:26; Isaías 8:21 — 9:1), quedando del reino del norte solamente su capital y el territorio en torno a ella.

El fin del reino del norte fue precipitado por la volubilidad de Oseas, su último rey. Este dejó de pagar los tributos a Asiria y conspiró para obtener el apoyo de los egipcios contra sus conquistadores. Salmanasar, el nuevo monarca asirio, marchó contra Israel y puso sitio a Samaria en 724. Egipto no mandó ni un soldado en ayuda de Samaria. La capital de Israel resistió el cerco asirio durante tres años, pero fue tomada por el general Sargón a principios del otoño del año 722. De acuerdo con la política de Asiria, la mayoría de los israelitas (27.280 cautivos según los anales asirios) fueron trasladados a las provincias orientales del imperio. Los deportados nunca volvieron en masa del cautiverio, sino que desaparecieron para siempre de la historia. Es probable que fueran absorbidos por los paganos, pues eran ya un pueblo idolátrico.

Sin embargo, los asirios dejaron israelitas en el territorio de las diez tribus y enviaron otra gente para ocupar el lugar vacío, debido a la deportación de sus habitantes. Estos colonos se mezclaron con israelitas, dando origen a los samaritanos, una raza mixta. Se mul-

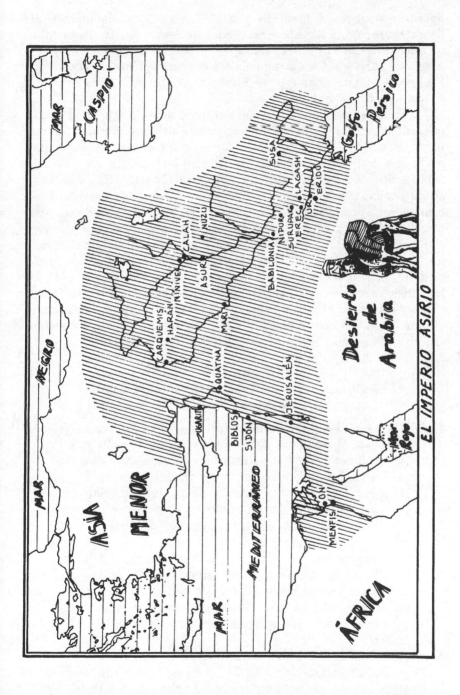

tiplicaron las fieras en la región, y se atribuyó a la falta de un culto al Dios de la región. Enterado de ello, Sargón, rey de Asiria, mandó que un sacerdote de entre los exiliados se trasladara a Samaria, y les enseñara a servir al Dios de aquella región. Sus pobladores aceptaron a Jehová, aunque mantuvieron también su idolatría.

6. *Causas del cautiverio.*

a. Causas políticas: la división del reino dejó débil a Israel y éste no pudo enfrentar solo a sus enemigos. Las alianzas que hizo con las naciones vecinas también lo debilitaron, pues a menudo tuvo que pagar fuertes tributos. Además, se debilitó guerreando contra Judá. Sobre todo, los reyes del norte eran indignos. Hubo varias revueltas, acompañadas muchas veces de regicidios y cambios de dinastía. Diecinueve reyes y nueve dinastías reinaron en los dos siglos de su existencia, y de estos reyes, diez murieron en forma violenta.

b. Causas morales y espirituales: Jeroboam, al dividir el reino, instituyó la idolatría a los becerros en Israel, y todos los demás reyes hicieron lo mismo. Dios había enviado profeta tras profeta y juicio tras juicio, pero de nada había servido. Israel estaba entregado a sus ídolos y continuaba la corrupción en la vida social y moral. Oseas dijo: "Efraín es dado a ídolos; déjalo" (4:17). No había remedio. Sobrevino la ira de Dios, que barrió la nación de la faz de la tierra.

Preguntas
Los últimos reyes de Israel y la caída de Samaria
(2 Reyes 13 — 17)

1. a) Dé las razones, naturales y divinas, por las cuales Joás y Jeroboam II pudieron librar a Israel de la presión siria.
   b) ¿Cómo puede usted armonizar los dos elementos que hicieron posible la liberación del reino del norte?
   c) ¿Qué lección ve usted en el hecho de que Joás apreciara a Eliseo, pero no quisiera andar en la senda trazada por el profeta?
2. a) ¿Por qué Dios le dio alivio y prosperidad a Israel durante el reinado de Jeroboam?
   b) ¿Cómo reaccionó el pueblo ante la prosperidad y la paz?
3. a) ¿Cuál fue la diferencia entre el ministerio de los profetas anteriores y el de los que fueron levantados en el siglo octavo antes de Cristo en los siglos que siguieron?
   b) ¿Quiénes fueron los profetas escritores de la última época de Israel?
4. a) ¿Por qué Siria y Efraín libraron guerra contra Judá?
   b) ¿Cuál fue la gran pérdida de Israel en el reinado de Peka?
   c) ¿Qué lección ve usted en la alianza entre Rezín y Peka? (Dé la razón espiritual por la cual no dio buen resultado.)

5. a) ¿Qué le pasó a la población de Israel a consecuencia de las invasiones asirias?

b) ¿Por qué se mezcló tan fácilmente el pueblo del reino del norte con otras gentes del imperio asirio? (Note que los judíos mantuvieron su separación durante el cautiverio babilónico.)

c) ¿Por qué Dios permitió que los asirios destruyeran el reino del norte?

VI. Los últimos tiempos del reino de Judá
(2 Reyes 18 — 25; 2 Crónicas 29 — 36)

Judá, el reino del sur, sobrevivió como nación durante casi un siglo y medio después de la caída de Samaria. Sin embargo, tenía una existencia muy precaria, pues tuvo que soportar crisis tras crisis, primero como vasallo de Asiria y luego de Babilonia. Siempre fue partidario de tratar de reconquistar su independencia, depositar su fe en la ayuda de Egipto y recurrir a maniobras diplomáticas. Solamente la intervención sobrenatural lo protegió de la destrucción durante el reinado de Ezequías. Judá mantuvo un gobierno semiautónomo, pero sólo dos de los ocho reyes de este período fueron buenos.

Existían tres influencias que podrían haber salvado a Judá de la ruina que alcanzó a Samaria: (1) El ejemplo del castigo que había recibido el reino septentrional; (2) las reformas de Ezequías a Josías; (3) las exhortaciones de los profetas. Sin embargo, se había arraigado tan profundamente la idolatría en el pueblo, que Dios se vio obligado a disciplinarlo empleando a los babilonios como instrumento de juicio. Judá fue llevado al cautiverio en 586 a.C.

A. Ezequías: reforma y supervivencia (2 Reyes 18 — 20; 2 Crónicas 29 — 32)

Ezequías fue el más fuerte y mejor de los últimos reyes de Judá. Aunque su padre fue muy perverso y su hijo el peor de los reyes, Ezequías fue un hombre piadoso, resuelto y valiente. Depositó su confianza en Jehová y decidió llevar a cabo una reforma que restableciera en toda su pureza su culto. Su reforma salvó sin duda a su reino del trágico destino que le sobrevino a Samaria, cuya caída tuvo lugar durante su reinado (si se cuentan los años que reinó como corregente de su padre, 726-715 a.C.). Los tres secretos del éxito de Ezequías fueron: que hacía caso a su gran consejero, el profeta Isaías; que se decidió a hacer un pacto con Jehová (2 Crónicas 29:10); y que comenzó inmediatamente su obra de reforma (2 Crónicas 29:3).

1. *Las reformas de Ezequías* (2 Reyes 18:1-7; 2 Crónicas 29 — 31). Ezequías empezó su reforma en el primer año de su reinado.

a. Limpió y abrió de nuevo el templo. Se había acumulado mucha basura e inmundicia en el templo y en todas sus dependencias, como consecuencia del desprecio y descuido en que había caído aquel lugar sagrado por parte del rey Acaz durante los últimos años de su vida. El altar de Acaz, que había sido hecho según un modelo visto por él en Damasco (2 Reyes 16:10), fue quitado para reinstalar el antiguo altar de Salomón. Las lámparas que estaban apagadas volvieron a encenderse y la mesa de los panes de la proposición fue ordenada. El templo fue reparado en dieciséis días. Luego se restableció en él el culto a Jehová. Pero primero, Ezequías les ordenó a los levitas que se santificasen, pues sabía que unas manos manchadas no pueden ser aptas para realizar una reforma religiosa. El rey también restableció el sacrificio del templo. El culto se celebraba acompañado de música y de un coro de cantores.

b. Reanudó la celebración de la Pascua e invitó al remanente que había quedado en la tierra del desaparecido reino septentrional a participar de ella. Aunque muchos israelitas se burlaron de los heraldos de Judá, otros asistieron. Así Ezequías intentó terminar con la división religiosa, invitando a todos los hebreos a participar de la fiesta.

c. Eliminó la idolatría en Judá. Con celo iconoclasta, el pueblo rompió los ídolos y los altares que Acaz había erigido, hizo pedazos a la serpiente de bronce, porque era objeto de adoración, y acabó con los lugares altos. Así, se trató de limitar el lugar del culto en la nación al templo de Jerusalén. Esta reforma se extendió hasta Benjamín, Efraín y Manasés.

d. Organizó los turnos de los sacerdotes y levitas para que sirvieran en el templo.

e. Reformó la recolección de los diezmos y las ofrendas. Hubo un aumento notable de entradas monetarias y de productos de la tierra, de modo que se dispuso la preparación de cámaras en el templo para guardarlos en ellas.

Un período de gran prosperidad parece haber seguido a la restauración de la religión de Jehová. Sin embargo, los profetas de aquel entonces no mencionan las reformas de Ezequías, probablemente porque no se arraigaron profundamente en el corazón del pueblo.

2. *La política de Ezequías* (2 Reyes 18:7, 8; 18:13 — 19:37; 2 Crónicas 32). Ezequías era totalmente contrario a los asirios, pero tuvo la sabiduría de no rebelarse contra Asiria durante el reinado del poderoso rey asirio Sargón. Lo que hizo fue ir realizando los preparativos necesarios para la guerra. Reedificó las murallas que defendían la ciudad de Jerusalén, organizó bien el ejército equipándolo con armas, e hizo un túnel de 540 metros en la roca maciza desde la fuente de Gihón hasta el estanque de Siloé. Era para llevar agua a la ciudad en tiempos de sitio. Tapó las fuentes cercanas a Jerusalén para

que el enemigo no tuviera agua. Esta galería ha subsistido hasta hoy.*
Cuando Sargón falleció (705 a.C.), estallaron revoluciones en
muchas partes del imperio asirio. A pesar de los consejos de Isaías
(Isaías 31:1-9), Ezequías se alió con Egipto y trató de sacudirse el yugo
de Asiria. Esto le costó mucho a Judá. Asiria invadió a Palestina en
701 y devastó grandemente a Judá. En un prisma de barro descubierto
por los arqueólogos, Senaquerib, rey de Asiria, se jacta de haber
tomado en Judá 46 ciudades fortificadas y 200.150 cautivos y haber
encerrado a Ezequías "como pájaro enjaulado en Jerusalén". Isaías
describió la desolación así: "Vuestra tierra está destruida, vuestras
ciudades puestas a fuego, vuestra tierra delante de vosotros comida
por extranjeros, y asolada como asolamiento de extraños. . . Si
Jehová. . . no nos hubiese dejado un resto pequeño, como Sodoma
fuéramos, y semejantes a Gomorra" (Isaías 1:7-9).

3. *La fe de Ezequías.* Todo sucedió como había predicho Isaías
(Isaías 33). Senaquerib quebrantó su promesa enviando de nuevo su
ejército contra Judá. El Rabsaces, jefe de los oficiales del rey asirio, le
trajo un mensaje insultante a Ezequías declarando que ni Egipto ni
Jehová podrían ayudar a Jerusalén. Ezequías fue al templo a orar.
Entonces, recibió un mensaje de Isaías animándolo a confiar en Dios y
a resistir a Asiria.

Dice MacLaren: "¿Es confiar en Jehová insensatez o sabiduría?
Isaías había tratado de inspirar a sus compatriotas la confianza en
Jehová únicamente y ahora había llegado el momento crítico que
ponía a prueba su consejo. Por una parte, estaba Senaquerib con sus
huestes victoriosas, seguro de aplastar al rey indefenso y a su
pequeña ciudad de la colina. Y por la otra, no existía más que la
palabra del profeta. ¿Qué era más poderoso? Un hombre apoyado por
Dios era más fuerte que Senaquerib y todos sus mercenarios."[18] Dios
honró la fe del rey. Senaquerib recibió noticias de un levantamiento
en otras partes del imperio y tuvo que enviar su ejército allí. Cuando
volvió el Rabsaces en otra ocasión, exigiendo el rendimiento de
Ezequías, el rey extendió su carta ante Jehová en el templo. Dios
destruyó repentinamente el ejército de 185.000 hombres de Asiria.
Algunos estudiosos de la Biblia creen que Dios empleó una plaga
bubónica para acabar con ellos. Senaquerib se volvió de prisa a
Nínive. Después fue asesinado por sus propios hijos. La derrota

*El túnel fue descubierto en 1880 por un joven árabe y ha sido una gran atracción turística. Se
encontró una inscripción escrita en hebreo antiguo sobre la pared a pocos pasos de la entrada. Dice
así: "Fin de la perforación. Y esta es la historia de la perforación: Mientras todavía los excavadores
manejaban sus picos uno contra otro, todavía faltaban tres codos por demoler, y se oyó la voz de
uno que gritaba al otro que había una abertura en la roca de la derecha y de la izquierda. Y el día de
la perforación, golpearon los excavadores uno en dirección del otro, pico contra pico y salieron las
aguas en un chorro al estanque. . ."

mediante la intervención divina no fue descrita en los registros de Asiria, pues los reyes asirios nunca relataban sus fracasos. Así Asiria fue castigada por haberse enaltecido contra Jehová.

4. *La sanidad de Ezequías* (2 Reyes 20; 2 Crónicas 32:24-33). El milagro del reloj solar consistió en que la sombra del sol retrocedió; pero no existen indicios de que el día se prolongara. Al parecer, la sanidad de Ezequías no era voluntad directa de Dios, pues trajo lamentables consecuencias. Al restablecerse, Ezequías aceptó la visita de los embajadores babilónicos, quienes fueron a felicitarle por su recuperación. Los recibió y les mostró todos los tesoros que poseía Jerusalén. Con esta acción, cometió un gran desatino. Esto despertó la codicia de Babilonia y la estimuló a invadir Judá años después. Además, Ezequías engendró a Manasés, su malvado sucesor, después de ser sanado. La moraleja de este hecho es que más vale aceptar la voluntad manifiesta de Dios, porque de nada sirve ser librado momentáneamente para luego ser la causa de la destrucción y del desastre para otros.

B. Dos reyes impíos: Manasés y Amón
   (2 Reyes 21:1-26; 2 Crónicas 33)
   1. *Manasés: idolatría abierta* (2 Reyes 21:1-18; 2 Crónicas 33:1-20). Manasés fue el peor rey de Judá y el que más tiempo reinó: aproximadamente 55 años (697-642 a.C.). Aunque sin duda fue criado cuidadosamente durante la vida de su padre, cayó bajo malas influencias después. Estableció el politeísmo. Fue un aborrecedor fanático de la religión de Jehová. Deliberadamente deshizo las reformas que su padre había realizado con tanto sacrificio y abnegación. Reedificó los altares e ídolos que Ezequías había destruido, restableció el culto a Baal e hizo una imagen de Asera (Astarte), la esposa de Baal, poniéndola en el templo. Patrocinó el espiritismo y el culto a las estrellas y los planetas y también estableció el sacrificio de seres humanos, ofreciendo a su hijo al dios Moloc. Cruelmente silenció las voces de los justos, quienes protestaban contra la idolatría; llenó a Jerusalén con su sangre. Dice la tradición que Manasés hizo aserrar en dos a Isaías. De este modo, podemos ver que un apóstata a menudo es más fanático en promover la religión falsa que el pagano mismo.

Dios castigó a Manasés entregándolo en manos de los asirios. Estos lo llevaron a Babilonia encadenado. Probablemente le pusieran argollas en los labios y ataran cordones a ellas para conducirlo. Se arrepintió, y Dios lo libró y lo restauró a su trono. Luego Manasés trató de deshacer la idolatría y restaurar el culto a Jehová. Pero ya era tarde. Había destruido el orden profético y las personas piadosas. Una generación había crecido sin ninguna enseñanza en la religión de

Jehová. El hecho de que Dios lo perdonara y lo restaurara a su trono, revela su gracia insondable.

Durante el reinado de Manasés, Asaradón y Asurbanipal extendieron el dominio asirio hasta Tebas, en Egipto (805 kilómetros a lo largo del Nilo hasta el Alto Egipto), alrededor de 663 a.c. Después, una sangrienta guerra civil estremeció el imperio asirio en la rebelión de Samasumukin (652 a.C.). La revuelta llegó a su punto culminante con la conquista de Babilonia en 648, y mientras tanto otras rebeliones estallaron en Siria y Palestina. Es posible que Manasés participara en alguna conspiración en aquel tiempo, y esto fuera la causa de que fuera llevado a Babilonia. Si es así, tuvo relativamente poco tiempo para deshacer la idolatría que había patrocinado durante tantos años.

2. Amón: la apostasía (2 Reyes 21:19-26; 2 Crónicas 33:21-25). En su breve reinado de dos años, Amón hizo volver a Judá a la idolatría de Manasés. La educación impartida a Amón en su adolescencia, indudablemente tuvo más influencia en la formación de su carácter, que el tardío período de reforma. Los siervos de palacio le dieron muerte.

Preguntas
Desde Ezequías hasta Amón
(2 Reyes 18:1 — 21:26; 2 Crónicas 29 — 33)

1. a) Describa en pocas palabras la situación política de Judá durante el período que siguió a la caída de Samaria.
   b) ¿Por qué hubo conflictos entre Judá y los asirios y luego con los babilonios en este período?
   c) ¿Por qué no sobrevivió Judá? (Dé la razón espiritual.)
2. a) ¿Cuáles fueron los cinco aspectos de la actitud y el proceder de Ezequías que lo hicieron un instrumento en las manos de Dios? (Ver 2 Reyes 18:3, 5, 6; 2 Crónicas 29:10.)
   b) ¿Cómo fue premiado por su actitud piadosa y su acción reformadora? (Cf. 2 Reyes 18:7, 8.)
   c) ¿Cómo interpretó Ezequías los contratiempos de su nación?
   d) Según el escritor de Reyes, ¿cuál fue el aspecto sobresaliente de la reforma de Ezequías?
   e) ¿En qué aspecto de la reforma pone el cronista el énfasis? ¿Por qué? (Debe recordar la diferencia entre los puntos de vista de los libros de Reyes y los de Crónicas.)
3. Haga un pequeño bosquejo sobre los pasos que conducen al avivamiento, empleando como base el relato de la reforma de Ezequías y aplicando cada paso a la situación actual de la Iglesia.
4. a) ¿Qué error cometió Ezequías que estuvo a punto de llevar a su nación a la ruina?
   b) ¿Qué significó el profeta Isaías en la liberación de Jerusalén?

c) ¿Qué lección práctica ve usted en la reacción de Ezequías ante las amenazas de los asirios? Analice los argumentos que empleó Ezequías en su oración.

5. a) Evalúe la reacción de Ezequías al aviso de que iba a morir. ¿Qué actitud debe tener el creyente frente a tal noticia?

   b) ¿Cuál debilidad en el carácter de Ezequías fue sacada a luz cuando éste fue sanado?

6. a) A su parecer, ¿por qué fue tan contrario Manasés a la fe de su padre? (¿Ha visto casos semejantes en la actualidad?)

   b) Extraiga dos lecciones espirituales de la historia de Manasés.

C. Josías: reforma y desvanecimiento de una esperanza (2 Reyes 22:1 — 23:35; 2 Crónicas 34, 35)

El reinado de Josías (640-609 a.c.) fue uno de los períodos más felices en la historia del reino del sur. Se caracterizó por la reforma, la paz y la prosperidad. Con la muerte de Asurbanipal en el año 627, el imperio asirio empezó a desmoronarse y paulatinamente volvió Judá a ser una nación casi libre del yugo asirio. Sin embargo, hacia fines del reinado de Josías, Judá se vio mezclada en la lucha entre las grandes potencias, la resurgiente Babilonia y el antiguo Egipto. Josías decidió ir contra los egipcios. Su trágica muerte en la batalla de Meguido (609) fue el comienzo del fin de Judá. Se esfumaron las esperanzas nacionalistas ante el creciente poder de Babilonia. En 586 a.C., Jerusalén fue destruida y terminó el gobierno de la dinastía davídica.

Josías comenzó a reinar a los ocho años y a los dieciséis empezó a buscar a Dios. Su madre Jedida aparentemente fue una mujer espiritual, pero sus piadosos consejeros fueron tal vez quienes lo impulsaron a seguir a Jehová, a pesar de que la nación se había entregado casi íntegramente a una idolatría degradante. Fue uno de los mejores reyes de Judá, un hombre bondadoso, celoso para con la religión de Jehová y un gran reformador.

1. *Las reformas de Josías* (2 Reyes 22:1 — 23:27; 2 Crónicas 34:1 — 35:19). Al principio de su reinado, la religión de Josías era estrictamente personal. Pero en 628 a.C., comenzó sus reformas. Quizá haya sido animado en su obra por personas religiosas tales como Ilcías, el sumo sacerdote; Safán, el escriba; Hulda, la profetisa y posiblemente por Sofonías, el profeta, descendiente de Ezequías, el primo de Josías.

Josías desarraigó de Jerusalén y de Judá la flagrante idolatría y las prácticas paganas que su padre Amón había vuelto a introducir después de haber sido abolidas por Manasés. El templo de Jerusalén fue limpiado, eliminando las cámaras de prostitución "sagrada". Fueron sacados y reducidos a polvo los utensilios del templo dedicados a Baal, a Asera, y a los planetas y estrellas. Se quitaron de la entrada del templo los caballos dedicados al sol y se quemaron los carros del sol. Los ídolos que llenaban a Judá fueron destruidos; los altares de los lugares altos fueron demolidos.

El debilitamiento del imperio asirio permitió que Judá extendiera su influencia sobre la región que anteriormente había sido el reino de Israel. Así que Josías pudo realizar su reforma en los territorios de Manasés y Efraín, Isacar y hasta Zabulón. En Bet-el, el altar erigido al becerro de oro hacía trescientos años por Jeroboam, fue derribado. Pero primero Josías quemó sobre él los huesos de los falsos profetas, cumpliendo así la profecía de 1 Reyes 13:2. Se observa que Josías actuó con violencia, pero la tradición idólatra no podía ser cambiada a no ser por métodos drásticos.

La fase positiva de la reforma consistió en la reparación del templo. La casa de Dios había sido descuidada por largos períodos de tiempo después del reinado de Joás. Muchas de las paredes y los edificios colaterales se hallaban derruidos y los pisos estaban en mal estado. Josías hizo una colecta para su reparación, recogiendo fondos en Judá, en Benjamín, y en el territorio que había sido el reino del norte.

Se descubrió el libro de la ley "dada por medio de Moisés" cuando el templo fue reparado en 621 a.C. Es posible que fuese escondido por un sacerdote cuando Manasés trató de destruir las copias de la Ley. ¿Qué se entiende por "libro de la ley"? Algunos estudiosos piensan que esta expresión se refiere al Pentateuco, pero esta teoría es improbable, pues fue leído en una sesión (2 Crónicas 34:29-31). Otros creen que fue el Deuteronomio, porque éste contiene terribles maldiciones contra la idolatría a la cual Judá se había entregado por tanto tiempo (2 Crónicas 34:24). Es probable que fuera el Deuteronomio; sin embargo, carece de evidencia la teoría de la alta crítica de que algunos sacerdotes del reinado de Josías hubieran escrito este libro como un "fraude pío" para promover la reforma. El erudito conservador R. K. Harrison nos señala que el Deuteronomio tiene el esquema de un tratado, incluso un prólogo histórico que a menudo se encuentra en los pactos de fines del segundo milenio a.C., pero es un esquema que no se halla en los tratados de soberanía del primer milenio en el Medio Oriente. Además, otros elementos tales como la legislación de Deuteronomio 13 y 20, armonizan con el período de la conquista bajo Josué. El libro habría sido anacrónico si hubiera sido escrito en la época de la monarquía.[19]

El escriba Safán le leyó el libro al rey, y éste se dio cuenta de cuán lejos su nación se había apartado de la Palabra de Dios, y de las funestas consecuencias profetizadas por Moisés. Alarmado, Josías rasgó sus vestidos. Consultó con Hulda, la profetisa. Ella declaró que los juicios por la idolatría eran inevitables, pero que Josías no vería su cumplimiento, pues él deseaba hacer la voluntad de Dios. Josías reunió una gran asamblea de ancianos, sacerdotes, levitas y pueblo en Jerusalén a fin de escuchar la lectura del libro. Representando a su pueblo, hizo un pacto solemne ante Jehová de que él como rey sería fiel a la Ley de Dios. Después continuó llevando a cabo la reforma.

Se pueden extraer algunas lecciones de este relato. La Palabra de Dios es indestructible, por más que los hombres la descuiden o traten de destruirla. También Dios, por regla general, recompensa los esfuerzos por reformar con un conocimiento más profundo de su voluntad. Finalmente, la Palabra de Dios es la base verdadera de toda reforma genuina.

Josías mandó que el pueblo celebrara la Pascua, una fiesta que no se había observado desde hacía tiempo. Fue celebrada con tal gozo y solemnidad, que se la recuerda como la más notable de la historia de Judá.

2. *La trágica muerte de Josías* (2 Reyes 23:28-30; 2 Crónicas 35:20-27). En 626 a.C., Nabopolasar de Babilonia se rebeló contra Asiria y logró librar a Babilonia del dominio asirio. Estos babilonios eran conocidos también como caldeos; eran semitas nómadas que durante siglos habían emigrado hacia Babilonia. Nabopolasar reedificó la ciudad de Babilonia y estableció el imperio neobabilónico o caldeo. También sostuvo una guerra enconada contra Asiria.

Mientras tanto, los medos, en el norte de la región del actual Irán, bajo el mando de su rey Ciaxares, se unieron a los babilonios en sus campañas militares contra Asiria. La ciudad de Asur cayó en mano de los medos en 614. Un ejército de medos, babilonios y sus aliados puso sitio a Nínive, la fabulosa capital de Asiria, en 612. Durante su asedio, se desbordó el Tigris y se llevó parte de las murallas, dejando indefensa la ciudad. Nínive fue tomada fácilmente, y sus habitantes fueron pasados a filo de espada. La orgullosa ciudad fue reducida a un montón de ruinas, y se convirtió en un nombre legendario. Se cumplieron al pie de la letra las profecías de Sofonías (2:13-15) y de Nahum. El poder militar más grande que el mundo hubiera conocido hasta entonces, había sido destruido. De los pueblos oprimidos por los asirios, se levantó un coro de regocijo. Nahum lo expresa así: "Ay de ti, ciudad sanguinaria, toda llena de mentira y de rapiña. . . Tu herida es incurable; todos los que oigan tu fama batirán las manos" (3:1, 19).

El último monarca asirio, Asuruballit II, intentó resistir a los babilonios en Harán, esperando ayuda de Egipto, pero fue derrotado en 609. Mientras los babilonios y escitas atacaban Harán, el faraón Necao de Egipto marchó hacia el norte a través de Palestina para defender los remanentes del moribundo imperio asirio. Josías trató de detenerlo en Meguido, a 100 kilómetros al norte de Jerusalén. Es posible que el rey de Judá quisiera granjearse el favor de Babilonia. En la batalla fue alcanzado por una flecha de los arqueros egipcios y falleció. Con la muerte de Josías, se esfumó toda la esperanza nacional y religiosa de Judá. Era el último buen rey de la casa de David. Fue sepultado con gran lamentación. El profeta Jeremías compuso una elegía especial para la ocasión, la cual fue cantada hasta mucho tiempo después de la vuelta del cautiverio babilónico.

¿Cómo explicar la profecía de que Josías sería llevado a su sepulcro en paz? (ver 2 Reyes 22:20). La predicción de Hulda no se refiere a la manera en que falleció Josías, sino a su estado de ánimo en la hora de la muerte: "No verán tus ojos todo el mal que yo traigo sobre este lugar." Con la muerte de Josías, quiso Dios librarlo de las próximas calamidades que le sobrevendrían al pueblo.

Los profetas de Judá en esta época fueron Jeremías, Sofonías, Nahum y Habacuc. Fue un tiempo de intensa actividad profética, en que la nación oyó las urgentes advertencias de un juicio inminente. Pero después de la muerte de Josías, el pueblo volvió a entregarse a la idolatría, pues su arrepentimiento no era ni profundo ni sincero. La nación se hallaba en la pendiente, tanto en lo espiritual como lo político.

Por un período de tres años, la nación estuvo sujeta a Egipto. Luego, en el año 605, los babilonios derrotaron a los egipcios en la batalla de Carquemis, en el norte de Siria, junto a la orilla occidental del Eufrates. Esta derrota fue tan completa, que Necao tuvo que retroceder a Egipto y "nunca más volvió a salir de su tierra" (2 Reyes 24:7). Lo que quedaba del imperio asirio fue tomado por los babilonios y Judá también quedó sometido a los vencedores. El imperio asirio, que había dominado el mundo conocido por más de dos siglos, dejó de existir. Los babilonios se establecieron en el Medio Oriente como sus sucesores.

D. El triunfo de Babilonia y la caída de Jerusalén
(2 Reyes 23:26 — 25:30; 2 Crónicas 36)

Josías tuvo tres hijos y cada uno de ellos, por turno, reinó sobre Judá. Sin embargo, ninguno de los tres continuó con la misma dedicación a Jehová que tenía su padre. Primero, el pueblo de Judá entronizó a Joacaz (Salum), pero después de reinar sólo tres meses fue depuesto por los egipcios y llevado prisionero a Egipto, donde murió al poco tiempo. El faraón Necao nombró como rey a Joacim (Eliaquim), quien reinó once años en Jerusalén. Sedequías, el hijo más joven de Josías, fue el último rey de Judá.

1. *Joacim, apostasía y dominio babilónico* (2 Reyes 23:36 — 24:7; 2 Crónicas 36:5-8). Los egipcios exigían un fuerte tributo a Judá (2 Reyes 23:35), algo que indudablemente le produjo graves problemas económicos a la nación. Además, parece que la muerte violenta de Josías

había desencadenado una reacción contra la religión de Jehová, por no haber salvado éste al piadoso rey y ferviente reformador. Es posible que argumentaran así: ¿Para qué confiar en Jehová si abandona incluso a sus mejores siervos? También algunos miraban retrospectivamente los "buenos días pretéritos" de la idolatría. Ahora estaban sufriendo escasez debido a los pesados impuestos pagados a Egipto. Entonces le dijeron a Jeremías: "La palabra que nos has hablado en nombre de Jehová, no la oiremos de ti; sino que ciertamente pondremos por obra toda palabra que ha salido de nuestra boca, para ofrecer incienso a la reina del cielo, derramándole libaciones, como hemos hecho nosotros y nuestros padres. . . y tuvimos abundancia de pan, y estuvimos alegres y no vimos mal alguno" (Jeremías 44:16, 17).

Tampoco quiso Joacim oír las predicciones del profeta. Cuando Jeremías profetizó la destrucción del templo, tanto el pueblo como el monarca quisieron darle muerte. Fueron los ancianos y en particular Ahicam, persona de influencia, quienes lo salvaron (Jeremías 26); Joacim había martirizado al profeta Urías por predicar el mismo mensaje. Luego, en el cuarto año de Joacim, el rollo de Jeremías fue leído ante el rey. Al escuchar el mensaje de juicio, Joacim cortó el rollo en pedazos y lo arrojó al fuego.

En 605 a.C., Nabucodonosor, el hijo del rey Nabopolasar, expulsó a los egipcios del territorio anteriormente dominado por los asirios. Las tropas babilónicas atravesaron victoriosas Siria y Palestina. Nabucodonosor llegó a las fronteras de Egipto, pero al recibir noticias de la muerte de su padre, volvió de prisa a Babilonia para ser coronado rey del imperio de los caldeos. Al siguiente año estuvo nuevamente en Siria. Joacim se vio obligado a someterse al poderoso monarca babilónico, haciéndose su vasallo.

Durante varios años, Jerusalén envió fielmente su tributo a Babilonia y luego se sublevó, a pesar de los consejos persistentes y enérgicos de Jeremías. El profeta había predicado que el pueblo debía aceptar al nuevo conquistador como un justo castigo a su idolatría. Jehová envió contra Joacim tropas de caldeos, de sirios, de moabitas y de amonitas (2 Reyes 24:2), como castigo por su maldad y por haber perseguido a los piadosos de Jerusalén. Entonces Nabucodonosor volvió a marchar contra la Tierra Santa en 598 a.C. Antes de que llegara el gran monarca con su ejército a Jerusalén, murió Joacim. No sabemos los detalles de su fallecimiento, pero el profeta Jeremías había profetizado que Joacim tendría la sepultura de un asno y su cadáver sería arrojado fuera de las puertas de Jerusalén (Jeremías 22:19). Es probable que fuese asesinado por sus súbditos, como un medio para aplacar la ira de los babilonios. Le sucedió en el trono su hijo Joaquín (Conías o Jeconías), quien tuvo que entregar la ciudad de

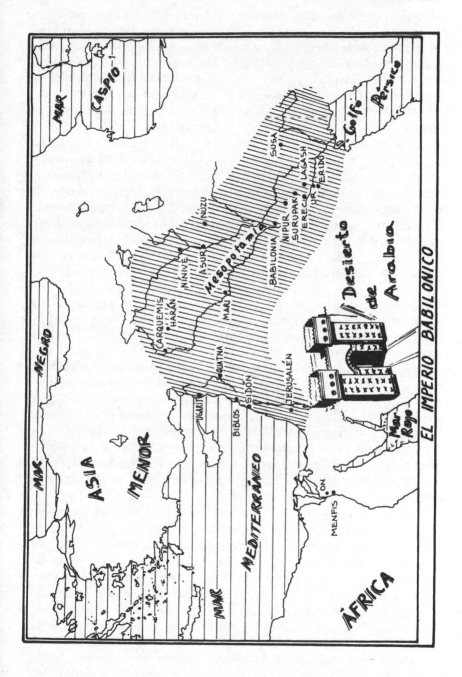

EL IMPERIO BABILÓNICO

Jerusalén a los babilonios después de reinar sólo tres meses.

Los babilonios despojaron de sus tesoros al templo, y transportaron a Babilonia la flor y nata de la nación, más de 10.000 cautivos, mayormente la nobleza, los líderes, los artesanos y los soldados, incluyendo a Ezequiel. Anteriormente, habían llevado a Babilonia unos cuantos prisioneros, entre ellos a Daniel y a sus compañeros. Nabucodonosor puso al tercer hijo de Josías, Matanías, en el trono y cambió el nombre de éste por el de Sedequías.

2. *Sedequías y la caída de Jerusalén* (2 Reyes 24:17 — 25:21; 2 Crónicas 36:11-21). Sedequías (597-586 a.C.), era más débil que malo. Parece que el pueblo de Judá nunca lo consideró como un monarca legítimo, porque había sido puesto en el trono por Nabucodonosor. El partido antibabilónico constantemente lo presionaba para que buscase ayuda en Egipto y se rebelase contra Babilonia. Los falsos profetas le aseguraron que Dios había roto el yugo de Babilonia y que al cabo de dos años los desterrados en Babilonia volverían a Jerusalén (Jeremías 28:2-4). Jeremías trató de persuadir al rey y a su pueblo de que sería fatal ir contra la voluntad de Dios sublevándose contra los babilonios, pero todo fue en vano. Sedequías les dio permiso a los príncipes para dar muerte al profeta en una ocasión, y en otra, escuchó en secreto sus consejos. Sin embargo, hizo una conspiración para aliarse a Egipto.

Nabucodonosor atacó inmediatamente a Jerusalén, colocando frente a las murallas un poderoso equipo de sitio y pesados arietes, pero la ciudad era demasiado fuerte para ser tomada en una acción abierta de asalto. El sitio fue abandonado por un breve período, pues los egipcios enviaron un ejército para ayudar a la ciudad. Los israelitas recuperaron la confianza, pero pronto los babilonios derrotaron al ejército del faraón y sitiaron nuevamente a Jerusalén. Duró el sitio un año y medio, y fue un período de hambre y de sufrimientos increíbles.

En el verano de 586 a.C., los babilonios hicieron una brecha en las murallas. Sedequías y sus tropas intentaron escaparse huyendo de noche, pero el desdichado rey fue capturado en la llanura de Jericó y llevado a Ribla, la sede militar de Nabucodonosor al norte de Damasco. Allí fue juzgado y condenado. Sus hijos, uno por uno, fueron muertos ante él, y luego Sedequías fue cegado y llevado encadenado a Babilonia, donde pasó el resto de sus días en la cárcel.

Los babilonios entraron fácilmente en la indefensa ciudad. El magnífico templo construido por Salomón, los otros edificios y las murallas fueron reducidos a cenizas y a montones de ruinas. Todos los habitantes de Jerusalén, salvo los más pobres, fueron llevados cautivos a Babilonia. El rey babilonio permitió que Jeremías permaneciera en Palestina con los israelitas no exiliados. Sin embargo, un conspirador, Johanán, pronto asesinó al gobernador Gedalías, y los hebreos de Judá huyeron a Egipto para escapar de la ira de Nabucodonosor. Se llevaron consigo a Jeremías. El antiguo territorio de Judá pasó a formar parte de Samaria.

Así Judá fue destruido y el reino terrenal de David dejó de existir. Nunca más el trono de David sería ocupado por un descendiente de éste, hasta que no apareciera quien había de tener el derecho de reinar, Jesucristo. La monarquía fue sólo una sombra del reino futuro de Cristo en la tierra. La historia de los reyes de Israel nos enseña que todo rey humano falla y sólo el Rey Dios-hombre reinará con perfecta sabiduría y justicia.

E. El cautiverio babilónico

Algunos estudiosos de la Biblia cuentan el año 605 a.C. como el comienzo del cautiverio babilónico. Varios judíos escogidos fueron llevados a Babilonia para ser adiestrados en el arte de gobernar. Según ellos, duró el cautiverio aproximadamente 70 años (605-539 a.C.), dando así cumplimiento a la profecía de Jeremías (29:10), y dando descanso a la tierra por los años de jubileo no observados por los israelitas (2 Crónicas 36:21). El destierro fue una escuela de disciplina para aquel pueblo idólatra.

Al parecer, al principio los judíos cautivos fueron recluidos en campos de concentración, de donde fueron sacados para dedicarlos a trabajos de construcción, de canalización y de riegos agrícolas. Se establecieron en lugares cercanos a la ciudad de Babilonia, junto al río Quebar (el gran canal que corría desde el Eufrates, al norte de Babilonia), y en otros lugares de la región de Nipur (ver Ezequiel 1:1; 3:15). Según Isaías 47:6, algunos sufrieron un duro trato, pero en general no fueron maltratados en el exilio: recibieron terreno, edificaron sus casas y tuvieron sus campos y negocios. Algunos, como Daniel y sus tres compañeros, llegaron a tener puestos en el gobierno. Tenían libertad para adorar a Jehová, y practicar sus tradiciones.

Es probable que algunos judíos se sintieran impresionados con el renovado esplendor de la antigua Babilonia. Además de sus campañas militares, Nabucodonosor se destacó por engrandecer y embellecer la capital del imperio, la nueva Babilonia, que llegó a sobrepasar en gloria arquitectónica a Nínive. La ciudad estaba muy bien planificada, con calles anchas que se cortaban en ángulo recto, y debió sorprender a aquellos hombres y mujeres traídos desde la abigarrada y bulliciosa Jerusalén. El gran palacio de Nabucodonosor era llamado "La casa de la cual los hombres se maravillan", y sus "jardines colgantes" fueron considerados por los griegos como una de las siete maravillas del mundo. Sin embargo, había otros judíos

Reconstrucción de la Puerta de Isthar en la antigua ciudad de Babilonia.

que anhelaban regresar a la Tierra Santa. Un cautivo desconocido escribió: "Junto a los ríos de Babilonia, allí nos sentábamos, y aun llorábamos, acordándonos de Sion" (Salmo 137:1).

El cautiverio babilónico produjo varios cambios en el carácter nacional de los judíos:

1. *Los cambios religiosos.*

a. La mayoría de los judíos quedaron para siempre libres de las prácticas idolátricas. No obstante, algunos aceptaron la idolatría de los caldeos, pero por lo general, se sentían antagónicos hacia las prácticas paganas. Antes del cautiverio, se dejaban convencer fácilmente y adoptaban la idolatría de otras naciones; desde entonces en adelante, la aborrecieron. El exilio en Babilonia confirmaba el mensaje de los profetas de que la idolatría llevaría a la nación al cautiverio.

b. Desarrollaron una fe más firme y más clara. No cabe duda de que al principio los cautivos del destierro corrieron peligro, ya que al estar en contacto con los paganos podrían haber perdido su peculiaridad religiosa. También algunos pensaron que Jehová no era capaz de librarlos de manos de los babilonios. Pero la actividad de los profetas, sobre todo Jeremías y Ezequiel, salvó al pueblo en esta coyuntura trágica. Además, muchas profecías se cumplieron al pie de la letra ante sus ojos: la completa destrucción de Jerusalén profetizada por Jeremías y Ezequiel, la derrota de Babilonia y la liberación de los judíos por Ciro el persa, predichas por Isaías. También las predicciones mesiánicas escritas por Isaías, exaltarían el patriotismo de los exiliados. Parece que hubo un amplio resurgimiento religioso. Este tuvo por consecuencia un gran celo entre los desterrados para observar las reglas mosaicas, el día de reposo y las ceremonias permitidas en Babilonia. Se daban cuenta de que el destierro era un castigo de Dios por haberse apartado de El (ver Esdras 5:12).

c. Las sinagogas, o sea, los centros de culto y estudio de las Escrituras, reemplazaron al templo. No se permitió ofrecer sacrificios, no existiendo ya el templo, y los judíos creyentes se comenzaron a reunir en las casas para recibir la enseñanza y orar; así observaban el sábado. El profeta Ezequiel les enseñó a los judíos del exilio a reemplazar las ceremonias del templo con la oración, la confesión y el estudio. Este fue el comienzo del sistema de la sinagoga, el cual sirvió también como una preparación para las iglesias cristianas.

d. Los judíos apreciaron como nunca la Palabra escrita de Dios. Antes negligentes en cuanto a las Escrituras, ahora las miraban con reverencia. Es probable que se formara gran parte del canon hebreo en este período.

e. La religión judía desde entonces en adelante hacía más hincapié en lo personal. Ya no existía el templo y el individuo tenía que acercarse a Dios personalmente. Tanto Jeremías como Ezequiel, profetizaron el nuevo pacto en el cual el individuo podría conocer personalmente a Dios. También Ezequiel insistió en la responsabilidad individual en vez de la responsabilidad nacional.

2. *Los cambios sociales.*

a. Los judíos aceptaron el idioma arameo de Babilonia como dialecto popular. Este era el idioma de Israel en la época de Jesús.

b. Desde el cautiverio en adelante se llamaron sólo judíos, puesto que sólo los hebreos de Judá se mantuvieron como pueblo apartado de las naciones.

c. Al volver un remanente de judíos a Palestina en 538, éstos ya no buscaron las alianzas con otras naciones y se apartaron con horror de todos los extranjeros. Antes eran volubles, ahora se hicieron nacionalmente intolerantes. Hasta hoy se observa que, por regla general, no se casan con gentiles y mantienen su identidad racial.

d. Dejaron de ser un pueblo agricultor y ganadero y se convirtieron principalmente en un pueblo de comerciantes que vivían en las ciudades. Con el transcurso del tiempo, los judíos de Babilonia demostraron su gran capacidad como hombres de negocios, y muchos llegaron a ser muy pudientes. En consecuencia, la mayoría de ellos prefirieron quedarse fuera de Palestina cuando Ciro les dio la oportunidad de regresar. Este fue el comienzo de la *Diáspora* (dispersión), nombre que se da al grupo de judíos que viven fuera de

Palestina. Estos se concentraban entonces en las grandes urbes, tales como Babilonia, Susa y Alejandría, y durante el período romano, en las principales ciudades del imperio romano.

La Diáspora preparó el camino para la evangelización del mundo conocido en el período cristiano. Los judíos, por medio de sus sinagogas, divulgaron la luz de monoteísmo en todas partes, y sus prosélitos estaban preparados para recibir las buenas nuevas de Jesucristo.

e. Los judíos que volvieron a Jerusalén, llegaron a ser un pueblo gobernado principalmente por los sacerdotes. Antes eran amantes del gobierno monárquico, ahora aceptaban de buen grado un gobierno sacerdotal.

Preguntas
Desde Josías hasta el cautiverio babilónico
(2 Reyes 22:1 — 25:30)

1. a) Mencione las influencias que motivaron a Josías a llevar a cabo la gran reforma.
   b) ¿Cuál fue el libro descubierto en el templo?
   c) ¿Cómo sabemos que no fue escrito por los sacerdotes durante el reinado de Josías?
   d) Indique el papel que desempeñó la lectura del libro.
   e) ¿Cómo pudo Josías extender su influencia religiosa a la región que había sido el territorio de las diez tribus del norte?
   f) A su parecer, ¿cuál fue el logro más importante de aquella reforma? ¿Y el factor más débil?
2. a) Josías tendría alrededor de 40 años cuando murió. ¿Por qué Dios le permitió fallecer cuando era relativamente joven? (ver 2 Reyes 23:25-27).
   b) ¿Cuál gran lección ve usted en la caída de Asiria? (ver Habacuc 2:6-8).
   c) ¿Cuál lección extrae en cuanto al interés del creyente en la política, considerando el fin de Josías?
   d) ¿Qué efecto tendría la muerte de Josías sobre los hebreos?
3. a) ¿Por qué volvieron los hebreos tan pronto a la idolatría después de la muerte de Josías?
   b) Retrate la personalidad del rey Joacim empleando sólo cuatro palabras.
   c) ¿Qué ministerio desempeñó el profeta Jeremías durante los últimos 24 años de la existencia del reino del sur?
   d) Extraiga tres lecciones prácticas de la vida de Jeremías y su ministerio.
   e) ¿Por qué se sublevó Sedequías contra el dominio caldeo?

4. Indique las fechas y la magnitud de las tres veces que Nabucodonosor tomó cautivos judíos.
5. Mencione los cambios efectuados por el cautiverio babilónico, que prepararon el camino para el Evangelio.

Citas y referencias sobre los libros de los Reyes y de las Crónicas

1. John T. Gates, "1 Kings" en *The Wycliffe Bible commentary*, *op. cit.*, p. 307.
2. "Los libros de las Crónicas, de Esdras y Nehemías" en la Biblia de Jerusalén, 1967, p. 406.
3. H. L. Ellison, "1 y 2 Crónicas" en *Nuevo comentario bíblico*, *op. cit.*, pp. 285, 286.
4. Wood, *op. cit.*, p. 287.
5. Pfeiffer, *op. cit.*, p. 273.
6. "El uso de la Biblia en la arqueología", en *Manual Bíblico ilustrado*, *op. cit.*, p. 259.
7. Shultz, *op. cit.*, p. 149.
8. George Rawlinson, *Los reyes de Israel y Judá*, 1939, p. 39.
9. Henry H. Halley, *Compendio manual de la Biblia*, s.f., p. 184.
10. William Sanford La Sor, "1 y 2 Reyes" en *Nuevo comentario bíblico*, *op. cit.*, p. 268.
11. Apunte de la Biblia Nácar-Colunga, 1 Reyes 22:23.
12. Ross, *op. cit.*, pp. 118, 119.
13. MacLaren, tomo 2, *op. cit.*, p. 315.
14. MacLaren, tomo 3, *op. cit.*, pp. 170-176.
15. Stanley Horton, *El Maestro*, (expositor de la escuela dominical), tercer trimestre de 1964, pp. 39, 40.
16. George Rawlinson, *Los reyes de Israel y Judá*, 1939, p. 205.
17. Henry H. Halley, *op. cit.*, p. 195.
18. MacLaren, tomo 5, *op. cit.*, p. 235.
19. R. K. Harrison, "Deuteronomio" en *Nuevo comentario bíblico*, *op. cit.*, p. 162.

LA RESTAURACIÓN

∞ ESDRAS Y NEHEMIAS ∞

Introducción

Los libros de Esdras, Nehemías y Ester abarcan el último siglo de historia narrado en el Antiguo Testamento. Esdras y Nehemías nos proporcionan un cuadro de la repatriación de los judíos y de la formación de su comunidad religiosa, después del cautiverio babilónico. Esto se conoce como "período de la restauración", época importantísima en que se restablece la nación hebrea y se forma el judaísmo. Los dos hombres responsables de la reorganización de la vida judía en aquel momento histórico, fueron Esdras y Nehemías.

A. Los libros de Esdras y Nehemías

1. *Títulos y autor.* Por ser Esdras y Nehemías protagonistas de estos dos libros, llevan sus nombres respectivamente. Estos libros son una continuación de las Crónicas, cuya terminación se repite al principio de Esdras. Con anterioridad, Esdras y Nehemías formaron un solo libro en el canon hebreo. Posteriormente fue dividido en dos, en el mismo texto hebreo.

Probablemente fueron escritos por la misma persona, que empleó como fuentes de información documentos escritos en primera persona (memorias) por Esdras y Nehemías. Al parecer, el autor fue un contemporáneo de Esdras; quizá fuera el gran escriba mismo. También algunos estudiosos piensan que fue el mismo recopilador que escribiera las Crónicas. Es probable que Esdras-Nehemías fuera escrito cerca del año 400 a.C.

2. *Propósito.* El autor inspirado escribió los dos libros para demostrar:

a. Cómo Dios cumplió la promesa hecha a los profetas, de que haría regresar a Palestina a su pueblo cuando lo llevaran al destierro los monarcas paganos.[1] Se relata la restauración material, religiosa y moral de la nación judaica después del exilio en Babilonia. Esta fue una manifestación de la providencia de Dios, quien no solamente disciplinó a su pueblo y terminó con el mal de la idolatría mediante el cautiverio, sino que también lo hizo volver a Palestina.

b. Cómo Dios levantó grandes hombres para llevar a cabo su obra. Los planes de Dios triunfaron, aunque sus enemigos presentaron toda clase de oposición y a veces provocaron demoras. Dios hizo surgir a grandes profetas como Hageo y Zacarías para despertar en su pueblo el ánimo de reedificar el templo, y al príncipe Zorobabel para dirigir la construcción. Dirigió a Nehemías en la reparación de los muros, y a Esdras en el restablecimiento del culto y para refrenar la tendencia a transigir con los samaritanos.

Esta restauración no es definitiva ni completa, sino señala algo mejor. Tiene el fin de continuar la revelación de Dios a través de su pueblo y preparar el camino para la redención del mundo. La restauración final se producirá de acuerdo al nuevo pacto (Jeremías 31:31-33). La primera gira alrededor de la Ley de Moisés, pero la final tendrá su centro en Cristo crucificado y resucitado (Zacarías 12:10).

3. *Tema.* LA RESTAURACIÓN, REORGANIZACIÓN Y REFORMA DE ISRAEL.

4. *Fuentes.* El autor emplea y cita textualmente documentos contemporáneos a los hechos: listas de los israelitas que volvieron a Judá con Zorobabel, inventarios, actos de los reyes de Persia, correspondencia oficial con las autoridades persas y, sobre todo, las memorias de Esdras y Nehemías (Esdras 7:27 — 9:15; Nehemías 1:1 — 2:20; 4:1 — 7:5; 10:28 — 11:2; 12:27 — 13:31).

Las secciones de Esdras 4:8 — 6:18 y 7:12-26 están escritas en arameo. No es de extrañarse que se emplee este idioma, pues los pasajes contienen correspondencia con la corte persa; el arameo era el idioma diplomático de aquel entonces.

5. *Orden histórico.* El retorno del pueblo escogido se realizó en tres etapas y bajo varios dirigentes: el primero y más numeroso se efectuó alrededor del año 538 a.C., bajo la dirección de Zorobabel; el segundo, cerca del año 458, dirigido por Esdras (según la fecha que da la tradición, la cual algunos estudiosos ponen en tela de juicio); y el tercero alrededor del año 444, dirigido por Nehemías.

El templo fue reconstruido entre los años 537 y 516. Luego existe una laguna histórica que abarca la época de Ester. Hay eruditos que suponen que la repatriación de Nehemías precedió a la de Esdras, y que el libro de aquel debería insertarse entre los capítulos seis y siete de éste. Sin embargo, los datos históricos y los argumentos referentes a las fechas son complicados, y ninguna teoría puede pretender una exactitud absoluta. Es conveniente aceptar la cronología natural de los dos libros.

6. *Personalidad e importancia de Esdras.* Esdras era un escriba encargado de los asuntos judíos en la corte de Persia. Se destaca en la restauración porque "más que cualquier otro, él contribuyó a la for-

mación del carácter judío entre el período del Antiguo Testamento y el tiempo de Cristo."[2]

Se llama "escriba versado en la ley", es decir, un hombre dedicado al estudio e interpretación de la Ley. Sus muchos años de permanencia en el palacio persa y su trabajo en el departamento de asuntos judíos, lo familiarizaron con la Ley mosaica, en cuyo espíritu ahondó, extrayendo su verdadero sentido. La gran misión de Esdras fue explicar la Ley a su pueblo y enseñar cómo vivir conforme a ella; es decir, cómo poder aplicar sus preceptos a todos los aspectos de la vida. La Ley debía ser la norma de conducta de todos los judíos.

Esdras sirvió de modelo a los escribas de la época del Nuevo Testamento sin tener las características desagradables de ellos. Su figura se ha agrandado en la tradición talmúdica, hasta el punto de que se ha llegado a considerar un segundo Moisés.

Esdras se convirtió en el "padre del judaísmo" con sus tres ideas esenciales: la raza escogida, la Ley y el templo. Ciertos estudiosos de la Biblia lo acusan de ser tan sólo un legalista que insistía excesivamente en la letra de la Ley, un hombre intolerante y de estrecha mentalidad; sin embargo, su exclusivismo religioso y la intransigencia de sus reformas, protegieron a la comunidad renaciente de la influencia de la idolatría, la cual había producido tan funestas consecuencias en la época monárquica. Además, su fuerte devoción a la Ley no solo moldeó la vida del pueblo judío, sino que le permitió también superar y sobrevivir los embates de las futuras crisis históricas de los siglos venideros.[3] Si no hubiese sido por la influencia duradera de Esdras sobre su pueblo, es probable que Israel no hubiera resistido a la cultura griega durante la época de los Macabeos.

Según la tradición rabínica, Esdras hizo coleccionar y recopiar los manuscritos sagrados de los hebreos, cambiando su escritura hecha en alfabeto hebreo antiguo, a la lengua aramea, que ya hablaba el pueblo judío en esa época. También se cree que Esdras tuvo mucho que ver con la selección de los libros que debían ser incluidos en el canon hebreo.[4] De manera que concluimos, diciendo que Esdras es el personaje más importante del período de la restauración.

7. *Bosquejo de Esdras-Nehemías.*
   I. Primer regreso de desterrados (Esdras 1 — 6)
     A. Se organiza el regreso a Jerusalén (Esdras 1, 2)
     B. Reconstrucción del templo (Esdras 3 — 6)
  II. Segundo regreso (Esdras 7 — 10)
     A. La misión de Esdras (Esdras 7, 8)
     B. La reforma de Esdras (Esdras 9, 10)
 III. Tercer regreso (Nehemías 1 — 5)
     A. Nehemías comisionado por Artajerjes (Nehemías 1:1 — 2:8)

B. Comienza la construcción de los muros (Nehemías 2:9 — 3:32)
C. Oposición de los enemigos externos (Nehemías 4)
D. Oposición de los enemigos internos (Nehemías 5)
E. Intrigas de los adversarios y terminación de los muros (Nehemías 6)
F. Disposiciones para la protección de Jerusalén (Nehemías 7)
IV. Reformas (Nehemías 8 — 13)
A. Reforma religiosa (Nehemías 8 — 10)
B. Reforma social y política (Nehemías 11 — 13)

B. Fondo histórico

Isaías había profetizado alrededor de 150 años antes de la restauración, que Jehová haría que Ciro castigara a las naciones y liberara a su pueblo (Isaías 44:24 — 45:8). A este gran fundador del imperio persa, se le llama "pastor" y "ungido de Jehová", términos que significan que fue separado por Dios para ser el instrumento de la liberación de Israel.

Alrededor del año 558 a.C., Ciro ascendió al trono de Asán, pequeño principado persa cercano al golfo Pérsico. Luego comenzó su carrera vertiginosa y victoriosa. Fue un genio militar y un organizador extraordinario. En el año 549, se apoderó por la fuerza del reino de Media, regido por Astiages. El rey medo había tratado de castigar la insolencia de este rey vasallo, pero fue vencido en la batalla, y entregado por sus mismas tropas a Ciro. Tres años después, Ciro cruzó el Eufrates y llevó sus victoriosos ejércitos hasta el Asia Menor, tomando posesión de las fabulosas riquezas de Creso, rey de Lidia.

Mientras tanto, el imperio caldeo iba debilitándose. Al término del brillante reinado de Nabucodonosor (562 a.C.), Babilonia fue sacudida por una serie de revoluciones y asesinatos. El último rey, Nabunahid (Nabónides) y su débil y vacilante hijo Belsasar, que reinara junto a él, iniciaron ciertos cambios religiosos, restringiendo algo del culto al dios Marduk y promoviendo la antigua religión de la diosa lunar, Sin. De esta manera, despertaron la oposición de los sacerdotes y el resentimiento del pueblo. Por eso, estos permitieron que el conquistador Ciro ocupara la ciudad en 539 sin resistencia, y aun lo recibieron como libertador. El cetro del poderío mundial pasó así de las manos de los babilonios a las de los persas. Se cumplieron al pie de la letra las profecías de Isaías y de Daniel concernientes a estos sucesos (ver Isaías 47; Daniel 5).

En contraste con los asirios y babilonios, Ciro fue muy liberal con los pueblos conquistados. Aquellos conquistadores habían establecido la política de llevar a la población de un país a otro, con el objeto de disminuir el peligro de rebelión, por lo que habían deportado a

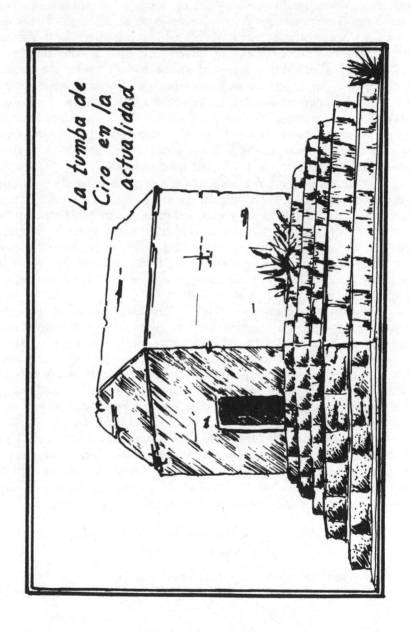

La tumba de Ciro en la actualidad

muchos pueblos, incluyendo a Israel y Judá. Ciro cambió esta política represiva, permitiendo que los pueblos desterrados regresaran a sus territorios. También respetó los santuarios de los diversos dioses de los países conquistados, y contribuyó a su reconstrucción en caso de haber sido damnificados por la guerra. En el "Cilindro de Ciro" (crónica babilónica del conquistador), se lee: "Devolví los dioses (imágenes) a los lugares que habían habitado, y los instalé en su morada permanente (templo). . . Yo reuní a todas las gentes (desterradas) y las restablecí en sus domicilios." Con esta política creyó atraer no sólo el favor de los distintos dioses, sino el de los pueblos que los consideraban sus divinidades propias. Así, la política de Ciro facilitó la repatriación de los judíos de Babilonia.

Ciro marchó a las regiones orientales para enfrentarse a sus enemigos, perdiendo allí la vida en el año 530 a.C. Le sucedió su hijo *Cambises* (530-522). Bajo su reinado, Persia conquistó Egipto y se convirtió en el mayor imperio que el mundo había visto: se extendía desde la India hasta el Nilo. Es interesante hacer notar cómo un texto de Elefantina* cuenta que Cambises destruyó todos los templos egipcios (probablemente para castigar un complot de parte de los sacerdotes), pero perdonó el de Jehová.

El sucesor de Cambises, *Darío I* (522-486), unificó el imperio, construyó una red de caminos a través de todo el país y dividió el imperio en 20 satrapías (provincias sobre las cuales los sátrapas o gobernadores ejercían una autoridad casi ilimitada). Se reconstruyó el templo de Jerusalén en este período. Le sucedió *Jerjes*, el Asuero del libro de Ester (486-465). Según el historiador griego Herodoto, Jerjes fue un monarca voluptuoso, déspota y cruel. Fue asesinado en una sublevación de palacio, junto con su hijo Darío. Subió al trono *Artajerjes* I, Longimano (464-423). Este soberano autorizó la ida de Nehemías a Jerusalén para reparar sus murallas. Todos estos reyes continuaron con la política de tolerancia con respecto a la religión de sus súbditos (ver Esdras 6:6-10; 7:11; Nehemías 2). Aunque Israel estaba bajo el dominio persa, gozaba de bastante libertad.

I. Primer regreso de los desterrados
(Esdras 1 — 6)

A. Se organiza el retorno a Jerusalén (Esdras 1, 2)
  1. *El decreto de Ciro* (Esdras 1). El escritor sagrado señala

---

*En 1893 d.C., se encontraron documentos de papiro (papel egipcio) en Elefantina, una isla del Nilo. Estos se remontan al siglo V a.C., y fueron escritos por judíos que servían como soldados a los conquistadores persas. Los papiros hallados se llaman "papiros elefantinos" y arrojan luz sobre los asuntos persas de aquel tiempo.

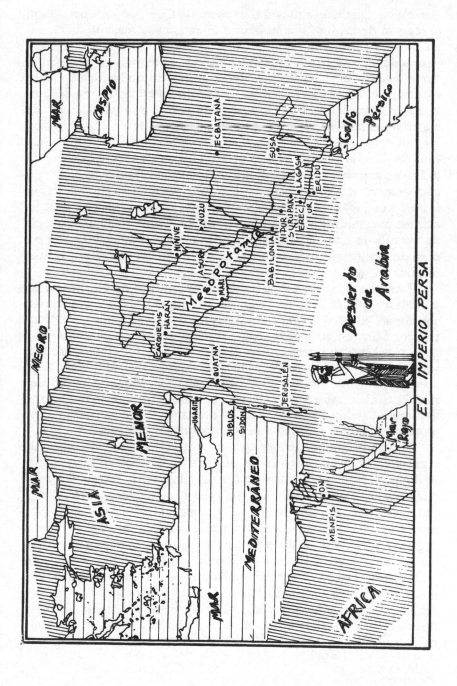

claramente que Jehová movió el espíritu de Ciro para que permitiera el regreso de los judíos a su patria. El personaje máximo de la restauración de Jerusalén no fue Ciro, Zorobabel, ni Esdras, sino Dios. Acomodándose a la religión de los judíos, el monarca persa afirmó que él estaba comisionado por "Jehová, el Dios de los cielos"* para construir un templo en Jerusalén. Demostraba así verdadera generosidad, al conceder no sólo permiso para volver, sino también ayuda material además de instar a los vecinos a prestar su cooperación.

En el libro de Esdras, se encuentran dos copias de la proclamación de Ciro: la primera (1:2-4) está escrita en hebreo y la segunda (6:3-5) en arameo. Ni la una ni la otra son completas, pues son complementarias. La promulgación de dicho decreto fue publicada en hebreo por heraldos enviados a los judíos en el exilio y la copia en arameo fue archivada en Ecbatana (Acmeta, Esdras 6:2), la residencia de verano de Ciro. Sin duda, el decreto hecho en hebreo fue redactado por empleados judíos de la corte persa o quizá por Daniel mismo.

También el edicto persa fue el cumplimiento de la profecía de Jeremías. Este profeta había predicho que los cautivos pasarían solamente 70 años (cifra redonda) en Babilonia (Jeremías 29). Al parecer Dios, en su misericordia, abrevió el período de cautiverio, pues proclamó su liberación en el año 538 a.C. (el "primer año de Ciro", de su reinado sobre Babilonia). Así que el cautiverio duró aproximadamente 60 años, desde 597 hasta 538. (Algunos estudiosos fijan la primera cautividad en el año 605, pues algunos judíos fueron llevados a Babilonia en aquella fecha.) No sería la última vez que Dios acortaría los días de prueba de su pueblo (Mateo 24:22).

Ya con el camino abierto, ¿cuántos judíos estarían deseosos de regresar? Sus antepasados en la época de Moisés habían salido todos de Egipto, pero la situación de los israelitas en Babilonia era muy diferente. Abandonar Egipto significaba escapar de la dura esclavitud, pero para muchos judíos, el emigrar de Babilonia significaba dejar una vida muy cómoda. Además, la mayoría de ellos no habían llegado a conocer Judá, pues pertenecían a una generación que había nacido en la tierra de los caldeos. Por esto, estaban contentos de vivir y permanecer en Babilonia. Sin embargo, les brindaron gustosos con generosidad toda clase de ayuda a los que podríamos llamar "sionistas antiguos", porque Dios había despertado su ánimo. Ciro mismo devolvió los vasos sagrados que Nabucodonosor había llevado del templo de Jerusalén.

---

*Ciro era politeísta y no conocía a Jehová (Isaías 45:4), pero es posible que identificara a Jehová con el dios supremo de los persas, el cual se llamaba también "Dios del cielo". El judaísmo tal vez se benefició con la especial preferencia de este título, el cual era común a las dos divinidades.

2. *Los judíos que volvieron con Zorobabel* (Esdras 2). Dios levantó dos grandes líderes: Zorobabel, un descendiente de la casa de David, y Josué (Jesúa), el sumo sacerdote. Ciro había nombrado gobernador a Sesbasar, pero parece que éste falleció poco después, o tal vez no fuera sino la cabeza política de la nueva colonia, mientras que el príncipe Zorobabel fue el dirigente popular sin ser oficialmente nombrado. ¿Qué fue lo que impulsó a los desterrados a volver con Zorobabel? Sin duda, fueron en gran parte el fervor patriótico y la fe santa de sus dirigentes, que conmovieron al pueblo. El gran entusiasmo de ellos era contagioso.

Solamente 42.360 judíos volvieron, y con los esclavos y músicos, sumaban unas 50.000 personas. Los anales reflejan la pobreza de los repatriados. De cada seis personas, una era dueña de un burro y de un esclavo. De cada 60, sólo una disponía de un caballo. De cada 100 personas, una tenía un camello; de cada 175, una era dueña de una mula.

Se considera que este regreso fue un segundo éxodo de Israel. El gozo y los cánticos caracterizaron los preparativos y la partida. Un salmista desconocido expresa los sentimientos de los repatriados: "Cuando Jehová hiciere volver la cautividad de Sion, seremos como los que sueñan. Entonces nuestra boca se llenará de risa, y nuestra lengua de alabanza" (Salmo 126:1, 2). El camino era largo, unos 1.500 kilómetros, y a través del desierto. Fue un viaje de cuatro meses. Pero por el gozo que sentían, no les pareció tan largo ni fastidioso. Los músicos tocaban y el pueblo cantaba. Era como un avivamiento o un nuevo nacimiento.

B. Reconstrucción del templo (Esdras 3 — 6)

1. *Reanudación del culto* (Esdras 3:1-7). Uno de los primeros esfuerzos comunes de los repatriados fue edificar un altar, construido en el mismo sitio donde Salomón colocara el altar de bronce, unos cuatro siglos atrás. ¿Por qué reconstruyeron el altar antes de comenzar la reedificación del templo? Seguramente se dieron cuenta de que la adoración misma es más importante que la casa de adoración. El altar es de importancia básica para el culto a Jehová, pues no existe acceso a Dios sin el derramamiento de sangre. Los israelitas recomenzaron su vida nacional obedeciendo la Ley de Moisés. También sacrificaron holocaustos de consagración a Jehová en gratitud por el renacimiento de la nación. Finalmente, temían a los samaritanos y otros pueblos y querían ganar el favor y la protección de Dios.

Celebraron también la fiesta de los Tabernáculos, recordando así cómo Dios había enviado el maná, les había proporcionado agua de la roca y los había guiado y atendido en todas sus necesidades. Mediante la fiesta, querían significar que aún confiaban exclusivamente en Dios, quien los dirigía y satisfacía sus necesidades.

2. *Colocación de los cimientos del templo* (Esdras 3:8-13). Los dirigentes judíos reunieron obreros y materiales para comenzar la construcción del templo. Cuando se echaron los cimientos, el pueblo se congregó para alabar a Jehová y agradecerle esta evidencia de fidelidad. Las trompetas convocaron a la asamblea al culto. Luego los levitas cantaron salmos. Un grupo respondía a otro, de una manera muy similar a la de los Salmos 116 y 136. Muchos de los repatriados lanzaron gritos de gozo al ver convertido en realidad el sueño de reconstruir el templo, pero los pocos ancianos que habían visto el primer templo de Salomón, lloraron amargamente porque los cimientos del nuevo edificio eran de inferior calidad a los del anterior.

3. *Oposición y cese del trabajo* (Esdras 4). A partir de este capítulo, hasta el fin de Nehemías, existen conflictos. Kidner observa que todo empeño que se dirija a la causa de Dios, será estorbado y toda estratagema perjudicial será empleada por los que se oponen a ella.[5] No se había avanzado mucho en la construcción cuando surgieron los disturbios. Los samaritanos al norte, Amón al oriente, Gesem y sus árabes al sur, y al oeste la ciudad de Asdod, eran más bien enemigos que amigos (cf. Nehemías 4:7).

Los dirigentes de los samaritanos, al saber que los judíos habían comenzado a reedificar el templo, ofrecieron ayudarles, alegando que adoraban al mismo Dios. ¿Por qué no aceptaron los judíos su ayuda? Los samaritanos no practicaban la religión pura de Jehová. El rey asirio Sargón había traído colonos de otras partes de su imperio para mezclarlos con los pocos israelitas que él dejara en el territorio del reino septentrional. Más tarde, estos pueblos aceptaron la religión de Jehová, pero también mantuvieron su idolatría (2 Reyes 17:33, 34). Los judíos habían vuelto a Jerusalén para restaurar la adoración pura, y aunque este ofrecimiento pareciera razonable y hasta generoso, ellos sabían que aceptarlo daría por resultado contaminar su propia religión. Es probable que la fe hebrea no hubiera sobrevivido si los judíos hubieran transigido en dicha ocasión. En realidad, Dios empleó a estos judíos como testimonio del principio bíblico de separación del pecado y del mundo como consagración a El. Además, los judíos no excluyeron a todos los samaritanos sino que aceptaron a los que se purificaron espiritualmente. El escritor inspirado afirma que los israelitas celebraron la Pascua "con todos aquellos que se habían apartado de las inmundicias de las gentes de la tierra para buscar a Jehová Dios de Israel" (Esdras 6:21).

Los samaritanos se volvieron hostiles hacia los repatriados e hicieron todo lo posible para estorbar la construcción. Mediante maniobras políticas, el pueblo de Samaria pudo convencer al rey de

Persia que le era conveniente interrumpir los trabajos. Se ve también que los judíos permitieron que se propagara el desaliento cuando se intensificó la oposición. Se suspendió la construcción por 16 años. Cuán fácil es decir: "Seguramente no es voluntad de Dios que edifiquemos ahora", cuando tenemos que enfrentar la oposición a una obra. Pero tal insinuación no viene del cielo.

La sección de Esdras 4:6-23 es un paréntesis y no tiene que ver con la primera época de la restauración, sino con la construcción del muro durante el período de Jerjes (485-465 a.C.), y el de Artajerjes (464-424). El autor altera el orden cronológico e introduce aquí los incidentes para mostrar cómo los samaritanos persistían en oponerse a la obra de Dios. Se observa que el rey persa mandó el cese de los trabajos hasta que no dispusiera otra cosa (4:21); así dejaba tiempo para recapacitar, algo que hizo posible la misión de Nehemías (Nehemías 2:1-8).

Preguntas
Introducción a Esdras-Nehemías; el regreso (Esdras 1 — 4)

1. a) ¿Por qué los libros de Esdras y Nehemías son tan importantes para entender la restauración?
   b) ¿Cuánto tiempo duró la época de la restauración?
   c) Desde el punto de vista divino, ¿cuál era el gran propósito de la repatriación de los judíos? Haga una relación entre la restauración y el plan divino para Israel (cf. Génesis 12:3).
   d) ¿Por qué el autor sagrado escribió en arameo ciertos pasajes encontrados en Esdras?
   e) Mencione las fechas de los tres regresos.
2. a) ¿Quién fue el personaje clave de la historia judía después del cautiverio babilónico?
   b) A su parecer, ¿cuál fue la principal contribución de Esdras a la religión de los judíos?
   c) Indique algunos aspectos de la personalidad de Esdras.
   d) ¿Cuáles de estos aspectos necesitan tener los líderes de la Iglesia actual?
3. Al estudiar Esdras 1 y 2, haga una lista de los actos de Dios que hicieron posible el regreso de los exiliados.
4. a) ¿Por qué relativamente pocos judíos estaban dispuestos a retornar a Palestina? Haga una aplicación en cuanto a la Iglesia.
   b) ¿Quiénes fueron los líderes del primer regreso?
   c) Indique la importancia que tuvo erigir el altar como primer acto de los repatriados.
   d) ¿Por qué comenzaron los judíos a reedificar el templo cuando todavía no estaban las murallas alrededor de Jerusalén?

e) Diga el motivo que tuvieron los repatriados para no aceptar la ayuda de los samaritanos.

f) Extraiga de este incidente una verdad que tiene que ver con la posición política de la Iglesia.

g) ¿Cuál lección práctica ve usted en la oposición de los samaritanos?

4. *Se reanuda y se termina la construcción* (Esdras 5 y 6). A pesar de la inactividad del pueblo, Dios no abandonó sus planes. En el año 520 a.C., Jehová levantó a dos profetas, Hageo y Zacarías, para alentar al pueblo a continuar en la obra. Hageo les manifestó a los judíos que no era extraño que se quejaran de la difícil situación y de la carestía de la vida, pues Dios estaba en su contra. Habían construido casas hermosas para sí, mientras que en el templo no se había hecho nada más. Los instó a recomenzar la construcción (Hageo 1, 2).

Zacarías también conmovió al pueblo señalando que los "cuernos que dispersaron a Judá" (los poderes enemigos) son derribados, es decir, no hay oposición a la construcción (1:18-21); que "los dos ungidos" (Zorobabel, el príncipe, y Jesúa, el sacerdote) "están delante del Señor de toda la tierra" (4:14); que "las manos de Zorobabel echarán el cimiento de esta casa,* y sus manos la acabarán" (4:9). El "monte" de obstáculos será reducido a "llanura" si el pueblo tiene ánimo de trabajar. Sin embargo, no es "con ejército, ni con fuerza, sino con mi Espíritu, ha dicho Jehová de los ejércitos" (4:6).

En respuesta a la fogosa predicación de los dos profetas, los líderes Zorobabel y Jesúa y el pueblo judío se levantaron y volvieron a edificar. La moral del pueblo se mantenía a un nivel elevado, a raíz de la continua predicación alentadora de Hageo y Zacarías.

El nuevo esfuerzo en la construcción del templo llamó la atención del gobernador Tatnai, de Setar-boznai y de sus compañeros. Estos comenzaron una investigación, tal vez para intimidar nuevamente a los judíos. Pero los judíos estaban convencidos de la protección de Dios y se mantuvieron activos en sus trabajos. Dios hizo que la investigación fuera una bendición para los judíos y una confusión para el enemigo, ya que se encontró el decreto de Ciro. Los judíos fueron reivindicados. El rey persa Darío hizo anular la oposición, mandó a Tatnai y Setar-boznai entregar fondos reales de los impuestos de la región Transeufratina a los judíos para ayudar a la construcción, y ordenó que se les dieran animales para los sacrificios.

---

*Se celebraron dos ceremonias para poner la primera piedra de los fundamentos del templo (Esdras 3:10; Hageo 2:19). La primera, al llegar los desterrados a Jerusalén (538 a.C.), y la segunda al reanudarse la construcción (520 a.C.). Los israelitas habían edificado tan poco en el período de los primeros años, que se celebró de nuevo la ceremonia.

Ruinas del palacio del rey Darío

La construcción del templo duró cinco años. Los materiales que se emplearon en la edificación fueron de inferior calidad a los que se usaron en el templo de Salomón, y faltaba el arca, pues ésta había sido destruida por los babilonios en la toma de Jerusalén. Sin embargo, Dios le inspiró a Hageo esta afirmación: "La gloria postrera de esta casa será mayor que la primera" (Hageo 2:9). De más valor es un rústico salón donde habita la gloria de Dios, que una suntuosa catedral sin su presencia.

La dedicación del templo fue una ceremonia impresionante y motivo de gran gozo. Entre los muchos sacrificios ofrecidos, estuvo el de doce machos cabríos en expiación por las doce tribus (6:17). Al parecer, los judíos consideraron que se había restaurado la nación entera. La celebración de la Pascua fue muy interesante. Esta había sido instituida para que los hebreos recordaran siempre su liberación de la esclavitud de Egipto. Ahora se gozaban también de la liberación de Babilonia.

II. Segundo regreso
(Esdras 7 — 10)

Los años intermedios. Entre la dedicación del templo y la llegada de Esdras a Jerusalén, hay un lapso de 58 años. El capítulo 6 de Esdras termina en el año 516 a.C. Esdras mismo entra en la escena en el capítulo 7, en el 458 a.C.

Entre estos dos capítulos, Jerjes (Asuero) ascendió al trono de Persia (485-465 a.C.), de tal manera que los acontecimientos del libro de Ester ocurrieron en este período. Hacia fines de este intervalo, la espiritualidad decayó en Jerusalén. La nueva generación nada sabía del fervor de sus padres y abuelos. La desidia y la debilidad caracterizaban las prácticas de fe; es decir, los judíos no cumplían estrictamente la Ley de Moisés, por lo que Jerusalén marchaba nuevamente hacia la decadencia. Pero Dios levantó a un hombre, Esdras, para hacer volver a su pueblo.

A. La misión de Esdras (Esdras 7 y 8)

1. *Esdras.* Esdras pertenecía a la línea sacerdotal. Había consagrado su vida a copiar y enseñar las Escrituras. Parece que, por su gran habilidad como escriba, era una especie de secretario de asuntos judíos en la corte persa. Por lo tanto, el rey persa lo conocía. Esdras era un hombre de oración y un maestro consecuente que puso por obra la Ley de Moisés. Al enterarse de la creciente decadencia espiritual de Jerusalén, Dios lo impulsó para que viajara a la ciudad santa e hiciera despertar en los judíos el sentido de la importancia de la Ley.

La influencia de Esdras fue el factor determinante que hizo de los judíos el "pueblo del Libro". Esdras se distinguió por poner una atención especial a la Ley de Moisés, dando mucho énfasis a su estudio. Desde ese entonces, la nación se caracterizó por su respeto a la Ley. Se llama a Esdras "escriba diligente en la ley", "versado en los mandamientos" y "erudito en la ley" (Esdras 7:6, 11, 12). Tan profunda fue su influencia sobre Israel, que se le puede considerar como un segundo Moisés. Hablando en sentido figurado, llevó al pueblo nuevamente al Sinaí, para volver a escuchar la voz tonante de Dios y contemplar su santidad.

El secreto de su éxito como maestro se encuentra en Esdras 7:10: había preparado su corazón para inquirir la ley de Jehová, para cumplirla y para enseñarla. Que Dios nos conceda corazones preparados, para poder seguir el camino que Esdras tomó. Entonces la mano de Jehová estará sobre nosotros también (7:6).

2. *Viaje de Esdras a Jerusalén*. Cuando Esdras presentó su solicitud a Artajerjes, rey de Persia, Dios predispuso el corazón del monarca para que éste lo favoreciera. El rey no solamente concedió el permiso para retornar, sino que también dio órdenes para que se recolectaran dinero y bienes para el templo, y eximió a los funcionarios del templo de pagar impuestos. Además, autorizó a Esdras a ejercer jurisdicción sobre todas las colonias judías situadas al oeste del Eufrates. Esdras recibió autoridad para hacer cumplir las leyes de Jehová. Su empresa era reformar al pueblo, espiritual y moralmente.

Pronto congregó unos 1.500 hombres que, junto con sus familias, se ofrecieron para emprender el largo viaje a Jerusalén. Al ver a los que se habían reunido, pudo notar que no figuraban levitas entre ellos. Dado que la restauración había insistido en un culto puro, se había prestado especial atención a los sacerdotes y se habían descuidado los levitas. De manera que éstos no tenían mucho estímulo para regresar. Esdras deseaba que el culto fuera completo, y tuviera canciones, coro y músicos. También los sacerdotes necesitaban la ayuda de los levitas. Por esto, persuadió a unos 250 levitas para que retornaran con sus familias.

¿Por qué proclamó Esdras ayuno en Ahava? No había pedido soldados que los escoltasen durante el trayecto hasta Jerusalén, ya que le había dado su testimonio al rey acerca del poder de su Dios. Muy pronto los judíos emprendieron el viaje a través del desierto, donde podrían correr peligro, pues habían formado una rica caravana que despertaría la codicia de las hordas beduinas que infestaban las desoladas regiones de Arabia y Siria. Se calcula que el oro y la plata que los judíos llevaban para el templo equivaldrían más o menos a unos 2.500.000 dólares. "La buena mano" de su Dios estuvo sobre ellos protegiéndolos en el camino, un viaje de cuatro meses. Al llegar, Esdras les presentó a los sacerdotes nuevos vasos sagrados y otros utensilios para uso del templo, luego se ofreció un sacrificio y se comunicaron las órdenes de Artajerjes a los gobernadores de las provincias vecinas, quienes les brindaron ayuda a Esdras y a su gente, cumpliendo así con la palabra del rey.

B. La reforma de Esdras (Esdras 9 y 10)

1. *La pena y la oración de Esdras* (Esdras 9). Transcurridos menos de cinco meses (compare Esdras 7:9 con 10:9), comenzó a tener fruto la diseminación de las copias de la Ley y la enseñanza impartida por Esdras. Un grupo de los jefes del pueblo le informó a Esdras que algunos de los repatriados se habían casado con personas extranjeras. Entre los culpables se encontraban miembros de la familia del sumo sacerdote y oficiales civiles. Era una violación de la Ley de Moisés (Deuteronomio 7:1-5), que lo prohibía, no por prejuicios raciales, sino porque llevaba a la idolatría. La confesión de los príncipes apenó grandemente a Esdras. Rasgó sus vestidos, se arrancó los cabellos y se sintió angustiado.

Se dio cuenta de que la continuación de la existencia misma del pueblo escogido dependía de una reforma inmediata y completa. A la hora del sacrificio, oró con corazón quebrantado en el patio del templo, confesando el pecado de su pueblo ante Dios. Se identificó íntimamente con ellos. Ante el dolor de Esdras, el pueblo se conmovió y también lloró amargamente.

Secanías, portavoz del pueblo en esta ocasión, reconoció que el pecado existía y propuso que los culpables despidieran a sus esposas paganas juntamente con los niños que éstas hubieran dado a sus maridos. Era una medida drástica, que desharía muchos hogares y les causaría grandes sufrimientos a las mujeres de los matrimonios mixtos. ¿No era esto demasiado severo? ¿Era un paso necesario? El permitir a los judíos estar unidos con los paganos mediante el matrimonio, hubiera significado no sólo desobedecer los estatutos de Dios sino también provocar un rápido deterioro nacional y la pérdida del privilegio de ser el pueblo del pacto. El cumplimiento de las profecías mesiánicas dependía de que se mantuviera separado el pueblo escogido.

Aprovechando el apoyo que el pueblo le brindaba, Esdras convocó a una asamblea a todos aquellos repatriados que moraban en Jerusalén y sus alrededores. Les dio un plazo de tres días para reunirse en la plaza ante el templo, so pena de ser excomulgados y de perder sus derechos de propiedad. Les explicó la gravedad de su pecado y les exhortó a separarse de sus esposas paganas. El pueblo expresó su conformidad con la propuesta de Esdras. Pero las intensas lluvias de diciembre no permitían que se quedaran al descubierto mucho tiempo. Esdras nombró una comisión de hombres selectos para examinar cada supuesto caso de matrimonio ilegal por separado, y dar su juicio conforme a las evidencias.[6] Este examen duró tres meses.

No hay que echar la culpa a Esdras por romper los hogares, sino a los hombres que contrajeron estos matrimonios, desafiando la Ley. Además, Malaquías parece insinuar que algunas de estas uniones mixtas fueron contraídas a costo de que los maridos se divorciaran de sus primeras cónyuges (Malaquías 2:10-16).

El total de culpables que se casaron con mujeres extranjeras fueron 114 hombres, incluyendo una proporción de sacerdotes relativamente alta. Los sacerdotes habían formado un diez por ciento de los repatriados, pero el quince por ciento de los culpables eran sacerdotes. Kidner comenta que ni los antepasados ni el oficio pueden garantizar la rectitud.[7]

Preguntas
Desde que termina la construcción del templo hasta las reformas
(Esdras 5 — 10)

1. a) ¿Cómo reactivó Dios la construcción del templo después de que este trabajo había sido abandonado hacía ya muchos años?
   b) ¿Cuál es la tarea de los profetas en la Iglesia de hoy? (ver 1 Corintios 14:3; Hechos 13:1, 2).
   c) ¿Cómo empleó Dios la investigación de Tatnai y Setar-boznai para ayudar a la reedificación del templo?
   d) En Esdras 6:21 se encuentran dos características de ciertos habitantes de la región a los cuales se les permitió participar en la fiesta de los judíos. ¿Cuáles eran estas características? ¿Qué paralelo ve usted en la celebración de las ordenanzas de la Iglesia? (Ver Juan 13:1-30.)
2. a) ¿Qué refleja la carta de Artajerjes acerca de la personalidad de Esdras? (Mencione tres rasgos del gran maestro que impresionaban al rey.)
   b) Mencione los dos aspectos de la misión de Esdras.
   c) ¿Por qué buscó Esdras a los levitas para que lo acompañaran en el segundo regreso? Haga una aplicación para la Iglesia de hoy.
3. a) ¿Cuál fue el gran pecado de los repatriados? (ver Esdras 9).
   b) ¿Cómo reaccionó Esdras al enterarse de la deplorable situación?
   c) A su parecer, ¿es más eficaz lo que hizo Esdras (9:3) o lo que hizo Nehemías en una situación similar (Nehemías 13:25)?
   d) ¿Basta con orar y confesar los pecados de su pueblo? ¿Qué más debe hacer el líder espiritual?
   e) ¿Qué evidencias se encuentran en el capítulo 10 de que fue genuino el arrepentimiento del pueblo?

III. Tercer regreso (Nehemías 1 — 7)

El libro de Nehemías relata la conclusión del período de reconstrucción y restauración que duró los cien años que siguieron al cautiverio babilónico. Nehemías llegó a Jerusalén en el año 444 a.C. Habían transcurrido 94 años desde el día en que se promulgara el decreto de Ciro, que permitió el primer retorno, y trece años desde el segundo regreso dirigido por Esdras. Al parecer, el gran maestro de la Ley y reformador había abandonado la dirección de los repatriados para dedicarse a sus funciones sacerdotales y al estudio de la Ley. Ahora Dios levanta a otro hombre para llevar a cabo su obra. La gran labor de Nehemías consistió en la reconstrucción de los muros de Jerusalén. Esto se logró en 52 días. El libro de Nehemías tiene gran valor, porque nos enseña los principios prácticos de cómo poder llevar a cabo la obra de Dios en situaciones en que es necesario hacer frente a diversas formas de oposición.

Los dos personajes, Esdras y Nehemías, tienen ciertas cualidades en común: una profunda fe, la inclinación a orar, un ferviente patriotismo y una solícita actitud de hacerlo todo para el bien de su pueblo. Sin embargo, existe una diferencia esencial entre ellos: Esdras era un maestro de la Ley, a quien le interesaba en particular la restauración de la vida espiritual, mientras que Nehemías era un gobernador civil, que no descuidaba la religión, pero que se responsabilizaba principalmente por la reconstrucción de las defensas militares y la seguridad civil de la nación renaciente. Los dos hombres desempeñaron papeles complementarios.

Las memorias de Nehemías, más personales que las de Esdras, nos muestran un hombre más sensible y más humano que éste. Es un hombre dispuesto a arriesgarse personalmente pero "prudente, reflexivo, confiado en Dios, a quien ora con frecuencia".[8]

Su fe nunca fue pasiva, pues Nehemías se distinguió por su buen sentido práctico. No veía ninguna contradicción entre la confianza en Dios y la acción práctica. Su lema sería: "La fe que no se practica es muerta en sí misma." En Nehemías se manifiesta una equilibrada combinación de lo espiritual y lo práctico, de la oración y la acción. Por ejemplo, él dice: "Entonces oramos a nuestro Dios. . . y. . . pusimos guarda contra ellos" (sus adversarios) (4:9); "Acordaos del Señor. . . y pelead" (4:14). Nehemías sabía trabajar, vigilar y orar.

También atribuye toda la gloria a Dios. No obstante, él mismo había superado en astucia a sus enemigos, anulando sus tácticas estorbantes. Escribe con gratitud: "Dios había desbaratado el consejo de ellos" (4:15). Al terminar la reconstrucción de las murallas, observa que los pueblos vecinos "se sintieron humillados, y conocieron que por nuestro Dios había sido hecha esta obra" (6:16).

COPERO del REY PERSA

A. Nehemías comisionado por Artajerjes (Nehemías 1:1 — 2:10)

1. *Oración de Nehemías sobre Jerusalén* (Nehemías 1). Nehemías ocupaba providencialmente el cargo de copero en el palacio de Susa, capital del imperio persa. Su tarea consistía en verter vino en la copa real y ofrecérsela al rey, probando el vino él primero, por si acaso estaba envenenado. El acceso constante al monarca y las relaciones íntimas establecidas así, naturalmente condujeron a una confianza mutua que se tradujo en un sentimiento amistoso, y aun afectuoso entre los dos.

Las tristes noticias traídas por su hermano, conmovieron su corazón. Los repatriados habían comenzado la obra de reconstruir las murallas de Jerusalén, pero los samaritanos le habían escrito al rey Artajerjes Longímano (464-423), advirtiéndole que le sería perjudicial permitir la continuación del proyecto. Cuando los samaritanos recibieron la orden real de que detuvieran la reconstrucción, destruyeron violentamente las murallas ya parcialmente construidas y quemaron las puertas con fuego (Esdras 4:7-23). No es de extrañarse que los judíos no hiciesen otro intento de reedificar los muros. Parece que el desánimo y la indiferencia cundieron nuevamente en el pueblo repatriado.

Nehemías, al meditar sobre el deplorable estado de Jerusalén, lloró, hizo duelo, ayunó y oró. Luego actuó. En este caso, se nota gran orden en la obra de Dios. Primero, una visión sobre la gran necesidad de su pueblo, luego intercesión y finalmente acción. La oración de Nehemías refleja también su elevado concepto de la grandeza de Jehová: un Dios que es poderoso y cumple su pacto.

2. *La misión de Nehemías* (Nehemías 2:1-10). Nehemías no recibió inmediatamente la respuesta a su intercesión, pero siguió orando aproximadamente cuatro meses. La aflicción por su pueblo lo tenía tan conmovido, que sus ojos reflejaban esa tristeza. El rey le preguntó la causa de su melancolía. Nehemías temió contárselo, pues estar triste ante la presencia del rey era un delito grave en Persia. Pero le relató la causa de su tristeza. El rey le dijo: "¿Qué cosa pides?" Nehemías no tuvo tiempo para pronunciar una oración larga, pero su oración breve estuvo respaldada por los cuatro meses de espera y ruego. Como resultado de esta conversación, el rey lo envió a Jerusalén como gobernador con amplios poderes para reconstruir los muros. Así se creó la provincia de Judá, separando su territorio de la provincia de Samaria.

En contraste con Esdras (Esdras 8:22), Nehemías aceptó la escolta proporcionada por Artajerjes. ¿Confiaba menos en Dios que el ilustre escriba? Es posible que considerara la escolta como una precaución y también un medio de causar impresión a los enemigos de Israel, haciéndolos respetar el apoyo de Artajerjes y su dignidad. La compañía de los soldados del rey los desalentaría frente a un posible enfrentamiento. También era una manera de hacer que esos enemigos no volvieran a usar la violencia para obstaculizar la reconstrucción de las murallas.

B. Comienza la construcción de los muros (Nehemías 2:11 — 3:32)
1. *Nehemías anima al pueblo a reedificar* (Nehemías 2:11-20). Al llegar a Jerusalén, Nehemías descansó por espacio de tres días, posiblemente para aprovechar la oportunidad de conocer la situación desde adentro, y poder conocer desde más cerca el punto de vista de los judíos. Entonces podría tomar el problema como algo "nuestro" y no algo "de ustedes". Luego actuó.

Se puede comparar la obra de Nehemías con la de un pastor sagaz. Alan Redpath, predicador evangélico, observa que Nehemías dio los tres pasos que son necesarios para realizar aquello que Dios quería de él:[9]

a. La inspección. Nehemías salió de noche para inspeccionar los muros de la ciudad. Lo hizo en secreto para no incitar la curiosidad de los judíos, ni despertar la oposición de los enemigos. Quería ver el estado de las murallas y estudiar la mejor manera de llevar a cabo la reconstrucción. También el conocimiento de la construcción le facilitaría desbaratar cualquier argumento opositor tal como: "No se puede hacer." De igual modo, el obrero cristiano estudia bien una situación antes de actuar, ya sea explorar una zona nueva antes de comenzar un anexo o realizar otro proyecto espiritual.

b. Al conseguir la cooperación de los demás (2:17, 18), Nehemías hace ver que sabe distribuir el trabajo. Es mejor hacer que diez hombres trabajen, que hacer el trabajo de diez hombres. Convoca a una asamblea, explica lo que se propone hacer y anima al pueblo a colaborar con él en la construcción de los muros. Aunque no obra milagros, sí puede dar su testimonio de que la "benéfica mano" de Dios ha estado sobre él, dirigiendo todas las cosas a fin de reconstruir los muros. Así inspira al pueblo a esforzarse y a trabajar.

c. La determinación firme de perseverar en la obra. Cuando Sanbalat horonita (gobernador de Samaria), su siervo Tobías, y Gesem el árabe (gobernador de la provincia de Neguev, la más meridional de la quinta satrapía), se dieron cuenta de que los judíos estaban resueltos a reconstruir los muros, comenzaron una campaña para obstaculizarlo. ¿Reedificar los muros de Jerusalén? ¿Hacerla nuevamente una fortaleza? ¿No sería esto un acto de rebelión contra Persia? Nehemías hizo frente a su escarnio y su calumnia, afirmando que Dios les daría empuje y éxito, y que sí eran capaces de terminar la obra. No permitió que el enemigo lo intimidase; a la vez, excluyó a los samaritanos totalmente del proyecto.

2. *Nehemías reparte el trabajo* (Nehemías 3). Para facilitar la obra, Nehemías la repartió entre 44 grupos de obreros, adjudicando los trabajos de cada sección a hombres que vivían en el mismo sector de la muralla. Así aprovechó su interés personal de beneficiarse con la protección de un muro bien construido.[10]

Los judíos empezaron a trabajar con entrega y entusiasmo. Sin embargo, los nobles de Tecoa "no pusieron su cerviz al servicio del Señor" (3:5), traducción literal que ofrece la figura de unos bueyes que no quieren llevar el yugo. Estos orgullosos aristócratas mostraron su falta de patriotismo ausentándose de la obra mientras que sus vecinos se esforzaban por levantar las murallas. Al igual que Nehemías, el pastor evangélico organiza y reparte los trabajos a los creyentes, y no debe extrañarse si algunos de ellos no quieren trabajar. Todavía hay "grandes" que se destacan por su ausencia cuando se reparten los trabajos.

C. Oposición de los enemigos externos (Nehemías 4)

Tan pronto como Sanbalat y sus colegas se dieron cuenta de que los judíos habían comenzado a reedificar los muros, se enojaron y trataron de detener la obra. Temían que si se reconstruían las murallas, Judá sería un poderoso rival y Samaria sería oprimida. Nehemías tuvo que tomar medidas para contrarrestar sus maquinaciones. Se puede hacer una comparación entre las experiencias de los edificadores del muro y las de los que edifican la Iglesia de Cristo. El progreso espiritual despierta oposición satánica, pero hay maneras de enfrentarse a ella.

1. *El escarnio de los samaritanos* (Nehemías 4:1-6). Sanbalat desató una guerra psicológica contra Nehemías y los edificadores del muro. Se burló de los judíos, empleando una ironía cortante. Los tildó de "débiles"; de creer que la única cosa que tenían que hacer para reconstruir las murallas, era ofrecerle sacrificios a Dios. "¿Acabarían en un día?" Es decir, ¿tenían los judíos un concepto de la magnitud de su proyecto? Luego se mofó de los materiales empleados por los edificadores. Tobías añade su chiste amargo. Críticas similares son lanzadas contra el creyente que procura cimentar el cristianismo en la vida de los hombres, y contra el pastor que trabaja para levantar la obra. El enemigo del Evangelio pregunta: "¿Qué realizan estos débiles evangélicos con sus reuniones de oración?" Los grandes hombres de Dios no permiten jamás que la burla los detenga.

¿Cómo reaccionó Nehemías? No cedió ante el enemigo ni le contestó. Continuó trabajando y le presentó su caso a Dios en oración. No obstante, debemos recordar que el lenguaje vengativo de su oración pertenece a la antigua dispensación de la Ley y no debe tener parte en nuestras oraciones. La oración y la fe de Nehemías

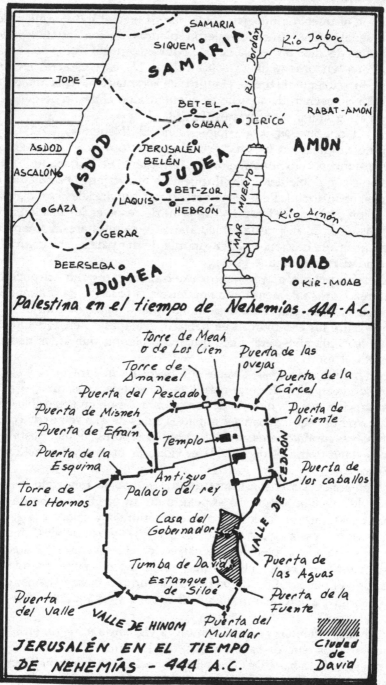

Palestina en el tiempo de Nehemías. 444 - A.C.

JERUSALÉN EN EL TIEMPO DE NEHEMÍAS - 444 A.C.

animaron al pueblo a trabajar. Cada obrero hizo el trabajo que se le había señalado. Algunos extrajeron piedras de los montones de escombros dejados por el ejército de Nabucodonosor; otros pusieron las piedras en orden, hilera sobre hilera. De esta manera, en un tiempo increíblemente breve, el muro fue levantado hasta la mitad de su altura. El secreto de su éxito se encuentra en el hecho de que "el pueblo tuvo ánimo para trabajar" (4:6).

2. *La conspiración para emplear la fuerza* (Nehemías 4:7-23). El continuo progreso en la construcción enfureció más a los samaritanos. Entonces conspiraron contra Jerusalén. Se trataba de una confabulación doblemente ilegal, puesto que Artajerjes había autorizado la construcción. Pero los gobernadores provinciales se hallaban muy lejos de la capital persa y trataron de resolver la cuestión por ellos mismos. La respuesta inmediata de Nehemías a esta amenaza fue recurrir a la oración y poner guardia de día y de noche contra la posibilidad de un ataque (4:19).

Pero el peligro mayor no era externo, sino interno. El pueblo, como reacción a la amenaza de la guerra y a la fatiga natural que le producía la obra, empezó a desanimarse. Se quejaba de cansancio y de que entre los escombros que habían permanecido en aquel lugar ciento cuarenta años, era difícil quitar las piedras que antes habían formado el muro.

En la Iglesia de Cristo a veces son pocos los que trabajan, y estos están sobrecargados de responsabilidades. Pueden desanimarse por el cansancio y por las dificultades en la obra. También es posible que haya escombros que deban ser quitados antes de que se pueda construir sobre fundamentos sólidos. Los escombros toman distintas formas, tales como el orgullo, la envidia, la pereza y los métodos ineficaces.

Nehemías estaba consciente de que se habían renovado los temores del pueblo. Reconoció el peligro de un posible ataque de los samaritanos. Suspendió los trabajos en la muralla y colocó a la gente en posiciones estratégicas para defender los lugares débiles, donde aún no se había completado la construcción. La amenaza del ataque no se materializó. La fe y el valor de Nehemías fueron una inspiración para todo el pueblo. Los judíos respondieron con tanta valentía, que los enemigos abandonaron su hostil actitud y se retiraron por un tiempo.

Ahora Nehemías pudo disminuir la vigilancia y luego, en lugar de juntar a los obreros para la vigilancia, los armó y los mantuvo en sus puestos de trabajo. Desde el alba hasta el anochecer trabajaban en la construcción. El entusiasmo del pueblo se ilustra en que trabajaban y dormían con la ropa puesta (4:23); solamente se la quitaban para bañarse.

D. Oposición de los enemigos internos (Nehemías 5)

Antes de terminar la reedificación del muro, Nehemías descubrió que no todos los enemigos eran externos. Algunos de los peores eran internos. Así sucede también en la Iglesia. Los pecados de los creyentes han provocado más vergüenza y oprobio al nombre de Cristo, que toda la oposición de las fuerzas del enemigo.

1. *Los grandes oprimen a los pobres* (Nehemías 5:1-13). Puesto que toda la energía del pueblo estaba concentrada en la construcción de los muros, y en la defensa de la ciudad, el comercio languideció y el pueblo comenzó a sufrir, mayormente porque habían contraído deudas y no tenía cómo pagarlas. Las personas codiciosas se aprovecharon de esta situación, prestando dinero con altísimos intereses. La cosecha del año venidero se les había pagado por anticipado, con el objeto de pagar los impuestos persas. Los niños habían sido vendidos como esclavos a los ricos judíos para pagar la usura, y ahora no se podrían rescatar las propiedades ni redimir a los hijos. Los oprimidos protestaron ante Nehemías.

Nehemías se enojó. Grande fue su indignación, especialmente en los asuntos tocantes al honor de Dios y al bien de su pueblo. Antes de hablarles a los ricos que habían cometido aquel delito, meditó bien y formuló un plan. Luego reprendió en privado a los nobles culpables. (La Ley mosaica prohibía cobrar interés sobre el dinero prestado a un israelita.) Entonces convocó a una asamblea al pueblo, para que las quejas de los oprimidos fuesen declaradas públicamente. Les pidió a los nobles que les devolvieran a sus deudores las propiedades quitadas. Los nobles, avergonzados por la reprensión pública, e inspirados por el ejemplo de Nehemías, aceptaron devolver al pueblo sus tierras.

2. *El ejemplo de Nehemías* (Nehemías 5:14-19). Nehemías sentó un buen ejemplo durante todo su gobierno, no recibiendo el dinero de los impuestos que le había sido asignado para los gastos diarios de su casa. Ofrecía un contraste con los demás gobernadores, que recibían todo lo que les correspondía. Además, había convidado a su mesa diariamente a 150 funcionarios del gobierno y a otros judíos que venían de las naciones de en derredor.

E. Intrigas de los adversarios y terminación del muro (Nehemías 6:1 — 7:4)

1. *Invitado a una reunión* (Nehemías 6:1-4). Cuando fracasó la oposición abierta, los samaritanos recurrieron a la astucia. Repetidas veces invitaron a Nehemías a una consulta amistosa con ellos en la llanura de Ono, unos 28 kilómetros al oeste de Jerusalén. Así trataron de separarlo de sus partidarios para asesinarlo, o tal vez, para posibilitar un ataque a Jerusalén durante su ausencia.[11] Nehemías se

dio cuenta de que sus adversarios conspiraban contra él. Su respuesta es una réplica clásica a toda tentación a ceder a las distracciones: "Yo hago una gran obra, y no puedo ir" (6:3).

2. *Acusado de conspirar* (Nehemías 6:5-9). A continuación fue enviada a Nehemías una carta abierta (no sellada, para que su contenido fuese del conocimiento público). En la carta se le acusaba de conspirar. Se afirmaba que Gasmu (Gesem, jefe tribal de Kedar, en la zona septentrional) insinuaba que los judíos pensaban rebelarse contra Persia. Nehemías negó dignamente la acusación, sin acalorarse. Sabía que una negativa violenta y extrema sólo contribuiría a esparcir el rumor y agradar al enemigo. Sabía que todas las maquinaciones del enemigo tenían como finalidad hacerlos sentir miedo a él y a sus colaboradores para que dejaran la obra (6:9). Volvió a recurrir a Dios en oración.

3. *Tratan de desacreditar a Nehemías* (Nehemías 6:10-14). Sanbalat realizó una tentativa final cuando encontró traidores entre los sacerdotes y profetas. Los sobornó con el propósito de intentar persuadir a Nehemías a refugiarse en un lugar del templo. Sería un acto contrario a la Ley, pues Nehemías era laico. Así quedaría desacreditado ante los ojos del pueblo. Nehemías rechazó valientemente la sugerencia: "¿Un hombre como yo ha de huir?" ¡Cómo desea el enemigo intimidarnos! Sin embargo, si permanecemos firmes en la fe, Cristo nos dará la victoria.

4. *Se termina el muro* (Nehemías 6:15-19). Se terminó el muro en 52 días, dejando avergonzados a los adversarios. Estos reconocieron que Dios había obrado en favor de los judíos. Ahora podían vivir seguros tras las murallas de Jerusalén.

¿Queda algo de las murallas de Nehemías? Los arqueólogos han descubierto las ruinas de "las gradas que descienden de la ciudad de David" (Nehemías 3:15), "la esquina" (3:25) y "la torre que sobresalía" (3:26).[12] J. Garrow Duncan, arqueólogo inglés, desenterró parte del muro cerca de la fuente de Gihón. Observa que hay evidencias de que este muro fue construido muy de prisa:

> Las piedras son pequeñas, sin labrar, desiguales. Algunas de ellas son muy pequeñas y parecen ser sólo fragmentos, desprendidos de bloques de mayor tamaño, como si se hubiera utilizado toda clase de material que estuviese a mano.[13]

F. Disposiciones para la protección de Jerusalén (Nehemías 7)

Nehemías tomó medidas para la protección de la ciudad. Puso cantores y levitas en determinados lugares del muro y en las puertas para ayudar a los centinelas. Se cerraban las puertas de Jerusalén en la noche. Se empleaban dos clases de guardianes: los de oficio y los habitantes de Jerusalén que vigilaban el trecho del muro que estaba delante de su casa.

Puesto que había zonas escasamente pobladas, la defensa de las murallas resultó inadecuada. Entonces pensó traer judíos que residían en otros pueblos fuera de la ciudad, para poblarla. Convocó a los jefes para hacer un censo de toda la provincia, con el fin de reclutar familias para su proyecto. Mientras tanto, se encontró en los archivos de Jerusalén una lista de familias repatriadas en la época de Zorobabel. La consideró tan importante, que la incorporó en sus memorias. Antes de poder seguir con su plan de repoblar a Jerusalén, hubo un avivamiento espiritual en la comunidad judía.

Preguntas
El tercer regreso (Nehemías 1 — 7)

1. ¿En qué difiere Nehemías de Esdras?
2. a) ¿Cuáles dos temas interesaban más a Nehemías cuando era copero? (Nehemías 1:1-3).
   b) ¿En qué condiciones se hallaban ambas cosas? (ver 2:17, 18).
   c) Mencione cuatro características de la oración de Nehemías, que son importantes en la oración eficaz.
   d) Extraiga de la experiencia de Nehemías (1:1 — 2:20) los pasos necesarios en la formación de un ministro del Evangelio.
   e) ¿Cómo explica Nehemías que Artajerjes estuviera dispuesto a enviarlo a Jerusalén para reconstruir las murallas? (ver 2:8).
   f) Además de proporcionarle protección para el viaje, ¿cuál otro propósito tenía la escolta?
3. a) ¿Por qué Nehemías inspeccionó de noche los muros?
   b) ¿Por qué motivo principal quería Sanbalat estorbar la reconstrucción de los muros?
   c) ¿Cuál era la base de la confianza que tenía Nehemías en que Dios prosperaría la obra? (2:20). ¿Tiene usted la misma base para confiar en la ayuda divina?
4. a) Mencione las dos tácticas que los enemigos externos emplearon para estorbar la reedificación de las murallas.
   b) ¿Por qué fracasaron sus intentos?
   c) ¿Qué nos enseña el capítulo 4 acerca de la relación entre fe y acción práctica?
5. Mencione los dos medios con los cuales Nehemías combatió el egoísmo de los ricos prestamistas.
6. Indique la cualidad de la persona de Nehemías que reluce en la sección Nehemías 6:8-13.
7. ¿Qué lección práctica ve usted en la reacción de las naciones vecinas ante la reconstrucción de los muros?

IV. Reformas
(Nehemías 8 — 13)

A. Reforma religiosa (Nehemías 8 — 10)

1. *La lectura pública de la ley* (Nehemías 8:1-12). Parece que fue gracias a Nehemías como los israelitas se reunieron con tanto entusiasmo en la plaza para escuchar la lectura de la Ley. Para Nehemías, la terminación de la tarea material era señal para comenzar la tarea espiritual. Las condiciones eran ideales para un avivamiento. Existía unidad entre los judíos, pues habían orado, trabajado y sufrido juntos en la construcción del muro. También deseaban escuchar la Palabra divina. Se daban cuenta de que su verdadera defensa se encontraba en Dios y la condición para obtener esa ayuda era obedecer la Ley. Por lo tanto, pidieron que Esdras les leyera los escritos de Moisés. Esdras no es mencionado en el libro de Nehemías hasta este momento. Parece que se había retirado de la vida pública para dedicarse a sus estudios de las Escrituras Sagradas. Ahora emerge como el líder religioso más destacado.

Los israelitas escucharon atentamente mientras Esdras leyó la Palabra desde un estrado de madera levantado para esta ocasión (8:4). Después les dio la oportunidad a los levitas de explicar el sentido de la Ley al pueblo, haciéndosela entender. Cuando Esdras comenzó a alabar al Señor, muy pronto se oyeron exclamaciones de "¡Amén!" de parte del pueblo. Así se demostró que la Palabra había alcanzado tanto a la mente como al corazón de los oyentes. La explicación de la Palabra fue tan eficaz, que el pueblo se dio cuenta de que había pecado y que necesitaba a Dios. El arrepentimiento del pueblo produjo llanto en él, pero Nehemías y Esdras hablaron palabras de consuelo. Dijeron que era día santo al Señor: "El gozo de Jehová es vuestra fortaleza." Los judíos, renovados por el arrepentimiento, disfrutaron alegremente del banquete que siguió y llevaron porciones a los que no pudieron asistir. Esto nos enseña que el arrepentimiento nos prepara para poder alegrarnos ante la presencia de Dios, y también para compartir con otros lo que hayamos recibido.

2. *La fiesta de los Tabernáculos* (Nehemías 8:13-18). Al segundo día, los cabezas de familia, los sacerdotes y los levitas se reunieron con Esdras para profundizar en la Ley. Es significativo que el estudio incluyera a los padres, pues a ellos como jefes de familia les atañía instruir en la Palabra a sus hijos y no dejar totalmente esta responsabilidad a los sacerdotes y levitas (Deuteronomio 6:6-8). Convenía que estudiasen la Ley. En el curso del estudio, redescubrieron la admonición sobre la fiesta de los Tabernáculos (Levítico 23:33-43). Esta fiesta le recordaba a Israel que Dios había cuidado de su pueblo en su peregrinaje por el desierto, y también era ocasión de dar gracias

a Dios al finalizar la cosecha (Exodo 23:16; Deuteronomio 16:13). Con gran alegría, los judíos recogieron ramas de árboles y levantaron cabañas. Esdras aprovechó los siete días de fiesta para leer diaria y públicamente la Ley. Así, enseñó al pueblo los fundamentos de su fe, algo que pronto rendiría ricos frutos.

3. *Confesión, plegaria y pacto* (Nehemías 9:1 — 10:39). Transcurridos dos días, el pueblo volvió a reunirse para la oración y el ayuno. Se leyó la Ley por espacio de tres horas, desde las nueve en la mañana hasta mediodía.* Luego pasaron tres horas más en confesión ante Dios y en adoración. En esta ocasión, Esdras hizo una hermosa plegaria a Dios. Se repasaron los grandes acontecimientos de la historia de Israel y se puso de relieve la teología hebrea: elección (9:7), redención (9:9), alianza (9:13), providencia demostrada en la entrega de Canaán (9:15), pecado ilustrado en la rebelión de la monarquía (9:26), juicio en el período del destierro (9:30), y gracia demostrada en la restauración (9:31). Esto produjo en los israelitas tan gran impresión, que renovaron el pacto con Jehová. Parece que todos los representantes de la comunidad firmaron el escrito. El vocablo "fiel promesa" (9:38) se refiere a un pacto (literalmente "cortar el pacto"). Alude a la antigua ceremonia en que se dividía en dos la res sacrificial. Luego las partes pactantes pasan entre las piezas (Génesis 15:10; Jeremías 34:18). Así expresaban: "Si no cumplo mi parte de la alianza, puedo ser cortado en pedazos como este sacrificio."

En esa solemne asamblea, se echaron los cimientos del judaísmo. A partir de ese momento, los judíos serían el "pueblo del Libro", pues se comprometieron bajo juramento a observar los preceptos de la Ley mosaica. Se considera a Esdras como el segundo legislador de la Ley y el fundador del judaísmo.

B. Reforma social y política (Nehemías 11 — 13)

1. *Traslado de la décima parte del pueblo a Jerusalén* (Nehemías 11:1-3). Aunque es probable que muchas personas de la provincia migraran voluntariamente a Jerusalén después de la reconstrucción de los muros, todavía no era suficiente el número de habitantes para llenar la ciudad. Fue necesario obligar a algunos pobladores de los pueblos cercanos a establecerse allí, designándolos por suertes; otros se ofrecieron voluntariamente, por lo que recibieron la bendición del pueblo.

2. *Dedicación de la muralla* (Nehemías 12:27-42). Culminó la obra de Esdras y Nehemías con la gloriosa dedicación de los muros. Se

---

*Después del cautiverio babilónico, los israelitas dividieron el día en cuatro partes: prima (6:00-9:00), tercia (10:00-12:00), sexta (13:00-15:00) y nona (16:00-18:00). La noche se dividió en cuatro vigilias.

hallaban presentes los levitas con dos grandes coros e instrumentos músicos. Cantaron y tocaron sus instrumentos. Dos procesiones, una encabezada por Esdras y la otra por Nehemías, fueron precedidas por un coro. Marcharon en direcciones opuestas a lo largo de la cima del muro, uniéndose ante el templo para la acción de gracias y los sacrificios finales. Esto fue ocasión de mucha alegría. Después de muchos años en que Israel estuviera oprimido, renacía desde los escombros y se regocijaba ruidosamente.

3. *Corrección de abusos* (Nehemías 13). Después de gobernar aproximadamente doce años, Nehemías volvió a Persia por un tiempo. A su regreso a Jerusalén, encontró que ciertas irregularidades habían aparecido en la vida social del pueblo, especialmente entre los líderes. Actuó enérgicamente realizando las siguientes reformas:

a. Arrojó del templo a Tobías el amonita, el antiguo enemigo de Israel. El sumo sacerdote Eliasib se había emparentado con Tobías y le había permitido ocupar una cámara del templo, la cual servía como depósito de los vasos sagrados, las ofrendas y el incienso.

b. Restableció la recolección de los diezmos para sostener a los levitas.

c. Restauró el sábado como día de descanso. Hizo correr las puertas de Jerusalén durante el día de descanso a fin de que los vendedores no pudieran entrar a vender su mercadería.

d. Hizo que los que habían emparentado con paganas repudiaran a sus mujeres. Puesto que los niños de estas uniones hablaban el idioma de sus madres y no sabían el de los judíos, es probable que aquella gente hubiera sido llevada a los extremos de la provincia de Judá a vivir. Nehemías actuó con violencia atacando a los infractores, dándoles golpes y arrancándoles los cabellos. No se recomienda en la actualidad tomar medidas tan drásticas, aunque surtieron efecto en aquel entonces. También el reformador expulsó de la comunidad judía a uno de los nietos del sumo sacerdote porque se había casado con una hija de Sanbalat. Señaló que el casarse con mujeres extranjeras había sido el error de Salomón: ellas fueron quienes desviaron el corazón del gran monarca.

e. Organizó los trabajos del templo, repartiéndolos según los grupos de sacerdotes y levitas.

Malaquías profetizó durante la última parte de la vida de Nehemías. Algunos de sus temas armonizan bien con las reformas de este enérgico gobernador.

Nehemías fue un gran líder, enérgico y valiente. Dice Arnaldich: "En todo su gobierno, se muestra hombre sagaz, político, israelita ejemplar en quien no hay doblez."[14] Se destacó no sólo por su generosidad y su dedicación a la causa de Dios, sino también por su penetrante discernimiento acerca del carácter de los hombres. Llevó a cabo una tarea difícil, haciendo frente a la oposición de enemigos externos y a los problemas internos de la comunidad. Todo lo supo vencer con firmeza y sabiduría, no desviándose del camino que debía seguir. Con razón podía pedir a Dios: "Acuérdate de mí, Dios mío, para bien" (13:31).

Con la desaparición de Nehemías, acaba el período de la restauración. Los grandes dirigentes como Zorobabel, Josué, Esdras y Nehemías, dejaron una impresión permanente en el pueblo judío. A los grandes profetas Hageo, Zacarías y Malaquías, la comunidad hebrea les debe profunda gratitud por sus sabias y alentadoras palabras. Pasarían 400 años antes de que se cumplieran sus profecías mesiánicas.

Preguntas
Reformas de Nehemías (Nehemías 8 — 13)

1. a) Al considerar el contexto del capítulo 8, ¿qué relación ve usted entre trabajo y adoración?
   b) Mencione otros factores que condujeron a la comunidad judía a un avivamiento.
   c) Indique tres particularidades de la lectura de la Ley por Esdras, las cuales deben encontrarse en la actual predicación de la Palabra.
   d) ¿Cuáles motivos del gozo de los judíos halla usted en el párrafo de Nehemías 8:9-14?
   e) ¿De qué manera llena de gozo la lectura bíblica su corazón?
2. Observe cómo comienza y cómo termina la plegaria de Esdras. ¿Qué ha aprendido usted acerca de la oración al estudiar esta plegaria?
3. Indique la importancia permanente del avivamiento de Esdras.
4. a) Aunque fueron construidos el templo y las murallas, todavía faltaba algo en la ciudad de Jerusalén (Nehemías 11:1-3). ¿Qué era?
   b) ¿Cómo se solucionó?
5. a) ¿Qué preparación hicieron los sacerdotes para la dedicación de las murallas?
   b) Describa en tres frases breves la dedicación de los muros.
6. Vea las reformas de Nehemías que se describen en el capítulo 13.
   a) Compare el estado anterior de los judíos y las promesas hechas por ellos durante el avivamiento, con la realidad que vivían al regreso de Nehemías.
   b) ¿Qué nos enseña esto acerca del corazón humano?
   c) ¿Puede justificar la acción drástica de Nehemías al encontrar los matrimonios mixtos? Explique sus razones.

d) Observe las razones que Nehemías dio para justificar sus reformas. ¿Qué nos enseña esto acerca de las costumbres del reformador?

Citas y referencias en Esdras y Nehemías

1. "Book of Ezra" en *Pictorial Bible dictionary*, (Redactor: Merril C. Tenney), 1967, p. 273.
2. Gillis, tomo V, *op. cit.*, p. 161.
3. J. G. Baldwin, Esdras y Nehemías en *Nuevo comentario bíblico, op. cit.*, p. 305.
4. Gillis, tomo V, *op. cit.*, p. 161.
5. Derek Kidner, *Ezra and Nehemiah* en *Tyndale Old Testament Commentaries*, 1979, p. 48.
6. Jorge Rawlinson, *Esdras y Nehemías, su vida y su tiempo*, 1957, p. 52.
7. Kidner, *op. cit.*, p. 72.
8. "Introducción a los libros de las Crónicas, Esdras y Nehemías" en *Biblia de Jerusalén*, 1967, p. 405.
9. Alan Redpath, *Studies in the book of Nehemiah, victorious Christian service*, 1958, pp. 43-53.
10. A. E. Cundall, "Nehemías" en *Nuevo comentario bíblico*, op. cit., p. 311.
11. *Ibíd.*, p. 767.
12. Henry H. Halley, *Compendio manual de la Biblia*, s.f., p. 216.
13. Werner Keller, *Y la Biblia tenía razón*, 1956, p. 319.
14. Arnaldich, *op. cit.*, p. 767.

PROTECCIÓN EN LA DISPERSIÓN

∾ESTER ∾

Introducción

El libro de Ester, junto con Cantares, se distingue de los otros libros de la Biblia porque evita nombrar a Dios y no enseña la Ley ni la religión judía. Sin embargo, la historia de Ester revela por doquiera la mano de Dios sobre su pueblo. Dice el famoso comentarista Mateo Henry: "Si el nombre de Dios no está aquí, su dedo sí está." El libro relata cómo Dios empleó a una hermosa doncella judía para librar a su pueblo disperso en el imperio persa del peligro de muerte que se cernía sobre él. Ilustra magníficamente la providencia de Dios. La palabra providencia viene del latín "pro" y "videre", y quiere decir "mirar adelante" o "prever". El Dios que todo lo prevé, planea de antemano sus buenos propósitos para con sus hijos y luego los lleva a cabo. En su providencia, sin embargo, Dios no manifiesta su poder de una manera independiente, sino a través de los acontecimientos. Mardoqueo y Ester sabían eso y pusieron su confianza en el Dios que lleva a cabo sus planes, aunque falle el instrumento humano escogido. Así que 4:13-17 es la clave del libro.

1. *Nombre.* El nombre del libro viene de su protagonista principal, Ester. Ella se llamaba *Hadasa* en el idioma hebreo, palabra que significa "mirto". Este nombre fue cambiado por el nombre persa, Ester, que quiere decir "estrella".

2. *Autor y fecha.* Se ha sugerido a Mardoqueo como posible autor del libro de Ester, pero nadie lo sabe a ciencia cierta. Al parecer, fue escrito por un testigo ocular poco después de que murió Jerjes, es decir, alrededor de 450 a.C.

3. *Autenticidad y canonicidad de Ester.* Algunos comentaristas han dudado de la historia de Ester, y consideran el libro como una novela; sin embargo, creemos que se trata de un relato verídico. La descripción del rey Asuero (Jerjes) en Ester concuerda perfectamente con la que nos da el historiador griego Herodoto en el siglo quinto antes de Cristo. Este lo caracteriza como caprichoso, sensual, cruel y despótico. También el libro relata la extensión del imperio persa, los colores

reales, el sistema postal, la preservación de las crónicas y la descripción del palacio, de tal forma que coinciden perfectamente con lo que la historia profana y la arqueología nos dicen acerca de Jerjes y su reino.

Los arqueólogos han descubierto una tabla cuneiforme en Borsipa, cerca de Babilonia, que menciona a un "Marduca" como alto funcionario de la corte real de Susa durante los primeros años del reinado de Jerjes. Tal vez se refiera a Mardoqueo, cuyo nombre fuera probablemente un poco alterado según la pronunciación persa. En tal caso, él habría sido un funcionario de cierta importancia antes de que apareciera en el libro de Ester. Es posible que hubiera ocupado un puesto de confianza, como portero del rey.[1]

¿Por qué no se nombra a Dios en el libro? Algunos estudiosos creen que el libro fue escrito en un período en que era peligroso rendir culto abiertamente a Jehová (ver Daniel 6:7-17). Edward J. Young presenta otra teoría: el libro enseña que el pueblo de Dios, en la Dispersión, está en las manos divinas, pero "ya que está en este país lejano y distante, y no en la tierra prometida, no se menciona su nombre".[2] Por otra parte, se mencionan las palabras "ayuno" y "clamor" (4:16; 9:31), términos relacionados con la religión judía. Comenta C. O. Gillis: "Por todo el libro está el mismo espíritu y doctrina que caracterizan a los otros libros canónicos, y la omisión del nombre de Dios es incidental y de poco significado."[3]

Otra objeción al libro es su clima de violencia y venganza. Se trastorna el complot de Amán; Mardoqueo ocupa su lugar y los judíos exterminan a sus enemigos. Sin embargo, no debemos perder de vista que el libro es anterior a la revelación cristiana. Las acciones de Ester y Mardoqueo están de acuerdo con el espíritu de aquella época y las costumbres de la corte oriental.

La evidencia definitiva sobre la veracidad histórica del libro y su importancia religiosa es que los judíos hasta el día de hoy siguen observando la fiesta de Purim, cuyo origen describe el libro. En el libro deuterocanónico 2 Macabeos 15:36, se llama a esta fiesta "el día de Mardoqueo". Aparte del acontecimiento histórico de la liberación de los judíos por Ester, no hay otra explicación satisfactoria del origen y la celebración de esta fiesta.

4. *Fondo histórico.* Los acontecimientos relatados en Ester ocurrieron entre la dedicación del templo en Jerusalén (516 a.C.) y el retorno de Esdras (458); es decir, en el lapso transcurrido entre los capítulos 6 y 7 de Esdras. No sucedieron en Palestina, sino en Susa, la capital de invierno del imperio persa. Cuando Ciro, el conquistador persa, tomó Babilonia, permitió que los judíos del cautiverio babilónico volvieran a Jerusalén. Pero solamente una pequeña parte de los judíos en Babilonia aprovecharon esa oportunidad. Los demás permanecieron en

Babilonia o se trasladaron a otras partes del imperio persa. Se llamaron judíos de la Diáspora (dispersión), pues estaban dispersos fuera de su tierra. Levantaban sinagogas y seguían adorando a Jehová. Después de la muerte de Ciro, Darío reinó y organizó el vasto imperio persa. Le sucedió Asuero (Jerjes en la historia griega), quien es el monarca descrito en Ester. Este reinó desde 486 hasta 465 a.C.

5. *Propósito.* La primera finalidad del libro es demostrar cómo Dios libera a su pueblo de sus enemigos en tierra extranjera. No es de extrañarse que el exclusivismo religioso y social de los judíos llamase la atención de los gentiles en su derredor, los cuales los acusaban de separatistas y poco patriotas (ver Ester 3:8). El antisemitismo ha tenido una larga historia y continúa hasta hoy. El libro de Ester enseña que la seguridad y supervivencia del pueblo judío en medio de los gentiles, dependía exclusivamente de la ayuda que Dios le prestara. Dondequiera que se persiga a los judíos, este libro les inspira confianza en Dios, quien también los librará de la muerte y la aniquilación si se vuelven a El arrepentidos. Por eso, Ester es un libro muy querido para este pueblo. El segundo propósito es mostrar cómo se originó la fiesta de Purim.

6. *Tema.* DIOS PROTEGE A SU PUEBLO EN LA DISPERSIÓN.

7. *Versículos clave.* (Ester 4:13-16).

Contenido del libro de Ester

A. *Asuero se divorcia de Vasti (Ester 1)*

1. *El banquete de Asuero* (Ester 1:1-9). El imperio de Asuero se extendía desde la frontera de Grecia hasta la India y desde el mar Caspio hasta el Sudán, en Africa. Todo en Persia era hecho a gran escala. La fiesta del rey duró ciento ochenta días y finalizó con un banquete de una semana; la horca que levantó Amán tenía 22 metros de altura, y el dinero que esperaba confiscar a los judíos equivaldría a 15 millones de dólares. Este capítulo nos da una idea de la proverbial fastuosidad de una corte oriental.

2. *Desobediencia y destitución de Vasti* (Ester 1:10-22). La reina desobedeció el mandato del rey quizá porque no quería exponer su cara sin velo ante un grupo de borrachos desordenados. Su conducta correspondía a la modestia de su sexo y a su rango como reina, pues debía permanecer cubierta a la vista del público. El rey se enojó, porque además de ser desobedecidas sus órdenes, la negativa lo ponía en ridículo ante los funcionarios del imperio, los cuales podrían pensar que las mujeres eran quienes mandaban en el palacio. Entonces aceptó el consejo de los astrólogos de la corte y se divorció de ella, deponiéndola de su elevado lugar. Nótese que la ley de los medos y persas era irrevocable (1:19; Daniel 6:8). Parece que los

persas decían poseer tan alto grado de sabiduría para redactar sus leyes, que nunca podían enmendarlas ni abrogarlas.

B. Elevación de Ester (Ester 2)

Los años de guerras desastrosas contra los griegos transcurrieron entre los capítulos 1 y 2. Según el historiador griego Herodoto, el rey persa volvió a su harén después de sus derrotas en Grecia. Se consolaba disipando sus energías en pasiones carnales, como las que se reflejan en el primer capítulo de Ester.

1. *Ester elegida reina* (Ester 2:1-18). Cuando el monarca se lamentó de no tener ya a Vasti como consorte favorita, los siervos de la corte le sugirieron que buscase de entre las jóvenes más bellas del reino, para que eligiera una de ellas como reina. (Los reyes orientales tenían un harén numeroso; pero entre todas las mujeres había una que se destacaba y que llevaba el título de reina.) El plan complació y halagó al rey, de manera que ordenó que comenzara la búsqueda. La crisis producida en el palacio fue la oportunidad que tuvo Ester para subir al trono y luego intervenir en la salvación de su pueblo. Con frecuencia, Dios emplea las flaquezas del hombre como medio para realizar sus propósitos divinos.

Ester era huérfana, y había sido adoptada y criada como hija por su primo Mardoqueo. Puesto que era una hermosa mujer, fue una de las bellas jóvenes llevadas a palacio para que fuese considerada como candidata a ser reina de Persia. Sin embargo, casarse con un monarca pagano era contrario a la Ley judía. No sabemos por qué Mardoqueo le prohibió revelar su ascendencia judía. Tal vez quería protegerla del prejuicio antisemítico que le crearía dificultades para llegar a ser elegida reina. Sin embargo, al ser una de las candidatas, existía la posibilidad de tener un destino cruel, pues si era rechazada por el rey, quedaría recluida durante toda su vida como concubina en el harén del rey y privada de una vida normal.

Tan pronto como Ester llegó a la corte, lo inesperado comenzó a suceder. Consiguió favores desacostumbrados de parte de todos. Es evidente que la hermosura de carácter de la doncella hacía juego con su belleza física. En la providencia de Dios, Ester conquistó la admiración del rey y fue elegida reina.

A pesar de su humilde origen, Ester subió al puesto más elevado que se ofrecía a una mujer en aquel entonces y fue rodeada de honores y riquezas, pero no perdió la sencillez de su corazón ni el amor a su pueblo. No tuvo sentimientos de superioridad hacia el portero Mardoqueo, quien la había criado. Seguía escuchando sus palabras y honrándolo como a padre adoptivo.

2. *Mardoqueo descubre un complot contra el rey* (Ester 2:19-23). Como portero de palacio, Mardoqueo también vigilaba la suerte de su

prima. Un día se enteró de un complot contra la vida de Asuero. Lo comunicó a Ester, quien lo hizo saber al rey, salvándole así la vida. Este suceso le valió mucho posteriormente.

C. Intriga de Amán (Ester 3)

El capítulo tres pone de manifiesto la diferencia de carácter entre tres personas: Mardoqueo, Amán y Asuero. Mardoqueo no se humillaba ante Amán. Mientras que todos los demás hacían honor a Amán arrodillándose ante él, Mardoqueo permanecía de pie. ¿Por qué no le rendía homenaje a Amán? El historiador Josefo observa que Amán era "agagueo" (3:1), es decir, descendiente de Agag, el amalecita vencido por Saúl (1 Samuel 15:7-9). Por ser una tribu de salteadores que había atacado a Israel en el desierto, en un ultraje no provocado, los amalecitas fueron maldecidos por Dios (Deuteronomio 25:17-19). ¿Cómo Mardoqueo, un judío, podía postrarse ante un enemigo hereditario de su pueblo? Tenía profundas convicciones acerca de su pueblo y no las violaría, viniese lo que viniese.

Amán presenta un marcado contraste con Mardoqueo. Era la clase de político que sube al poder empleando cualquier medio, sea bueno o malo, para estar en "primera fila". Era un hombre ambicioso, arrogante, astuto, cruel y vengativo. No le importaba para nada el bienestar de su pueblo. Pensaba solamente en sus propios intereses. Cuando se enteró de que Mardoqueo se negaba a inclinarse ante él, se llenó de ira. Quiso vengarse, pero consideraba insuficiente castigo el dar muerte a Mardoqueo por tal insulto a su dignidad personal. Sabiendo que Mardoqueo era judío, Amán tramó diabólicamente la destrucción de todos los judíos del imperio persa. Pero era tan supersticioso como cruel, y echó suertes para determinar cuál era el día más propicio para la masacre. El día escogido cayó casi un año después, dándoles tiempo de prepararse a los judíos, y dando a Amán tiempo para que su orgullo precipitase su caída.

Con astucia, Amán le presentó su plan al rey haciendo notar que los judíos tenían sus propias leyes y no guardaban las leyes reales. (Esto era una calumnia, pues los judíos guardaban esmeradamente las leyes persas, excepto las que tenían que ver con la idolatría.) Así que no le convenía al rey dejarlos vivir. Además, Amán apeló a la avaricia del monarca, prometiéndole las riquezas de los judíos asesinados.

La imagen que el rey presenta en este incidente es poco halagüeña. Era vanidoso, inepto e indolente. A él no le importaba firmar un edicto que ocasionaría la muerte de miles de sus súbditos. Sin investigación alguna, sin siquiera preguntar de qué pueblo se trataba, el rey aceptó el plan de Amán y lo autorizó para llevarlo a cabo. Era un hombre sin iniciativas: la destitución de Vasti, el método para elegir a su sucesora, el plan propuesto para exterminar a los judíos, el decreto contrario para salvarlos y los honores dados a Mardoqueo, fueron todos planes de otros y no del rey.[4]

Amán tenía el anillo del monarca, pero no se dio cuenta de que el apoyo de la autoridad real no garantizaba que se cumpliesen sus planes. Hay un Dios que puede trastornar los propósitos de reyes y príncipes.

D. Intervención de Ester (Ester 4 — 7)

1. *Ester se resuelve a intervenir a favor de su pueblo* (Ester 4). Al enterarse de que Mardoqueo estaba vestido de cilicio, Ester se entristeció mucho y envió un siervo de confianza para saber por qué procedía así. Entonces Mardoqueo puso en conocimiento de la reina el complot de Amán y le pidió que ella se presentara ante Asuero, para interceder por su pueblo. Al principio, Ester vaciló en cumplir su petición, y le hizo recordar a Mardoqueo que presentarse delante del rey sin ser llamada por él, significaba poner en peligro la vida. El rey era una persona inconstante y veleidosa. Hacía un mes que no había llamado a Ester.

No obstante, Mardoqueo no cambió su petición. Le señaló en palabras que nos recuerdan a los profetas, que si ella no hacía nada, la liberación vendría de otra parte para los judíos, pero Ester y su casa perecerían. "¿Y quién sabe si para esta hora has llegado al reino?" Así Mardoqueo expresó su confianza de que Israel no perecería y que Dios en su providencia habría de poner en lugares estratégicos a algunas personas para liberar a su pueblo en el momento oportuno. Si Ester no aprovechaba la oportunidad, Dios encontraría otra manera de cumplir las promesas hechas a su pueblo, pero Ester sería la que se perdería (ver Marcos 8:35). Era una prueba de su patriotismo y valentía. Al igual que Ester, no podemos separar nuestros intereses de los de Dios y su pueblo. Es mucho mejor perder la vida por amor a Cristo, que aferrarse a ella y perder el alma.

Inspirada por el amor a Dios y a su pueblo, Ester prometió presentarse ante el rey. "Y si perezco, que perezca." No adoptó esta decisión porque estaba segura del éxito. Lo hizo porque era recta. Se dio cuenta de que Dios la había puesto en ese lugar para salvar a su pueblo. Tenía su alma el mismo temple que el de María, la hermana de Moisés, el de Débora y el de la hija de Jefté, pues el mismo fuego ardía en ella, es decir, una absoluta devoción a Israel, porque se había consagrado enteramente al Dios de Israel. Para ella, patriotismo y religión eran inseparables.[5] Aunque no se menciona la oración, se insinúa que oraron, pues Ester pidió que los judíos ayunaran por ella, y prometió que ella y sus doncellas lo harían del mismo modo. La oración y el ayuno van juntos en el judaísmo.

2. *Ester invita al rey y a Amán a un banquete* (Ester 5:1-8). Luego de ayunar tres días, Ester se puso sus mejores vestiduras para aparecer ante el rey, pues conocía su naturaleza impulsiva. Dios la acompañó y el monarca le extendió el cetro de oro y le prometió darle lo que ella quisiese. ¿Por qué no le pidió al rey en el primer momento lo que deseaba realmente? Quizá por querer confrontar a Amán con su maldad de una forma y en un lugar que no le permitieran escapar. Tal vez aún no se sintiera segura del apoyo incondicional del rey. Así que los invitó a ambos a otro banquete.

3. *Ira de Amán contra Mardoqueo* (Ester 5:9-14). Amán salió del banquete muy alegre por el honor especial que le había conferido la reina, pero perdió todo su gozo al ver que Mardoqueo rehusaba rendirle homenaje. Les habló a su esposa y a sus amigos de los honores que había recibido. "Pero todo esto de nada me sirve cada vez que veo al judío Mardoqueo sentado a la puerta del rey" (5:13). Su esposa y sus amigos le sugirieron que hiciera una horca y que le dijera al rey al día siguiente que Mardoqueo debía ser colgado en ella. A Amán le pareció bien la sugerencia.

4. *El rey honra a Mardoqueo* (Ester 6:1-14). Mientras Amán construía una horca altísima en la noche, el rey no podía dormir. Aunque parece insignificante el insomnio del monarca, Dios lo utilizó para salvar a Mardoqueo y llevar a cabo sus planes. Asuero mandó que trajeran y leyeran el registro de los acontecimientos de su reino. Quizá pensara que un libro tan aburrido le daría sueño. ¿Fue casualidad que se leyera el pasaje que relataba cómo Mardoqueo había salvado la vida del rey? Hay un Dios que dispone todas las cosas.

Amán llegó al palacio a pedir permiso para darle muerte a Mardoqueo, en el mismo momento en que Asuero se disponía a honrarlo. Con supremo orgullo, Amán pensó que el rey hablaba de él. Entonces le sugirió que confiriera a esta persona los honores que a él mismo le hubiera deleitado recibir, pero le disgustó mucho tener que dárselos a su enemigo. Su esposa y sus amigos vieron en esto el comienzo de su caída.

5. *Amán es ahorcado* (Ester 7). Durante el segundo banquete, el rey le repitió a Ester su exagerado ofrecimiento de concederle cualquier cosa que deseara, hasta la mitad del reino. Ester le pidió la vida de ella misma y la de su pueblo judío. Repitió las palabras del decreto con su triple orden de destruir, matar y exterminar, a fin de que el rey sintiera su efecto según se aplicaba a la hermosa reina. También señaló el soborno de Amán, por el cual los judíos habían sido condenados a morir, para que el rey se diera cuenta de que no podría compensar la pérdida de un pueblo digno de la misma altura que la reina. Al saber quién había hecho semejante cosa, el rey se puso furioso y fue al

huerto del palacio a reflexionar sobre una acusación tan grave contra el primer ministro.

Cuando Asuero volvió, halló que Amán, fuera de sí por temor, había caído sobre el diván en el cual se reclinaba la reina mientras comía. Entonces interpretó mal su acción, pensando que Amán había querido violar a la reina. Los siervos cubrieron la cabeza de Amán, según la costumbre persa de tratar a los condenados. Fue entonces cuando uno de los eunucos del rey señaló la alta horca que Amán había hecho levantar para Mardoqueo. El castigo que Amán había pensado para Mardoqueo cayó, con toda justicia, sobre su propia cabeza (ver Proverbios 16:18).

E. Salvación de los judíos (Ester 8 — 10)

1. *Decreto de Asuero a favor de los judíos* (Ester 8:1-17). Aunque Amán, el autor de la conspiración contra los judíos, había muerto, todavía estaba en vigencia el decreto que permitiría su exterminio. Y según la ley de los medos y persas los edictos no podían ser abrogados. Así que el monarca expidió un segundo decreto, a fin de contrarrestar los daños que produciría el primero. Autorizó a los judíos a congregarse y defenderse contra cualquier atacante, matar a sus enemigos y confiscar su propiedad. El edicto fue enviado luego a todas partes del imperio persa de la manera más rápida en aquel entonces. Los judíos se regocijaron.

2. *Los judíos destruyen a sus enemigos* (Ester 9:1-16). Los judíos actuaron en defensa propia contra los que trataron de aprovecharse del primer edicto propuesto por Amán, pero no confiscaron las propiedades de sus adversarios. También se aplicó la ley del talión (pena igual al delito). Ester pidió que fuesen colgados los hijos de Amán. ¿Cómo se puede justificar este acto? Comenta un erudito: "No hay excusa para la petición vengativa de Ester. Con esto demuestra ser hija de su época."[6] Tal vez el autor mencione estos detalles para dar un toque de advertencia a sus futuros enemigos. Los que tratan de destruir a los judíos, a menudo son destruidos ellos mismos.

3. *Se inicia la fiesta de Purim* (Ester 9:17-32). La fiesta de Purim se instituyó para celebrar la liberación de los judíos, de manos de sus enemigos. Es probable que la palabra "purim" signifique "suertes" y la fiesta se llama así porque Amán había echado suertes para determinar en cuál día del año le convendría realizar su complot contra los judíos (3:7). Es más una fiesta secular que religiosa. Se celebra aún en nuestros días, y es una de las observancias más populares entre los judíos. Estos se reúnen en la sinagoga en la tarde, al comenzar la celebración. Se lee el libro de Ester, y al mencionar a Amán, los asistentes responden al unísono: "¡Que su nombre sea borrado!" Al día siguiente, vuelven a reunirse para intercambiarse regalos.[7] La

fiesta de Purim es una evidencia de la veracidad del relato bíblico.
4. *Mardoqueo honrado por el rey* (Ester 10:1-3). Al igual que José, Mardoqueo actuó discretamente. No pidió reconocimiento por el servicio que le pudo rendir a su señor. También era fiel a Dios y a su pueblo. No buscó nada para sí mismo, sino que se preocupó por los demás. A su debido tiempo fue exaltado. Asuero lo elevó al cargo que Amán había ocupado, el de primer ministro de Persia. Además, le dio a Mardoqueo las vestiduras reales que Amán había ambicionado, pero nunca había recibido. Algunos eruditos bíblicos consideran que Mardoqueo el más importante en el libro que la misma Ester.[8]

Sobre todas las demás personas, Dios es el que más se destaca en Ester. Alejandro MacLaren dice: "El abandono criminal del rey a la concupiscencia y al lujo, el resentimiento personal de Amán, la belleza de Ester, la desgracia de la favorita, los servicios de Mardoqueo en el pasado, hasta la noche sin sueño del rey, todos son hilos del mismo tejido, y Dios es el Tejedor."[9]

Preguntas
Ester

1. a) ¿En qué se diferencia Ester de todos los otros libros de la Biblia? ¿Cómo puede explicarlo?
   b) ¿Cuál es la lección principal del libro?
   c) ¿Cuál es la evidencia más convincente de que Ester es un libro histórico y no una novela?
2. Mencione dos características de Asuero que se destacan en el capítulo 1.
3. a) Si usted fuera Ester, ¿cómo reaccionaría al llamamiento a ir al palacio para ser candidata a reina?
   b) ¿Qué peligro corría cada candidata?
   c) ¿Cómo ve usted la mano de Dios en el capítulo 2? (Dos aspectos distintos.)
4. a) ¿Por qué Mardoqueo se negaba a rendir homenaje a Amán? A su parecer, ¿su negativa era elogiable o censurable? (Ver Romanos 13:7.)
   b) ¿Cuál característica de Amán empleó Dios para demorar la masacre de los judíos?
5. a) ¿Qué nos enseña acerca del carácter de Ester, su trato con Mardoqueo después de llegar a ser reina?
   b) ¿Por qué al principio no quiso Ester presentarse ante el rey?
   c) ¿Cuál verdad acerca de Dios ve usted en Ester 4:13, 14? ¿Cómo puede aplicarla a su propia vida?
   d) ¿Cómo sabemos que Ester acudió a Dios en busca de ayuda en su hora de peligro?

6. ¿Cómo anuló Asuero el decreto que había hecho contra los judíos?
7. a) ¿Cómo puede usted defender la venganza de Ester contra la familia de Amán?
   b) ¿Qué nos enseña esta venganza acerca de los grandes personajes del Antiguo Testamento?
8. ¿Qué verdad que usted encuentra en Ester es la que le ayuda más en su vida diaria?

Citas y referencias al libro de Ester

1. J. G. Baldwin, "Ester", en *Nuevo Comentario bíblico*, op. cit., p. 316.
2. Edward J. Young, *Una introducción al Antiguo Testamento*, 1977, p. 415.
3. Gillis, *op. cit.*, tomo V, p. 147.
4. Ross, *op. cit.*, p. 186.
5. MacLaren, *op. cit.*, tomo III, p. 13.
6. *Manual bíblico ilustrado*, *op. cit.*, p. 315.
7. Schultz, *op. cit.*, p. 256.
8. Carl Armerding, *Esther, for such a time as this*, 1955, pp. 126-128.
9. MacLaren, *op. cit.*, tomo III, p. 28.

BIBLIOGRAFÍA

A. Libros y obras

Albright, William F. *From the stone age to Christianity.* Garden City, New York: Doubleday and Co., 1957.

Armerding, Carl. *Esther, for such a time as this.* Chicago: Moody Press, 1955.

Arnaldich, Luis. *Libros históricos del Antiguo Testamento en Biblia comentada,* tomo 2, Madrid: Biblioteca de Autores Cristianos, 1961.

Deane, Guillermo J. *David, su vida y sus tiempos.* El Paso, Texas: Casa Bautista de Publicaciones, s.f.

————. *Samuel y Saúl.* El Paso, Texas: Casa Bautista de Publicaciones, 1938.

Free, Joseph P. *Archaeology and Bible history.* Wheaton, Illinois: Van Kampen Press, 1950.

Gillis, Carroll O. *Historia y literatura de la Biblia* (cinco tomos). El Paso, Texas: Casa Bautista de Publicaciones, 1954.

Harrison, R. K. *Old Testament times.* Grand Rapids, Michigan: William B. Eerdmans Publishing Company, 1970.

Holdcroft, L. Thomas. *The historical books.* Oakland, California: Western Book Company, 1970.

Horton, Stanley. *El maestro* (guía de la escuela dominical), tercer trimestre, 1963, Springfield, Missouri: Editorial Vida.

————. *El maestro* (guía de la escuela dominical), tercer trimestre, 1964, Springfield, Missouri: Editorial Vida.

Keller, Walter. *Y la Biblia tenía razón.* Barcelona: Ediciones Omega, S. A., 1956.

Kidner, Derek. *Ezra and Nehemiah* en *Tyndale Old Testament commentaries.* London: Intervarsity Press. 1979.

MacLaren, Alexander. *Expositions of the Holy Scriptures* (diecisiete tomos). Grand Rapids, Michigan: Wm. B. Eerdmans, 1944.

Meyer, F. B. *David: pastor, salmista, rey.* El Paso, Texas: Casa Bautista de Publicaciones, 1938.

Money, Netta Kemp. *La geografía histórica.* Miami: Editorial Vida, 1968.

————. *Personajes femeninos de la Biblia.* Lima: La Inca, s.f.

Pfeiffer, Charles L. *Old Testament history.* Grand Rapids, Michigan: Baker Book House, 1973.

Romm, Bernard. *The Christian view of science and Scripture.* Grand Rapids, Michigan, William B. Eerdmans Publishing Company, 1954.

Rawlinson, George. *Los reyes de Israel y Judá.* El Paso, Texas: Casa Bautista de Publicaciones, 1939.

Redpath, Alan. *Victorious Christian service, studies in the book of Nehemiah.* Westwood, New Jersey: Fleming H. Revell Company, 1958.

Schultz, Samuel J. *Habla el Antiguo Testamento.* Barcelona: Publicaciones Portavoz Evangélico, 1976.

Young, Edward J. *My servants the prophets.* Grand Rapids, Michigan: Wm. B. Eerdmans, 1952.

_____. *Una introducción al Antiguo Testamento.* Grand Rapids, Michigan: T.E.L.L., 1970.

Wood, Leon. *A survey of Israel's history.* Grand Rapids, Michigan: Zondervan Publishing House, 1971.

B. Comentarios, compendios, diccionarios y enciclopedias bíblicas

Diccionario ilustrado de la Biblia. Nelson, Wilton M. (redactor). Miami, Florida: Editorial Caribe, 1978.

Halley, Henry H. *Compendio manual de la Biblia.* Chicago: Moody Press, s.f.

Jamieson, Roberto; Fausset, A. R.; Brown, David. *Comentario exegético y explicativo de la Biblia* (dos tomos). Buenos Aires: Junta Bautista de Publicaciones, s.f.

Keil, C. F. y Delitzsch, F. *Old Testament commentaries* (seis tomos). Grand Rapids, Michigan: Associated Publishers and Authors, Inc., s.f.

Manual bíblico ilustrado. Alexander, David; Alexander, Pat (redactores). Miami, Florida: Editorial Caribe, 1976.

Nuevo comentario bíblico. Guthrie, D.; Motyer, J. A. (redactores). El Paso, Texas: Casa Bautista de Publicaciones, 1977.

The international Bible encyclopaedia (cinco tomos). Orr, James (redactor), Grand Rapids, Michigan: Wm. B. Eerdmans Publishing Co., 1949.

The interpreters dictionary of the Bible (cuatro tomos). Nashville, Tennessee: Abingdon Press, 1962.

The new Bible dictionary. Douglas, J. D. (redactor). Grand Rapids, Michigan: Wm. B. Eerdmans Publishing Co., 1973.

The Wycliffe Bible commentary. Pfeiffer, Charles F.; Harrison, Everett F. (redactores). Chicago: Moody Press, 1972.

Unger, Merrill F. *El mensaje de la Biblia,* Chicago: Editorial Moody, 1976.

Nos agradaría recibir noticias suyas.
Por favor, envíe sus comentarios sobre este libro
a la dirección que aparece a continuación.
Muchas gracias.

Vida@zondervan.com
www.editorialvida.com